L'ouvrage de M. Moucarry offre une présentation extrêmement claire de la pensée et de la société islamiques, notamment dans ses rapports avec le christianisme. L'auteur possède une connaissance académique de haut niveau sur ces deux religions. D'origine syrienne, il a par ailleurs acquis une expérience approfondie de la société islamique en Orient comme en Europe. Les questions les plus sensibles sont étudiées, tant sur le dogme – la véracité de la Bible, la nature de Jésus, la Trinité – que dans le domaine social : la violence et le radicalisme, la situation de la femme musulmane, la coexistence des confessions, la laïcité… La mise en regard constante entre les points de foi ou de société en islam et dans le christianisme se fait dans l'ouverture, dans le respect de l'autre, dans l'attention à ce qui peut rapprocher, unir. Ouvrage bienfaisant et éclairant donc, thérapeutique pour ainsi dire.

Pierre Lory
Professeur en Études islamiques à l'EPHE, Paris, France

Pour servir le dialogue entre islam et christianisme, on ne rêverait pas meilleure préparation que celle de Chawkat Moucarry ! Son dernier livre « respire » la maîtrise des données. On la sent sous chaque phrase. Et, surtout, il donne l'exemple trop rare de la *juste mesure*. Il n'esquive pas les « questions qui fâchent » mais en respecte strictement les proportions – toujours avec bienveillance. Aucun chrétien quelque peu informé et de bonne foi ne sera heurté par ses formulations ; aucun musulman (pour autant que je puisse juger) ne devrait, non plus, l'être.

Henri Blocher
Doyen honoraire
Faculté Libre de Théologie Évangélique,
Vaux-sur-Seine, France

Chawkat Moucarry aborde en ami sincère, mais sans détours, les raisons de la crise qui secoue le monde musulman. Les prendre en considération, les étudier et s'atteler à la vaste entreprise qui consiste à refonder la pensée théologique islamique est une voie de salut pour les sociétés musulmanes. Les chantiers titanesques que sont : la liberté de conscience, l'égalité ontologique et juridique entre les personnes par-delà le genre et l'option métaphysique, la désacralisation de la violence et l'autonomisation du champ du savoir et de la connaissance par rapport à celui de la révélation et de la croyance, sont primordiaux et doivent être menés avec audace et détermination. L'aide d'un Chawkat Moucarry et de ses émules est vraiment précieuse.

L'éducation à l'altérité, notamment confessionnelle, la connaissance des modes de vie et la reconnaissance des cultures sont une exigence et une priorité afin de comprendre l'expérience humaine dans sa totale diversité, dans sa singularité tout comme dans son universalité concrète.

L'échange équitable et le dialogue interreligieux fondés sur la compréhension et le respect mutuels et l'égale dignité des êtres humains, sont la condition *sine qua non* de la construction de la cohésion sociale, de la réconciliation entre les peuples et de la paix entre les nations. Chawkat Moucarry y contribue avec *maestria* et intelligence du cœur. En fidèle chrétien il énonce dans sa conclusion qu'il n'y a que l'amour inconditionnel comme réponse à la violence islamiste et à une société sécularisée. Nous lui en savons tous gré et nous y souscrivons. Nous nous permettons d'émettre simplement l'idée – qui n'est nullement incongrue au raisonnement exemplaire de notre auteur – qu'en amont la justice doit être rendue et le droit dit.

Ghaleb Bencheikh El Hocine
Président de la Fondation de l'Islam de France

Chawkat G. Moucarry explique l'islam non seulement dans sa doctrine mais aussi dans son histoire et son actualité, avec une grande pédagogie et un style limpide. Ce qui est plus surprenant, c'est qu'on peut le lire pour se mettre à jour sur… le christianisme – deux pour le prix d'un ! Car le musulman, c'est le cousin contradicteur, le proche qui dérange et qui oblige le disciple du Christ à réfléchir à sa propre foi.

Camus n'appelait-il pas à « comprendre les raisons de l'adversaire » ? Avec la bienveillance et la franchise de celui qui connaît les deux cultures en raison de ses origines personnelles (qu'il évoque en termes touchants) et des années d'études et de dialogue auxquelles il s'est appliqué, Chawkat nous aide à comprendre et aimer les musulmans. C'est un livre qu'on pourra offrir sans réticence dans les deux « camps » qui, à défaut de fusionner, peuvent tout à fait s'entendre et travailler ensemble à de nécessaires réconciliations.

Philippe Malidor
Traducteur et journaliste
Auteur de *Camus face à Dieu*, Charols, Excelsis, 2020

L'islam à l'épreuve est un titre à la fois significatif et provocateur. Significatif pour ceux, chrétiens et musulmans, qui cherchent à connaître et à comprendre l'islam (et le christianisme). Provocateur pour les islamistes qui ne voient aucune imperfection dans leur religion. L'ouvrage est le fruit d'un travail de recherche assidu et d'un vécu amical avec les musulmans, long de plus d'un demi-siècle. Son but n'est pas de polémiquer ni de dénigrer mais de permettre aux chrétiens et aux musulmans de se reconnaître dans ce qu'ils ont de plus constructif dans un dialogue bienveillant et serein.

L'auteur reprend à son compte la déclaration de saint Paul « Pour moi vivre c'est Christ ». Il en a fait l'idéal de sa vie depuis le temps où, lycéen, il s'était engagé dans la JEC (Jeunesse Etudiante Chrétienne) à Alep au début des années soixante-dix.

Le lecteur trouvera dans ce livre de très nombreuses données précises, enrichissantes et utiles pour tous ceux qui, dans nos pays, cherchent à vivre une convivialité avertie et heureuse.

Métropolite Jean-Clément Jeanbart
Archevêque grec-catholique d'Alep
Docteur en théologie (Université Grégorienne de Rome)

L'islam à l'épreuve

L'islam à l'épreuve

Mondialisation, islamisme, christianisme

Chawkat Moucarry

GLOBAL LIBRARY

© Chawkat Moucarry, 2022

Publié en 2022 par Langham Global Library,
Une marque de Langham Publishing
www.langhampublishing.org

Les éditions Langham Publishing sont un ministère de Langham Partnership.

Langham Partnership
PO Box 296, Carlisle, Cumbria, CA3 9WZ, UK
www.langham.org

ISBN :
978-1-83973-577-6 Format papier
978-1-83973-579-0 Format Mobi
978-1-83973-578-3 Format ePub
978-1-83973-580-6 Format PDF

Conformément au « Copyright, Designs and Patents Act, 1988 », Chawkat Moucarry déclare qu'il est en droit d'être reconnu comme étant l'auteur de cet ouvrage.

Tous droits réservés. La reproduction, la transmission ou la saisie informatique du présent ouvrage, en totalité ou en partie, sous quelque forme ou par quelque procédé que ce soit, électronique, mécanique, photographique, est interdite sans l'autorisation préalable de l'éditeur ou de la Copyright Licensing Agency. Pour toute demande d'autorisation de réutilisation du contenu publié par Langham Publishing, veuillez écrire à publishing@langham.org.

Sauf indication contraire, les citations bibliques sont tirées de la Traduction œcuménique de la Bible ©Société biblique française Bibli'O et Éditions du Cerf, 2010. Avec autorisation.

Les citations de textes coraniques ont été traduites par l'auteur.

British Library Cataloguing in Publication Data
A catalogue record for this book is available from the British Library

ISBN : 978-1-83973-577-6

Mise en pages et couverture : projectluz.com

Langham Partnership soutient activement le dialogue théologique et le droit pour un auteur de publier. Toutefois, elle ne partage pas nécessairement les opinions et avis avancés ni les travaux référencés dans cette publication et ne garantit pas son exactitude grammaticale et technique. Langham Partnership se dégage de toute responsabilité envers les personnes ou biens en ce qui concerne la lecture, l'utilisation ou l'interprétation du contenu publié.

En hommage à mes parents
À mes sœurs : Nour, Leyla et Nayla
À mon épouse, notre fils et nos trois filles
Que notre Père céleste vous comble de son amour rédempteur !

Préface

Les relations entre l'islam et les autres religions en général et le christianisme en particulier ont fait l'objet d'un nombre incalculable d'ouvrages depuis le Moyen Âge jusqu'à nos jours. On préfère écarter les écrits relevant des deux partisans de la simplification inintelligente que sont, dans leur grande majorité, les polémistes et les apologètes, pour ne retenir que les ouvrages scientifiques. Étant donné mon domaine de compétence, je ne parlerai ici que des études islamologiques. Celles-ci, jusqu'à il y a peu, reprenaient souvent les récits des sources musulmanes, surtout sunnites, pour ce qui est de la vie de Muhammad, de l'histoire du Coran ou des origines de l'islam. Autrement dit, comme il y a un « islam orthodoxe », il existait aussi, et existe encore, une « islamologie orthodoxe ». Depuis quelques décennies, les choses ont partiellement évolué, notamment grâce à l'étude critique des sources non musulmanes contemporaines à l'avènement du Coran (*Les secrets de Rabbi Shim'ôn ben Yoḥai*, plusieurs apocalypses syriaques, *Doctrina Jacobi*...) et aux résultats de ce qu'on pourrait appeler l'histoire matérielle – l'archéologie, l'épigraphie, la codicologie, etc. Depuis les années 1970, et encore plus intensément depuis les années 2000, de nombreuses et fructueuses collaborations entre les spécialistes de l'islam, du judaïsme, des différents courants du christianisme oriental, du manichéisme ainsi que les chercheurs en histoire matérielle ont complètement renouvelé nos questionnements sur la genèse et les premiers développements de la religion arabe. Il est certain que de nombreuses zones d'ombre et d'interrogations sans réponses définitives demeurent, mais quelques points semblent désormais établis.

Contrairement à ce que rapportent les sources islamiques et le catéchisme de « l'orthodoxie » musulmane, l'Arabie préislamique n'était pas une terre de ténébreuse ignorance, plongée dans le paganisme et la barbarie. Ces données battues en brèche par l'archéologie et l'épigraphie relèvent de l'apologétique et de l'hagiographie que l'on trouve dans bon nombre de religions : avant nous, rien, après nous, tout ! Le Coran lui-même contredit ces données à chaque page. À côté d'assez rares matériaux sur le paganisme et l'idolâtrie de l'Arabie – dont certains vestiges auraient existé de manière sédimentaire – et des prophètes proprement arabes (Hūd, Ṣāliḥ, Shu'ayb), le corpus coranique contient des centaines de références aux figures et aux thèmes bibliques : d'Adam et Ève à Jésus, Marie et Jean-Baptiste en passant par Noé, Abraham, Moïse, Salomon, David, Jonas ou Job ; d'un monothéisme strict à la résurrection des morts et le Jugement dernier en passant par le prophétisme et la centralité des Écritures saintes. Ne cessant de se présenter comme le prolongement et l'accomplissement des messages de Moïse et de Jésus, le Coran revendique pleinement son appartenance à ce que l'on pourrait appeler « le milieu monothéiste biblique ». La présence significative de termes d'origine syriaque (*qur'ān, āya, salāt, zakāt*...), éthiopienne (*injīl, jahannam, ḥawāriyy*...) ou hébraïque (*yawm al-dīn, jannat 'adn, ḥajj, 'umra*...), langues liturgiques des courants chrétiens et du judaïsme, ou encore la nature allusive des données bibliques corroborent le fait. Les histoires d'Abraham ou de Moïse n'y sont pas racontées entièrement du début à la fin. Seuls certains épisodes en sont repris et d'une certaine façon interprétés et glosés. Jésus y est appelé Christ, Verbe de Dieu et Esprit de Dieu sans aucune explication de ces expressions christologiques complexes. Tout cela semble montrer que l'auditeur ou le lecteur du message fondateur de l'islam connaissait bien ce matériau et que de simples allusions lui suffisaient pour en saisir les significations. Les éléments coraniques sur la figure de Marie sont plus nombreux que dans les Évangiles synoptiques réunis. Les recherches récentes, reprenant et complétant celles, anciennes, d'Alphonse Mingana ou de Tor Andrea, ont mis en lumière de manière probante ce que recèle l'Écriture sainte des musulmans, à savoir les traces claires des hymnes et des homélies de saints et sages chrétiens de langue syriaque comme Ephrem de Nisibe, Aphraate le Persan, Narsaï de Nisibe et Jacques de Saroug, les Évangiles dits apocryphes ou encore la paraphrase arabe de textes juridiques judéo-chrétiens comme *la Didascalie des Apôtres*.

Dans plusieurs passages, le Coran déclare son admiration pour les Juifs, peuple élu descendant d'Israël (p. ex. 2.122 ; 5.12 ; 45.16), et pour les chrétiens, notamment les moines (p. ex. 5.82 ; 21.90-92 ; 57.27). Or, dans d'autres endroits, le ton change. Le message devient sévère à l'égard des « peuples de l'Écriture », leur reprochant, entre autres accusations, la falsification des Livres de Moïse et de Jésus, l'oubli et la trahison des missions de ces derniers. Parfois la sévérité se transforme en agressivité, ne laissant aux interlocuteurs que le choix entre la conversion, la taxe de capitation en signe de soumission ou la mort. D'où vient cette contradiction, comme d'autres, du texte coranique ? Avons-nous affaire à un seul et même auteur ? Celui-ci est-il toujours Muhammad ? Faut-il chercher la réponse dans la division traditionnelle de la vie de celui-ci en une période mecquoise, toute tendue vers la transcendance et la spiritualité, et une période médinoise où le Prophète, devenu chef militaire et politique, se trouve confronté aux aléas complexes, contradictoires et tragiques de ce rôle dans un contexte marqué par de nombreuses hostilités ?

La critique historique a sérieusement mis en question la crédibilité de cette division comme beaucoup d'autres éléments dits « biographiques » de

Muhammad. Certains spécialistes posent la question de la pluralité des auteurs du corpus coranique et de la datation différente des strates multiples du texte dont certaines seraient antérieures à l'époque du Prophète, d'autres contemporaines et d'autres encore postérieures non seulement à lui, mais aussi aux conquêtes et à la formation de l'empire arabe. Nous savons que le Coran est un corpus, c'est-à-dire un texte composé et composite. Certains savants y voient un texte de compromis entre courants adverses, élaboré dans un moment où la communauté des fidèles avait plus que jamais besoin d'unité. Au travers de nombreuses et fort érudites études, Karl-Friedrich Pohlmann décèle la présence d'au moins deux groupes de fidèles de Muhammad, divergents dans leur foi et en tension permanente l'un contre l'autre : un premier groupe, composé des fidèles de la première heure, aurait eu des croyances eschatologiques et apocalyptiques et des tendances spirituelles et ascétiques proches du monachisme chrétien de l'Antiquité tardive. Non politiques et non militants, ces fidèles prônaient la repentance, la prière, le jeûne, l'aumône, la bonté et jamais la violence afin de préparer la fin imminente du monde et d'être sauvés de la colère de Dieu. Un second groupe, ayant rejoint plus tard le message de Muhammad, probablement de manière opportuniste – ceux que le Coran appelle fréquemment « les hypocrites » – aurait été composé d'hommes militants pensant que le monde devait être préparé pour le Jugement dernier par le combat, la conquête et le butin. Pour eux la guerre juste, le *jihād*, était supérieure à toute autre forme de piété. Selon le chercheur allemand, les textes relevant des deux groupes sont simultanément présents dans le texte coranique et leurs visions religieuses y sont parfois inextricablement mélangées. Peut-on voir dans le premier groupe ceux que Fred Donner présente comme les premiers fidèles de Muhammad appelés « les Croyants » (*mu'minūn*), comprenant les monothéistes des religions antérieures à qui on ne demandait même pas la conversion ? Et dans le second groupe, les Arabes païens convertis, voire les artisans des conquêtes et du califat appelés « les Soumis » (*muslimūn*) ? Que penser de l'hypothèse selon laquelle l'élaboration de ce texte de compromis, marqué par son énigmatique « désordre volontaire », serait l'œuvre du calife 'Abd al-Malik, cinquième souverain omeyyade, qui régna dans la seconde moitié du premier siècle de l'hégire, qui établit dans le sang une certaine unité des terres d'islam et que beaucoup considèrent comme le fondateur de l'islam, culte de « la soumission » à Dieu, comme religion institutionnelle et collective de l'empire ?

De John Wansbrough à Chase Robinson et Stephen Shoemaker, en passant par Michael Cook, Patricia Crone ou Alfred-Louis de Prémare, 'Abd al-Malik a été considéré comme le maître d'œuvre de la version officielle, impériale du Coran, celle que nous connaissons. D'autres versions, différentes dans leur contenu et leur forme, appartenant à d'autres factions souvent en conflit ouvert avec le pouvoir califal auraient circulé pendant plusieurs siècles avant d'être définitivement supprimées. Si on prend en compte ces hypothèses, de mieux en mieux étayées par la recherche pluridisciplinaire actuelle, on peut penser qu'il n'y a pas de rupture entre le message initial du Coran et les monothéismes antérieurs. Au contraire, malgré des originalités et des adaptations, c'est une certaine continuité qui y est frappante. La rupture viendra plus tard, pour des raisons éminemment historiques et politiques, lorsque l'empire califal a voulu imposer sa domination et prouver sa supériorité sur les peuples conquis.

Si j'insiste quelque peu sur ces questions aussi méconnues que cruciales, c'est parce que l'ouvrage de Chawkat Moucarry, sans être une étude scientifique, les reflète de manière admirable. Chrétien croyant, chercheur de paix entre individus et communautés, préoccupé viscéralement par la violence et le fanatisme, car touché dans sa chair par les terribles guerres civiles qui ont mis sa région et son pays à feu et à sang, il cherche à mettre en lumière ce qui rapproche et ce qui distingue le christianisme et l'islam. Érudit, muni d'une connaissance solide des deux religions aussi bien dans leur densité historique que dans leur situation actuelle, il consacre une longue partie de son livre à la présentation des fondements théologiques et doctrinaux de celles-ci. Cette partie peut servir aux étudiants et aux curieux comme une excellente introduction, simple, accessible et bien documentée, aux deux principales religions du Levant natal de Chawkat Moucarry. Et tout de suite après, celui-ci rappelle une évidence malheureusement souvent négligée : « Dans un sens, l'islam n'existe pas, seuls les musulmans existent. Ils sont comme tout le monde, très différents les uns des autres. Beaucoup sont bienveillants, certains le sont moins » (p. 118).

On peut dire la même chose, *mutatis mutandis*, au sujet des chrétiens. Et ce qui compte pour notre auteur, c'est la manière dont ces deux religions sont incarnées, portées, pratiquées par leurs fidèles respectifs et leurs relations mutuelles. C'est pourquoi, afin de dépasser les désaccords, parfois sources d'intolérance et de violences qu'il n'occulte aucunement, il semble reprendre sans le dire la traditionnelle et sage division entre la foi (en arabe *īmān*) et la croyance (*'aqīda*). La foi, mystère spirituel insondable comparable à l'amour, concerne l'essentiel, le principiel ; fondée sur la liberté et portée par l'individu et sa conscience morale, la foi s'applique à des vérités universelles. Quant à la croyance, elle résulte de l'environnement, de l'histoire et de la géographie, de l'éducation, de la culture, de la société. Elle concerne les choses conjoncturelles, accessoires, circonstancielles, sujettes au temps et au lieu. Elle est donc intimement liée aux normes et contraintes collectives, à la Loi et à l'orthopraxie, à des aléas contingents explicables dans un temps et un contexte précis, mais qui deviennent dangereux, car archaïques, si on cherche à les appliquer toujours et partout.

À la fin de son examen et après avoir présenté les divergences doctrinales parfois profondes entre chrétiens et musulmans, Chawkat Moucarry propose un certain nombre de points communs entre eux, ceux qui dépassent les clivages et peuvent servir de socle à un vivre-ensemble paisible. Ces points relèvent tous de la foi et non de la croyance : la reconnaissance d'un Dieu unique et bienveillant, l'importance cruciale des hommes de Dieu et des Écritures, la dignité et l'unité fondamentale de l'humanité, la solidarité entre humains et le devoir de la protection de la vie, la centralité de l'individu, de la famille, de l'enfant, la conscience de la responsabilité des actes à travers la foi dans le Jugement dernier, la puissance de l'amour en action…

Ainsi, la démarche de Chawkat Moucarry rejoint certains aspects du travail de l'historien : distinguer l'essentiel et l'accessoire, mettre en question les fausses évidences et les pseudo-certitudes, revisiter le passé comme une entité vivante, active, qui a quelque chose à dire au présent pour l'enrichir et le faire progresser de manière intelligente. Il semble revenir au temps des « Croyants » coraniques, au temps d'une foi unique en Dieu, en ses messagers et ses Écritures, au Jugement dernier ; avant celui des « Soumis » d'après les conquêtes, celui de l'empire, ses normes, ses contraintes, ses violences. On peut ne pas être d'accord avec tel ou tel point des analyses de Chawkat Moucarry, mais on ne peut mettre en doute son humanisme, sa sincérité, sa quête rationnelle de fraternité et de paix. On peut dire la même chose, *mutatis mutandis*, de l'historien responsable.

Mohammad Ali AMIR-MOEZZI
Professeur des universités,
Directeur d'études à l'École Pratique des Hautes Études,
Sorbonne, Paris, France

Avant-propos

En août 2020, j'ai eu le plaisir de passer une semaine de vacances en Ardèche à l'invitation d'un ami lyonnais, le docteur Raphaël Nogier. Nous nous étions rencontrés pour la première fois à Besançon au milieu des années soixante-dix lorsque nous étions tous les deux étudiants en médecine. Raphaël, ayant pris connaissance de mon livre sur le pardon dans l'islam et le christianisme (paru en février 2020), me donna un triple conseil : « Chawkat, tu devrais écrire un livre sur l'islam qui serait accessible à un plus large public, dans lequel tu traiterais aussi de questions spécifiques que se posent les Français sur cette religion ; il faudrait que tu donnes dans ce livre un aperçu de ton parcours personnel, qui pourrait aider le lecteur à comprendre tes prises de position qui peuvent parfois surprendre. » La suggestion de Raphaël m'a paru très pertinente. Aussi je n'ai pas tardé à reprendre la plume. Le présent ouvrage est l'aboutissement de cette idée recueillie au cours d'une simple conversation entre deux amis de très longue date.

Nombreux sont les spécialistes qui s'accordent sur le fait que l'islam est en crise même s'ils ne font pas la même analyse sur les causes de cette crise. Elle n'est évidemment pas récente, mais elle est accentuée par l'effet cumulatif de plusieurs phénomènes caractéristiques de notre époque. D'abord, l'extrémisme islamique, dans sa version politique et militante, que l'on désigne souvent par « islam radical », « islam politique » ou encore « islamisme ». Il a pris des dimensions alarmantes depuis que certains musulmans (en réalité très peu nombreux) ont décidé il y a une quarantaine d'années de s'engager dans la violence afin de faire valoir leurs revendications. Le mot « djihadisme » sert désormais à identifier ce courant très minoritaire, mais présent et très actif au sein de la communauté musulmane. Ce courant met à rude épreuve l'ensemble des musulmans de qui l'on attend qu'ils se prononcent sur les rapports de leur religion avec la violence.

Le deuxième phénomène est la mondialisation qui a disséminé la sécularisation un peu partout dans le monde. La mondialisation fait sortir les peuples de leur isolement multiséculaire et les expose à des idéologies, des systèmes de pensée, des religions et des cultures restés géographiquement circonscrits jusqu'à une époque assez récente. Les musulmans vivant dans des pays à majorité non musulmane sont aux premiers rangs de cette confrontation. Les musulmans d'Europe, et de France en particulier, vivent sous des régimes laïcs, déclarés ou de fait. Cette réalité contraint beaucoup d'entre eux à jeter un regard neuf sur leur religion et à l'appréhender dans des termes inexplorés par la tradition musulmane. Ce mouvement, déjà bien entamé par de nombreux musulmans vivant en Occident, est susceptible de déclencher une véritable réformation de l'islam, comparable à certains égards à ce que fut pour le christianisme la réforme protestante du seizième siècle.

Le troisième phénomène est le dialogue entre l'islam et le christianisme. Certes, ce dialogue est fort ancien. Il a été amorcé par le Prophète lui-même lorsqu'il a rencontré la communauté chrétienne de Najran (au sud de la péninsule arabique). De nombreux textes coraniques incitent les musulmans à engager ce dialogue dans une démarche fidèle au message monothéiste et respectueuse des autres monothéistes que sont les juifs et les chrétiens (p. ex. 3.64 ; 29.46). Ce qui est nouveau, cependant, c'est que jamais au cours de l'histoire les musulmans n'ont été exposés en aussi grand nombre au message de l'Évangile. À aucune autre époque il n'y a eu autant de musulmans, un peu partout dans le monde, qui ont reconnu Jésus-Christ, non seulement comme un grand prophète, mais aussi comme Seigneur et Sauveur. Des chaînes de radio et de télévision arabes, comme Al-Jazeera, se font régulièrement l'écho de ce phénomène sans précédent.

Le titre et le sous-titre de cet ouvrage renvoient à cette triple remise en question de l'islam : par l'islamisme, la mondialisation et le christianisme. Voici quelques exemples qui illustrent la réalité de cette mise à l'épreuve. Historiquement, les mosquées étaient toujours dirigées par des imams hommes. Or il y a de nos jours plusieurs femmes musulmanes qui revendiquent ce rôle, y compris à Paris (Kahina Bahloul, Eva Janadin) et à Copenhague (Sherin Khankan). Le 31 janvier 2021, une jeune femme, Zara Mohammed, fut élue comme secrétaire générale du très officiel Conseil musulman de Grande-Bretagne (MCB). Cette élection est significative de la façon dont se développe l'islam en Europe, notamment concernant le rôle des femmes.

À titre personnel, et pour illustrer ce que la mondialisation signifie de nos jours, j'ai été récemment invité à superviser deux mémoires de maîtrise préparés par des étudiantes yéménites qui avaient choisi un sujet de mémoire ayant un rapport direct avec le christianisme. Ces mémoires ont été soutenus à l'université de Sanaa (le 17 juillet 2019 et le 14 septembre 2020). Grâce à Zoom, j'ai pris part aux soutenances depuis mon domicile en France. Un de mes amis proches est un jeune homme, citoyen de la République islamique de Mauritanie, qui vient d'achever ses études de maîtrise en théologie chrétienne dans une faculté française. Ses études sont le fruit de la décision de suivre le Christ qu'il a prise seul dans son pays natal il y a sept ans, à la suite de sa recherche de la vérité menée notamment sur la Toile. Je suis régulièrement invité (notamment dans le cadre des Forum Veritas France) à dialoguer avec des responsables musulmans sur des sujets divers. Grâce à YouTube, ces débats sont accessibles à tout un chacun, peu importe le pays où l'on réside.

Internet offre des moyens de communication prodigieux, mais c'est une épée à double tranchant. Je déplore, quant à moi, que beaucoup de chrétiens et de musulmans qui utilisent les réseaux sociaux le fassent souvent dans un esprit de confrontation. Les polémiques produisent, selon un adage anglais, « plus de chaleur que de lumière ». Je crois personnellement aux vertus du dialogue islamo-chrétien, pourvu qu'il soit mené dans le respect mutuel et le souci de la vérité, ce qui donne légitimement à ce dialogue une dimension apologétique, voire missionnelle[1].

Ce livre commence donc par un chapitre qui retrace les grandes étapes de mon cheminement depuis Alep, ma ville natale, jusqu'à Paris en passant par l'Angleterre, pays où j'ai vécu pendant vingt-trois ans. Certains lecteurs seront peut-être surpris d'apprendre qu'il existe en Syrie une communauté chrétienne autochtone, de taille non négligeable, mais qui a dramatiquement décliné au cours de la dernière décennie en raison de la guerre. Il me plaît à rappeler que la Syrie a joué un rôle déterminant dans la diffusion du christianisme dans les premiers siècles de notre ère.

C'est sur le chemin de Damas, capitale de la Syrie, où il se rendait pour arrêter les responsables de l'Église dans cette ville que Saul de Tarse a rencontré le Christ ressuscité et est devenu l'apôtre Paul (Ac 9.1-19). C'est à Antioche de Syrie (à ne pas confondre avec Antioche de Pisidie) que les disciples du Christ furent appelés pour la première fois « chrétiens » (Ac 11.26). C'est aussi à Antioche qu'est née la première Église internationale, composée de chrétiens d'origines juive et païenne (Ac 11.19-21). Rien d'étonnant à ce que cette même Église devienne plus tard la première Église missionnaire, qui consacra Paul et Barnabas et les envoya en mission pour évangéliser les peuples alentour (Ac 13.1-3).

Après ce chapitre liminaire très personnel, j'aborderai l'islam sous différents angles (religion, communauté, loi), puis je traiterai de l'islam radical en soulignant les racines religieuses et non religieuses de l'idéologie islamiste. Dans le dernier chapitre de cette première partie, je tenterai de répondre à des questions d'actualité qui m'avaient été soumises par mon ami lyonnais.

La deuxième partie du livre est consacrée aux principales questions théologiques qui séparent le christianisme et l'islam au sujet de la Bible, de Dieu,

---

1. En 1998, je fus invité à donner un cours sur le christianisme pendant toute une semaine dans une faculté de théologie islamique à Trabzon (Turquie). Cette invitation me fut adressée par l'un des professeurs de cette faculté qui avait passé un mois dans l'établissement où j'enseignais en Angleterre.

de Jésus-Christ et du salut. Cette partie fait une synthèse de certains thèmes étudiés dans mes trois derniers ouvrages (mentionnés dans la bibliographie). L'islam, religion postchrétienne, passe au crible la foi chrétienne et met en doute la fiabilité de la Bible, la doctrine de la Trinité divine et l'historicité de la crucifixion du Christ. Les quatre premiers chapitres examinent les critiques islamiques du christianisme et interrogent le bien-fondé des arguments avancés par les théologiens musulmans sur des questions qui touchent au cœur de la foi monothéiste. Le dernier chapitre du livre souligne qu'en dépit de leurs divergences théologiques, les chrétiens et les musulmans ont en commun un nombre significatif de croyances religieuses et de valeurs éthiques qui leur permettent de travailler main dans la main au service de la société à laquelle ils appartiennent.

Je suis arabe et je n'ai pas du tout honte de mon héritage culturel, même si je suis quelque peu critique de la civilisation arabe. Je suis aussi un chrétien engagé et je ne revendique aucune neutralité en matière de foi. Pourtant, mon objectif est de traiter autant que possible les questions de foi avec impartialité. Pour tenter d'être équitable, il faut comparer ce qui est comparable, à savoir l'enseignement des Écritures, dans l'islam d'une part et dans le christianisme d'autre part. Nous devons éviter de comparer les extrémistes d'une religion avec les modérés de l'autre, ou la réalité islamique avec l'idéal chrétien. Je suis critique de certains aspects de l'enseignement de l'Église et de certaines pages de l'histoire chrétienne ainsi que de l'enseignement islamique traditionnel. Je sais toutefois qu'un nombre croissant de réformateurs musulmans sont eux-mêmes très critiques de leur propre tradition. J'ai eu le privilège de m'entretenir avec certains d'entre eux, par exemple Cheikh Mohammad Abu Zaid, M. Ghaleb Bencheikh et Imam Tareq Oubrou pour n'en citer que quelques-uns[2].

J'espère que ce livre, qui s'adresse en priorité aux lecteurs chrétiens, apportera des réponses à certaines questions qu'ils se posent au sujet de l'islam, les aidera à mieux comprendre cette religion et enrichira leurs relations avec les musulmans. Je l'ai écrit en ayant à l'esprit le lecteur musulman aussi, de manière à lui permettre de nourrir sa réflexion sur la foi chrétienne. Les chrétiens ne

---

2. Cheikh Abu Zaid est le président du Tribunal islamique sunnite de Saïda (Liban). Suite à sa première visite aux États-Unis en 2014, il a écrit un livre (en arabe) intitulé *L'Amérique telle que je l'ai vue*, titre emprunté à celui que Sayyid Qutb (1906-1966) donna au livre qu'il rédigea à son retour en Égypte en 1950. Dans leurs ouvrages respectifs, le Qadi libanais et le père spirituel de l'islamisme moderne adoptent sur les États-Unis des perspectives radicalement opposées. G. Bencheikh est un homme de radio et de télévision, et le président de la Fondation de l'Islam de France. T. Oubrou est théologien et imam de la grande mosquée de Bordeaux. Ces deux figures influentes de l'islam de France ne cessent, notamment dans leurs écrits, d'appeler à une réforme de l'islam en France et au-delà.

peuvent plus ignorer « l'islam, [devenu] une religion française » (pour reprendre le titre d'un ouvrage récent). De même, les musulmans soucieux de connaître la vérité ont de nos jours la possibilité d'avoir une information sur le Christ basée sur la Bible, en complément de l'enseignement coranique qui est, il faut bien le reconnaître, à la fois partiel et partial.

Pour que ce livre soit d'une lecture aisée, j'ai voulu limiter au strict nécessaire le nombre des notes de bas de page. Les références au Hadith (ou Tradition prophétique) sont cependant indispensables, car celui-ci constitue le second fondement de l'islam, après le Coran. Ces références sont données sous une forme ramassée indiquant le nom du compilateur du Hadith, le titre du livre en arabe (et sa traduction) ainsi que le numéro du chapitre, par exemple : Bukhari, *iman* (foi) 4. Cela permet au lecteur intéressé d'identifier la source du texte cité. Dans les chapitres de la seconde partie en particulier, je signale dans les notes les sections de mes précédents livres où le même sujet est traité plus en profondeur. J'ai moi-même traduit les textes coraniques avec l'aide de plusieurs traductions françaises et anglaises. Les textes bibliques sont cités d'après la dernière édition de la Traduction Œcuménique de la Bible (TOB), disponible en ligne. Les références bibliques comprennent le nom du livre en abrégé suivi des numéros de chapitre et de verset(s). Les références coraniques renvoient au numéro de la sourate (chapitre), sans indication de son titre, suivi du numéro de verset(s). Quand deux dates séparées par une barre oblique (/) apparaissent, la première renvoie au calendrier islamique, la seconde au calendrier en usage en Occident. Les citations de sources arabes ou anglaises non disponibles en français sont de moi-même.

Je voudrais exprimer ici ma profonde reconnaissance au Dr Raphaël Nogier, bien sûr, et à M. Hugues Kalousek, un autre ami de longue date, ainsi qu'au Pr Pierre Lory. Ils ont bien voulu lire le manuscrit dans son intégralité et me faire part de leurs très judicieuses remarques.

Puisse la lecture de cet ouvrage encourager tous ceux qui cherchent, au-delà du rapprochement entre chrétiens et musulmans, à faire avancer le royaume de Dieu parmi nous.

Ch. Moucarry

Introduction

Parcours personnel

« Pour moi, vivre, c'est Christ » (Philippiens 1.21)

Je n'ai pas l'habitude de parler publiquement de ma vie. Je suis plutôt réservé et je n'aime pas le « mélange des genres ». Toutefois, l'ami lyonnais qui m'a soufflé l'idée de ce livre a réussi à me persuader que ce serait utile pour le lecteur d'avoir un aperçu de mon arrière-plan. Cela pourrait peut-être l'aider à mieux comprendre mes centres d'intérêt ainsi que les opinions (parfois surprenantes) que j'exprime sur tel ou tel sujet. Il m'a paru donc opportun au seuil de cet ouvrage de brosser à grands traits mon parcours personnel depuis la Syrie, mon pays d'origine, jusqu'en France où je réside actuellement, non sans avoir fait un assez long détour par l'Angleterre.

Alep : enfance

Je suis né à Alep, une ville au nord de la Syrie, de parents chrétiens, de rite grec-catholique (melkite). Je porte un nom arabo-turc, celui de mon grand-père paternel, Chawkat, mort plusieurs années avant ma naissance. Comme ce nom (qui signifie « force ») n'est pas chrétien, je reçus à mon baptême le nom « Georges ». Mon nom de famille « Moucarry » est un surnom dû probablement à la profession de l'un de mes aïeux. Il a la même racine verbale que « Coran » et signifie « celui qui enseigne à lire ». Au début de mon séjour en France, bien des personnes avaient du mal à prononcer (ou à se rappeler) mon prénom usuel (Chawkat). Aussi, je leur ai suggéré de m'appeler « Georges » (qui est aussi inscrit sur mes papiers d'identité). Plusieurs amis en France continuent à m'appeler « Georges ».

Mon père portait un nom biblique, celui d'un haut officier syrien, « Naamân ». Ce dernier fut guéri de sa lèpre par le prophète Elisée, ce qui le conduisit à se convertir au Dieu d'Israël avant de rentrer à Damas (2 R 5). Mon père n'était pas un chrétien pratiquant, mais il avait des valeurs que j'appellerais humanistes. Il était chasseur de gibier et mes meilleurs souvenirs concernent les parties de chasse où il m'emmenait avec lui. Il travaillait à la poste et avait plusieurs amis musulmans. L'un d'eux, Abou Ziad, était un de ses intimes. Nos familles aussi étaient très proches. Abou Ziad me confia un jour : « Si je devais faire un long voyage, je confierais ma famille à ton père. » Mon père aimait tendrement ses enfants, mais c'était un homme plutôt réservé qui ne manifestait pas aisément ses sentiments. La plus grande influence qu'il a exercée sur moi, sans même s'en apercevoir, c'est tout simplement de m'apprendre par son exemple que les chrétiens et les musulmans pouvaient être de vrais amis. Cela n'allait pas de soi pour les chrétiens d'Alep, ni pour les musulmans. Les chrétiens et les musulmans se côtoyaient plutôt qu'ils ne vivaient ensemble. Ils habitaient dans des quartiers séparés et ne se mélangeaient guère. Les immeubles aussi étaient habités par des chrétiens ou des musulmans. Les choses ont bien changé depuis, mais la ségrégation sociale n'a pas entièrement disparu.

Ma mère (« Angèle » de son prénom) était une femme polyglotte. En plus de l'arabe et du français, elle avait appris le turc de son père et l'arménien à l'école des Sœurs arméniennes de l'Immaculée Conception. C'est en arménien qu'elle parlait avec nos voisins arméniens. Elle était pieuse et voulait devenir une sœur religieuse (elle avait passé trois années dans un couvent en Belgique), mais elle a dû renoncer à sa vocation pour des problèmes de santé.

J'ai quelques souvenirs de mon grand-père maternel. Il était arménien de souche (« Méguerdidjian » était son nom de famille), né à Killiz (non loin de la frontière syro-turque) où il vécut pendant longtemps. Sa langue maternelle n'était pas l'arménien, mais le turc. Il était parmi les nombreux Arméniens qui avaient émigré à Alep pour fuir le génocide de 1915. Il savait à peine parler l'arabe. Je garde de lui l'image de quelqu'un qui se réveillait tôt le matin pour faire ses prières. J'étais très impressionné par la façon dont il priait, car ses paroles étaient accompagnées par des postures corporelles, un peu à la manière des musulmans.

Ma mère tenait à envoyer ses enfants dans des écoles privées catholiques afin qu'ils bénéficient d'une bonne éducation religieuse. Ces écoles avaient une très bonne réputation en raison de la qualité de leur enseignement en général, ce qui explique qu'elles attiraient aussi des élèves musulmans, issus de familles plutôt aisées. Mes trois sœurs sont allées à l'école Jeanne d'Arc tenue par les Sœurs de Saint-Joseph de l'Apparition, et moi à l'école des Frères maristes de Champagnat.

Enfant, sans doute sous l'influence de ma mère, je suis devenu servant d'autel (on ne dit plus « enfant de chœur »). Parmi les tâches qui m'incombaient, et que je prenais plaisir à accomplir à la messe plusieurs fois chaque dimanche, il y avait la lecture d'une Épître (de saint Paul d'ordinaire) juste avant celle de l'Évangile par le prêtre. À la messe, on ne lisait pas de texte de l'Ancien Testament, probablement pour éviter aux fidèles de confondre l'Israël de la Bible avec l'État d'Israël contemporain avec lequel la Syrie est toujours en guerre. C'est ainsi que je suis devenu petit à petit familier des textes du Nouveau Testament.

Alep : adolescence

J'avais douze ou treize ans quand j'ai éprouvé en moi pour la première fois le désir de devenir prêtre. Un jour, à la fin de la messe, je confiai ce désir à l'un des prêtres de la paroisse. Il me demanda : « Tu as combien de frères et de sœurs ?

- J'ai trois sœurs et pas de frère.
- Va demander à ta maman de te donner un frère.
- Mais ma mère n'est pas comme Élisabeth pour avoir un enfant à son âge ! »

Rentré à la maison, j'ai raconté à maman ma conversation avec le prêtre. Elle était furieuse : « Mais je ne suis pas si vieille que ça, c'est ton père qui ne veut pas avoir d'autres enfants », me répondit-elle.

Mon père, qui était de condition modeste, pensait qu'il n'était financièrement pas capable d'avoir une famille nombreuse. Des années plus tard, j'ai appris qu'il avait exercé une certaine pression sur ma mère pour qu'elle se fasse avorter, mais elle avait su lui résister, et lui avait fini par se résigner. Mes parents furent récompensés par une grande surprise que personne n'avait anticipée, pas même le gynécologue de ma mère. Le jour de son accouchement, ma mère donna naissance à des jumeaux, ma sœur (Nayla) et moi ! Dans l'Église catholique d'Orient, un fils unique n'était pas admis au sacerdoce, car il avait la responsabilité de prendre soin de ses parents lorsqu'ils seraient devenus vieux. Pour la même raison, il était dispensé du service militaire. Si dans une famille il y avait deux fils, les deux ne servaient pas dans l'armée en même temps.

J'avais treize ans lorsqu'éclata la guerre des Six-Jours (en 1967) qui a vu s'affronter Israël et ses voisins arabes. L'une des conséquences indirectes de cette guerre fut la nationalisation de la majorité des écoles chrétiennes, fondées pour la plupart par des ordres religieux occidentaux. En effet, le régime syrien était dirigé par le parti nationaliste Baath[1] et le gouvernement était socialo-communiste et anti-occidental. Il voulait contrôler de plus près l'enseignement donné dans les écoles privées en nommant un de ses représentants dans leur conseil d'administration. Les directeurs de ces écoles, influencés par les évêques d'Alep, refusèrent ce qu'ils considéraient comme une ingérence inacceptable de la part du gouvernement. Celui-ci décida alors purement et simplement de nationaliser ces écoles, ce qui eut pour conséquence que la plupart des enseignants étrangers partirent. Le niveau de l'enseignement s'en ressentit immédiatement.

Un jour mon père s'approcha de moi pour me faire part d'une proposition : « Maintenant que les écoles sont nationalisées, il n'y a plus vraiment de raison que tu continues à aller dans une école soi-disant privée et toujours payante (car ces écoles continuaient d'avoir un statut spécial). Je propose donc que l'on t'inscrive l'année prochaine dans une école publique du gouvernement. Celle-ci a l'avantage d'avoir des élèves plus représentatifs de la société, du fait qu'ils sont pour la plupart des élèves musulmans issus de toutes les couches sociales. » J'ai tout de suite accepté cette proposition car je l'ai trouvée pleine de bon sens.

L'année suivant le brevet, je devins donc élève de l'école al-Ma'moun (du nom du célèbre calife abbasside), la plus prestigieuse des écoles publiques d'Alep. J'ai commencé alors à découvrir un monde qui m'était totalement étranger. La très grande majorité des élèves étaient en effet musulmans. Nous étions une poignée de chrétiens dans une classe d'une soixantaine d'élèves. La plupart étaient issus de milieux populaires. En apprenant que j'avais fréquenté une école privée, plusieurs élèves m'ont demandé si je pouvais les aider à améliorer leur français. Je suis ainsi devenu professeur de français volontaire dans des classes qui avaient lieu après la fin des cours.

Bon nombre de mes amis, apprenant que j'étais chrétien, commençaient à me poser des questions sur le christianisme et les chrétiens. À mon tour, j'étais curieux d'en savoir plus sur l'islam et les musulmans. Un jour l'idée me vint de demander au professeur de religion musulmane si je pouvais assister à ses cours. Il était fort surpris car les élèves chrétiens étaient dispensés de ces cours, ils avaient leur propre cours de religion à une autre heure de la semaine. Il me répondit : « Si tes parents sont d'accord, je n'y vois pas d'inconvénient. » Non seulement j'étais autorisé à assister au cours de religion musulmane, mais j'étais un élève attentif et interactif. Régulièrement, le professeur me demandait ce

---

1. Le mot *baath*, qui signifie « renaissance » ou « résurrection », renvoie dans ce contexte au renouveau de la nation arabe. Ce parti socialiste et laïc fut fondé par deux Syriens, un chrétien (orthodoxe) et un musulman (sunnite) pour promouvoir l'unité de la nation arabe sur la base du sentiment national afin que les Arabes puissent transcender les nombreuses loyautés religieuses et ethniques qui les divisent.

que les chrétiens pensaient du sujet qu'il traitait, et je m'efforçais de lui donner une réponse du mieux que je pouvais. Progressivement, je nouais des amitiés profondes avec mes condisciples musulmans. Plusieurs m'invitaient à leur rendre visite, et je les invitais à mon tour à me rendre visite. Plus d'un m'avoua que c'était la première fois de sa vie qu'il avait un chrétien chez lui ou qu'il se rendait chez une famille chrétienne.

Je me souviens d'une seule fois où toute ma classe fut emmenée dans une salle de cinéma en ville pour visionner un film important. Le film décrivait l'épopée de Salah al-Din al-Ayyoubi, connu en Occident comme Saladin, un musulman d'origine kurde (né à Tikrit en Irak) qui, en 1187, réussit à vaincre les croisés, à reprendre Jérusalem de leurs mains et à détruire son royaume latin. Les envahisseurs vaincus avaient la croix pour bannière et menaient leurs guerres au nom du « Prince de la paix » (Es 9.6). Quelle contradiction ! Aujourd'hui encore ce passé glorieux et quelque peu mythifié continue d'être enseigné méthodiquement dans les écoles publiques, et il est revendiqué à la fois par les gouvernements nationalistes et les islamistes dans leur lutte idéologique commune contre les pays occidentaux.

Au lycée, je n'ai pas tardé à rejoindre la JEC (Jeunesse Étudiante Chrétienne). Je devins rapidement responsable du groupe de mon lycée, qui comptait cinq à six élèves. Nous nous réunissions chaque semaine, et nos réunions commençaient toujours par un partage d'Évangile suivi par une prière et une discussion sur un sujet préparé à l'avance. Nous avions pleinement conscience qu'étant élèves chrétiens dans un lycée public à majorité musulmane, nous avions un témoignage spécifique à rendre auprès de nos amis musulmans, par notre vie aussi bien qu'en paroles. Nous organisions des activités culturelles susceptibles d'intéresser nos amis, par exemple une excursion en fin de semaine afin de découvrir un site historique non loin de la ville. Il faut dire que nous étions bien servis, car Alep étant l'une des plus anciennes villes habitées du monde, elle ne manquait pas de sites historiques.

Un jour, un ami musulman, élève dans le même lycée que moi et membre de la section jeunesse du parti Baath, m'a mis en garde : « Chawkat, tu dois faire attention, car tu es surveillé en raison de ton activisme au lycée. » Le Père aumônier de la JEC à l'époque, Mgr Jean-Clément Jeanbart, était un jeune prêtre alépin. Il fut jusqu'à l'année dernière archevêque grec-catholique d'Alep. J'ai l'honneur de le compter jusqu'à ce jour parmi mes amis. Avec le recul, je réalise que mon appel à servir le Seigneur, auprès des musulmans en particulier, remonte à mes années de lycée. C'est là que j'ai appris à entrer en dialogue missionnel avec des amis musulmans de qui rien ne me séparait vraiment sauf le Christ, qu'ils vénéraient certes, mais seulement comme prophète.

J'avais seize ans quand mon père mourut (âgé de 54 ans) à Beyrouth, à l'hôpital Saint-Joseph où il avait été hospitalisé pour une intervention chirurgicale. Cet événement bouleversa ma vie et me fit découvrir, d'une façon très personnelle, la réalité de la paternité divine. Cette prise de conscience m'empêcha de sombrer dans un sentiment de solitude et de détresse, aggravé par les folles passions propres à certains jeunes de mon âge. Dix jours après mon père mourut un autre de mes héros : le Raïs égyptien, Gamal Abdel Nasser, champion du nationalisme panarabe. Moins de deux mois plus tard, une autre figure héroïque décéda, le général de Gaulle, qui à lui seul symbolisait tout ce que la France pouvait représenter de grand, particulièrement pour les chrétiens de Syrie (et du Liban), pays qui fut sous mandat français entre les deux guerres.

Parmi tous les auteurs (arabes et étrangers) que j'ai lus au cours de mon adolescence, Gibran Khalil Gibran est sans doute celui qui m'a marqué le plus. En Occident, il est surtout connu pour son livre *Le Prophète*, mais on lui doit beaucoup d'autres ouvrages parmi lesquels *Jésus, Fils de l'Homme*, composé d'une longue série de très belles méditations sur des textes et des personnages évangéliques. J'ai encore tous les ouvrages de Gibran dans ma bibliothèque, répartis en deux volumes, l'un comprend ses écrits en arabe, l'autre les écrits traduits de l'anglais en arabe.

Besançon : renouveau spirituel

Le sacerdoce n'étant pas vraiment une option pour moi, je décidai, faute de mieux, de choisir un autre métier humanitaire, celui de médecin (très prisé par les familles syriennes pour leurs enfants). J'avais aussi très envie de découvrir de nouveaux horizons. Le choix de la France s'est vite imposé à moi en raison de l'influence de la culture française dans le milieu où j'ai grandi.

Mon choix s'est porté sur Besançon, simplement parce que le fils de l'une de nos voisines s'y trouvait déjà. Je pouvais donc compter sur lui pour m'aider durant les premiers mois. La réalité de la vie à l'étranger pour un jeune de dix-huit ans n'était pas toujours facile à vivre. Mon français n'était pas aussi bon que je croyais ; je n'avais jamais parlé cette langue en Syrie, même si j'avais de solides bases acquises à l'école. Les cours de médecine étaient donnés dans un grand amphithéâtre où je n'étais qu'un étudiant anonyme parmi plusieurs centaines d'étudiants. J'étais éloigné de ma famille, de mes amis et de mon pays. La vie estudiantine était en pleine ébullition quelques années seulement après les événements de Mai 68.

Il y avait tous les jours des stands politiques à la sortie du restaurant universitaire. Mon regard fut un jour attiré par l'un d'eux du fait qu'il proposait de la littérature en arabe ! Ma joie fut à son comble lorsque je découvris que la littérature en question était principalement des brochures tirées de la Bible. Celui qui tenait le stand était lui-même étudiant en médecine. C'est par lui que je découvris les GBU (Groupes Bibliques Universitaires), un mouvement d'étudiants chrétiens évangéliques dont la mission est d'encourager les étudiants à lire la Bible et d'inviter ceux qui le souhaitent à participer à des réunions d'étude de la Bible et de prière. Je me suis rapidement joint au GBU de Besançon que j'ai fréquenté assidûment pendant trois années.

J'ai appris beaucoup de choses au contact des étudiants du GBU, en particulier la centralité de la Parole de Dieu dans la vie et la foi des croyants, l'importance de la prière et de la communion fraternelle, et la place primordiale qui revient au sacrifice de Jésus-Christ sur la croix dans la rédemption de l'homme. Ma situation d'étudiant étranger fraîchement arrivé en France m'a sans doute rendu plus ouvert et plus sensible au message de l'Évangile. Je faisais l'expérience d'un renouveau spirituel que l'on peut assimiler à une conversion. J'éprouvais un désir irrépressible de témoigner du Christ aux étudiants. À ma grande surprise, plusieurs se sont convertis et leur nombre ne cessait d'augmenter. L'un des premiers convertis me dit un jour (avant sa conversion) : « Moi j'aime tout le monde, sauf peut-être les Arabes. » Lui ayant fait remarquer qu'étant Syrien, j'en étais un moi-même, il me répondit : « Ah non, tu n'es pas arabe, pour moi les Arabes ce sont les gens d'Afrique du Nord ! »

En l'espace de deux ans, le GBU s'est multiplié et comptait plus d'une cinquantaine d'étudiants. Nous étions très reconnaissants au Grand Séminaire (où j'habitais ainsi que d'autres étudiants) de nous permettre de nous réunir dans la chapelle. Progressivement, j'ai acquis la conviction que Dieu m'appelait à son service comme laïc et je devais m'y préparer. C'est ainsi que j'ai pris un jour la décision d'interrompre mes études et d'aller à brève échéance en région parisienne pour commencer une formation théologique.

Lorsque je fis part à ma mère de ma décision, elle arrêta tout de suite son soutien financier, sans même me prévenir, tant était profonde sa déception. Pour moi, ce n'était pas une décision facile à prendre car j'étais sûr que ma famille ne la comprendrait pas. Néanmoins, l'amour indomptable du Christ ne me laissait guère le choix (cf. Mt 10.34-38). Aussi ai-je dû, pour subvenir à mes besoins, chercher à la hâte des petits boulots. J'ai accepté le premier qui s'est présenté à moi : « faire la plonge » dans le restaurant universitaire où j'avais l'habitude de me rendre quotidiennement comme étudiant.

Paris : formation théologique et travail parmi les étudiants

À Paris, j'avais l'intention de travailler à temps partiel pour financer mes études, mais je n'ai trouvé aucun travail. Me voyant dans une impasse, un membre du personnel de la faculté où j'étais inscrit me proposa de contacter une Église qu'il connaissait bien et de lui proposer de me soutenir. Ma joie fut grande lorsque j'appris quelques jours plus tard que l'Église en question (située non loin de St-Étienne) avait accepté de financer mes études, sans condition aucune !

C'est ainsi que j'ai pu suivre le programme de maîtrise en théologie à la Faculté Libre de Théologie Évangélique de Vaux-sur-Seine. Parallèlement, je suivais des cours au Centre Sèvres (école jésuite de formation) à Paris et à l'École Pratique des Hautes Études (Sorbonne). Tout au long de mes études, j'étais engagé dans les GBU et je tenais des stands bibliques d'abord à Paris III (Censier), puis à la Cité Universitaire Internationale de Paris où j'ai habité pendant plus de trois ans. À la fin de mes études, les GBU me proposèrent le poste de responsable national chargé des relations avec les étudiants étrangers. J'ai volontiers accepté cette proposition qui correspondait tout à fait à mes propres aspirations. Ce poste était l'occasion pour moi d'aider les étudiants des GBU dans leurs relations avec les étudiants musulmans en particulier, et de participer à des dialogues islamo-chrétiens dans les villes universitaires de France et d'ailleurs.

À la fin de ma maîtrise en théologie chrétienne, j'éprouvais le besoin impérieux de faire des études d'islamologie afin de mieux me situer en tant qu'Arabe chrétien par rapport à la religion de la majorité de mon peuple. Ce désir était renforcé par le fait que, dans mon travail aux GBU, des étudiants musulmans me posaient parfois des questions théologiques auxquelles je n'avais pas nécessairement réfléchi (p. ex. sur la fiabilité de la Bible, la réalité de la crucifixion de Jésus, la prophétie de Muhammad). Aussi ai-je décidé, parallèlement à mon travail, d'entamer des études d'islamologie à l'EPHE (section Sciences religieuses). Mon mémoire de D.E.A avait pour titre « L'altération des Écritures judéo-chrétiennes selon le Coran et la tradition islamique ». Douze années plus tard (en 1994), j'ai soutenu une thèse de doctorat intitulée « Pardon, repentir, conversion. Étude de ces concepts en Islam et de leurs équivalents bibliques ».

Les douze années qui séparent les deux diplômes s'expliquent par mon travail à plein temps et par le fait qu'entre-temps je me suis marié. Hanne-Lis, mon épouse (danoise), et moi-même sommes devenus, sept ans et demi après notre mariage, les heureux parents de quatre enfants (Christophe, Marie, Sophie et Irène). Mes études et mes livres étaient ainsi toujours étroitement liés à mes origines et à mon travail. En juin 1982, j'eus la joie d'apprendre que ma demande de naturalisation avait été acceptée. Syrien, je le serai toujours, mais en plus j'étais désormais un citoyen français par adoption.

Je suis très reconnaissant pour la formation théologique que j'ai reçue dans les divers établissements que j'ai fréquentés. Cela m'a permis d'approfondir ma connaissance des Écritures et de consolider ma foi, voire de l'épurer. Mes études d'islamologie m'ont permis de mieux comprendre l'islam et les musulmans, et d'examiner à la loupe les données de la foi chrétienne. Soumise au crible de la théologie musulmane, ma foi a grandi ainsi que mon appréciation de ce qui fait sa singularité, notamment la grâce universelle et l'amour inconditionnel de Dieu manifestés en Jésus-Christ. Je rends hommage en particulier au Professeur Daniel Gimaret, qui a bien voulu diriger tous mes travaux de recherche en islamologie. Je suis toujours impressionné, quand je relis ses livres, par l'étendue de sa connaissance, sa rigueur académique et l'impartialité de son enseignement.

J'ai déjà mentionné la dette que je dois aux chrétiens évangéliques que j'ai connus à Besançon. Ils ne m'en voudront pas d'exprimer aussi quelques critiques à leur égard, qui ne concernent bien entendu pas tous les évangéliques. Ces personnes (dont plusieurs sont restées des amis) étaient ce que l'on pourrait appeler des chrétiens « piétistes ». Leur foi était empreinte d'anti-intellectualisme et d'un certain légalisme. Ils étaient aussi enclins à juger les chrétiens d'autres traditions chrétiennes, notamment les catholiques. Enfin, parmi eux, il y avait de nombreux « chrétiens sionistes[2] », qui trouvaient dans les promesses et les prophéties bibliques concernant Israël une légitimation théologique de l'État d'Israël. Plusieurs croyaient que la création de cet État en 1948 était le signe avant-coureur du retour de Jésus-Christ. J'avoue que, pendant plusieurs années, malgré mon arabité pleinement assumée, j'ai moi-même adhéré à cette théologie dite dispensationaliste, pensant que l'enseignement biblique avait la priorité sur toute autre considération.

Ce n'est qu'après mon inscription à la faculté de théologie de Vaux-sur-Seine que j'ai appris que tous les chrétiens évangéliques ne partageaient pas cette théologie, tant s'en faut. Je rends ici hommage à l'un des piliers de cette faculté, le Professeur Henri Blocher, qui se distinguait par une admirable expertise théologique alliée à une vie de foi exemplaire. J'ai énormément apprécié son enseignement ainsi que sa supervision de mon mémoire de maîtrise, qui avait pour titre : « Le mystère de l'histoire du salut des juifs et des païens en Romains 11 ». Ce mémoire m'a permis d'étudier l'enseignement biblique sur ce

---

2. L'expression anglaise « Christian Zionists » (sionistes chrétiens) est une expression quasiment consacrée en anglais. Elle désigne les chrétiens (évangéliques et autres) qui soutiennent l'idéologie sioniste. Je lui préfère l'expression « Zionist Christians » (chrétiens sionistes) car le motif premier de ces chrétiens n'est pas politique, mais religieux.

sujet, de rompre définitivement avec la théologie dispensationaliste et d'adopter un point de vue que je crois plus conforme à l'enseignement de Jésus sur Israël.

Pour prévenir toute suspicion d'antisémitisme, il me plaît de mentionner ici ce qui pour moi demeure l'un des signes les plus éloquents de l'action du Saint-Esprit dans ma vie. Ayant grandi en Syrie sous un régime nationaliste, je ne m'étais pas rendu compte à quel point j'avais absorbé le sentiment anti-juif véhiculé dans le système éducatif et les médias. Ce sentiment s'était développé parmi tous les Arabes en raison des guerres successives qui ont opposé Israël aux pays arabes (en particulier en 1948, 1956, 1967, 1973). Le renouveau spirituel que j'ai connu à Besançon a impacté mon être tout entier, notamment en me libérant de l'animosité sournoise et profonde que j'avais entretenue envers non seulement les Israéliens, mais les juifs en général. Je me souviens encore du jour où, pour la première fois, j'ai rencontré une femme juive face à face dans un rassemblement chrétien. Lorsque nous nous sommes aperçus de quels pays nous étions originaires, nous sommes tombés spontanément dans les bras l'un de l'autre, et avons pleuré à chaudes larmes. Je sus à ce moment précis que ces larmes étaient le signe manifeste d'une libération intérieure, réelle et puissante.

Angleterre : enseignement théologique et engagement humanitaire

Ayant travaillé parmi les étudiants pendant douze ans, je pensais que le temps était peut-être arrivé pour moi de passer le flambeau. Avec le vif encouragement de mon épouse et en partie grâce à son travail rémunéré, j'ai pris la décision de me donner deux années sabbatiques pour achever ma thèse de doctorat. Les choses ne pouvaient pas mieux se présenter. Un ami tunisien s'était converti à Jésus-Christ dans son pays natal, à son retour d'un séjour de deux années d'études à Paris où nous nous étions rencontrés. Quelque temps après, il a été obligé de revenir en France pour fuir la persécution de sa famille. Il venait d'achever sa formation théologique et était prêt à prendre le relais. Le parcours de ce cher ami est assez remarquable ; en effet, après avoir travaillé de nombreuses années parmi les GBU en France, on lui a confié la direction des GBU dans tout le monde arabe, poste qu'il occupe encore aujourd'hui avec une grande compétence.

Quelques mois avant la soutenance de ma thèse, j'étais donc à la recherche d'un emploi. Je n'avais aucun désir de poursuivre une carrière académique dans une université française de l'enseignement public à cause des contraintes de neutralité auxquelles j'aurais été soumis. Je cherchais donc à travailler dans une organisation chrétienne qui me permettrait d'accomplir la mission à laquelle j'étais appelé. En mai 1994, j'ai reçu en une semaine deux lettres de deux établissements universitaires chrétiens en Angleterre m'invitant à réfléchir à la possibilité de les rejoindre. Après avoir bien réfléchi, prié et passé l'entretien d'embauche, mon épouse et moi décidâmes d'accepter l'offre d'emploi venant de All Nations Christian College (à Ware dans le comté de Hertfordshire). C'est un *college*, au sens britannique du terme, affilié à Open University. Il prépare les étudiants (dont la moitié ne sont pas britanniques) à aller en pays de mission ou à travailler parmi les minorités ethniques du Royaume-Uni. Sa particularité est que les étudiants sont des professionnels, c'est-à-dire des personnes déjà qualifiées se préparant à exercer leur mission à travers leur métier (ingénieur, médecin, enseignant, infirmière, traducteur de la Bible, etc.). Certains ont déjà exercé leur mission pendant un certain nombre d'années et viennent pour compléter leur formation.

Nos quatre jeunes enfants se sont parfaitement bien adaptés à l'Angleterre, plus rapidement et sans doute plus facilement que leurs parents. Pendant douze ans, j'ai eu la joie d'enseigner l'islamologie, un cours sur le Proche-Orient et un autre contre la discrimination et les préjugés divers (religieux, ethnique, sexuel, culturel, etc.). Parmi les temps forts de l'année académique, il y avait un cours intensif d'introduction à l'islam, d'une durée de dix jours, organisé au mois de décembre. Ce cours, ouvert également à des participants de l'extérieur, était donné par plusieurs orateurs, y compris un musulman (ou une musulmane). Un autre temps fort était le débat annuel que j'avais avec un professeur « juif messianique », chargé d'enseigner « la Bible hébraïque » entre autres matières. Les étudiants étaient ravis d'assister à ce débat qui mettait en lumière deux approches très différentes du conflit israélo-palestinien. Mon collègue soulignait souvent la nécessité de faire la paix entre les deux peuples. Pour ma part, j'insistais sur la justice comme le chemin incontournable pour parvenir à une paix véritable et durable.

Je commençais à me sentir un peu à l'étroit en Angleterre, bien qu'il m'ait été donné de faire quelques voyages en Asie (Corée du Sud, Dubaï, Inde, Thaïlande, Turquie), en Europe et aux États-Unis. Je sentais aussi le besoin d'aller moi-même « sur le terrain » pour traduire dans la réalité ce que j'enseignais. Aussi, j'ai postulé avec succès pour un poste récemment créé par une ONG bien connue dans le monde anglophone, World Vision International (en France, elle se nomme « Vision du monde »). C'est une organisation de développement, de secours d'urgence et de plaidoyer. Ses collaborateurs sont au nombre de quarante mille répartis sur les cinq continents.

Ce qui m'attirait dans WVI, c'est que cette organisation cherche à mettre en pratique de manière très concrète le commandement évangélique sur l'amour du prochain dans les pays en voie de développement. C'est aussi une organisation mondiale œuvrant dans quatre-vingts pays environ dont une vingtaine à majorité musulmane. Enfin, c'est une organisation chrétienne non confessionnelle qui prend au sérieux le témoignage à Jésus-Christ porté « au travers de notre vie, de nos actions, de nos paroles et de signes miraculeux encourageant notre prochain à répondre à l'appel de l'Évangile ». Mon travail comme directeur des relations interreligieuses consistait à former le personnel de toutes confessions (notamment en utilisant un cours que j'ai moi-même créé) de manière à faciliter leur collaboration. Autrement dit, tout en reconnaissant les différences réelles qui existent entre les différentes religions, il nous incombe à tous de prendre toute la mesure de ce qui nous rapproche (sur le plan spirituel, moral et humain) afin de nous mettre ensemble au service du bien commun.

Les dix années passées à WVI furent bien remplies et très instructives. Il me fut donné de découvrir un peu partout dans le monde des hommes et des femmes de tous horizons, qui se donnent sans compter pour faire avancer la justice, la solidarité et l'égalité dans leurs communautés. J'ai particulièrement apprécié la collaboration avec le personnel musulman et les leaders religieux dans les pays où je me suis rendu. Les enjeux ne sont pas seulement économiques, ils sont aussi d'ordre humanitaire et spirituel. Il est urgent que les Églises du monde occidental et les organisations chrétiennes s'investissent davantage dans les pays en voie de développement pour relever ensemble les défis qui sont devant nous. Ces défis sont planétaires, comme nous le rappelle la pandémie de la Covid-19.

De retour en France

Après vingt-trois années passées en Angleterre, ayant atteint l'âge de la retraite (selon la loi française), mon épouse et moi sommes rentrés en France (en 2017). Ce n'est pas que la vie en Angleterre nous déplaisait, mais nous nous sentons bien plus proches de la culture française. Trois de nos enfants sont restés en Angleterre pour suivre leur propre chemin. L'aînée de nos filles, Marie, vit depuis dix ans à Montréal avec sa famille.

Ce regard rétrospectif fait apparaître trois fils rouges dans la trame de ma vie. Tout d'abord l'islam avec lequel je suis en contact permanent depuis mon enfance. Pour moi, les musulmans sont mes prochains les plus proches. Je déplore que les chrétiens de France ne fassent pas davantage d'efforts pour les accueillir et engager avec eux un dialogue missionnel.

Ensuite, la question de l'immigration, d'une brûlante actualité, que le terrorisme islamiste rend d'autant plus difficile à appréhender. L'un de mes tout premiers articles publiés en France était intitulé « L'étranger selon la Thora [*sic*]³ ». Dans cet article, je mettais en valeur l'enseignement remarquable donné aux Israélites concernant l'attitude qu'ils devaient avoir vis-à-vis des non-Juifs qui vivaient au milieu d'eux. J'en tirais aussi quelques conclusions sur le comportement des Israéliens à l'égard des Palestiniens ainsi que des chrétiens envers les immigrés en France. On ne relèvera pas le défi de l'immigration sans consentir à faire des efforts d'adaptation de part et d'autre.

Enfin, Israël et le traitement discriminatoire que l'État hébreu réserve aux Palestiniens, en particulier dans les Territoires Occupés (notamment en Cisjordanie). En raison de leur passé antisémite, les pays européens semblent paralysés par un sentiment lancinant de culpabilité envers les juifs. La question des droits de l'homme est bizarrement tenue à l'écart du conflit israélo-palestinien par la communauté internationale. Les chrétiens sionistes, malgré leurs bonnes intentions, ne font qu'envenimer la situation. Ils oublient des valeurs évangéliques fondamentales telles que la justice, la paix, la solidarité avec les pauvres et la libération des opprimés.

J'aimerais conclure ce parcours personnel par une prière d'action de grâce adressée à Celui à qui je dois tout :

> Je te rends grâce, ô Dieu, pour ton action puissante et discrète dans ma vie à chacune de ses étapes et à travers chaque événement, heureux ou malheureux. Parmi les derniers, il y eut le décès de mon père, quand j'étais encore adolescent, ainsi que le décès prématuré de Christine, ma fille, sœur jumelle de Christophe.
>
> Je te rends grâce pour la famille dans laquelle j'ai grandi, et pour mes parents en particulier.
>
> Je te rends grâce pour les amis rencontrés sur mon chemin, chrétiens, musulmans et tous les autres.
>
> Je te rends grâce pour le prodigieux patrimoine spirituel et théologique de l'Église catholique, dont je suis l'heureux héritier, ainsi que pour le rôle très significatif que les chrétiens évangéliques ont joué dans la formation de ma foi.
>
> Je te rends grâce de m'avoir fait la grâce de connaître ton Fils Jésus-Christ dans toute sa splendeur.
>
> Je te rends grâce de m'avoir appelé à être le disciple et le témoin du Christ, en particulier auprès de nombreux amis arabes et musulmans.

---

3. Cet article fut publié dans la revue *Ichthus* (n° 132, sept.-oct. 1985). Il provoqua des réactions critiques qui furent publiées quelques mois plus tard (n° 134, jan.-fév. 1986).

Je te rends grâce pour cette vie malgré toutes ses misères et pour l'espérance inouïe de la vie éternelle.

Je te rends grâce, mon Dieu et mon Seigneur, pour le sens que tu donnes à ma vie, à la vie. De concert avec l'apôtre Paul, je confesse que « pour moi, vivre, c'est Christ » (Ph 1.21).

Première partie

L'islam : une religion à visage multiple

1

L'islam comme religion

Les auteurs musulmans dans leur grande majorité sont convaincus de la supériorité de l'islam sur le judaïsme et le christianisme. L'islam n'est pas simplement une religion spirituelle s'intéressant uniquement à la vie dans l'au-delà comme, pensent-ils, c'est le cas du christianisme. Ce n'est pas non plus une religion centrée sur la vie ici-bas comme, croient-ils, c'est le cas du judaïsme. L'islam se préoccupe de la vie ici-bas tout autant que de celle dans l'au-delà.

Ce chapitre abordera l'islam principalement sous l'angle de son enseignement religieux tandis que les deux chapitres suivants seront consacrés à l'islam comme communauté, unie mais diverse, et à l'islam comme source de législation. Le quatrième chapitre traitera de l'islam radical qui met l'ensemble de la communauté musulmane à l'épreuve dans la mesure où leur religion se trouve ipso facto associée à la violence. Quel est le rapport de l'islam à la violence perpétrée par des hommes qui s'identifient eux-mêmes comme musulmans ? Le dernier chapitre de cette partie se penchera sur des questions d'actualité concernant la vie de la communauté musulmane en France et au-delà.

Conversion, soumission, paix

Que veut dire au juste le mot *islam* ? Pendant longtemps, le sens de ce terme ne soulevait pas de questions particulières. Les musulmans étaient d'accord pour dire qu'il signifiait « soumission » (à Dieu), « capitulation », « reddition ». Aujourd'hui, des voix musulmanes, comme celle de Muhammad Shahrour, s'élèvent pour contester ce sens et le remplacer par « confiance », « abandon », « remise de soi » (à Dieu). Certains musulmans vont jusqu'à dire que le mot *islam* signifie « paix ». Ces suggestions émanent soit de musulmans de tendance mystique vivant dans des pays occidentaux où le concept de soumission n'est pas particulièrement en vogue, soit de musulmans humanistes soucieux de corriger l'image de leur religion gravement atteinte par la violence commise en son nom.

Il est vrai que les mots arabes pour « soumission » et « paix » ont la même racine, S-L-M. Il y a donc un certain rapport, mais lequel ? Les deux mots ne veulent pas du tout dire la même chose. Dans le contexte coranique, le verbe *aslama* est employé à maintes reprises dans le sens général de conversion au Dieu unique ainsi que dans le sens particulier de conversion à la nouvelle religion proclamée par Muhammad (5.3 ; 6.125). Dans le sens général, les prophètes étaient tous des musulmans, à l'exemple d'Abraham (3.67), des patriarches (2.133) et des disciples de Jésus (5.111). L'expression souvent utilisée à propos de la conversion à Dieu est « soumettre sa face à Dieu » (2.112 ; 3.20 ; 31.22).

Le même verbe est employé dans le cadre d'une confrontation militaire entre les musulmans et les polythéistes. Ces derniers doivent choisir entre le combat et la soumission (48.16). Certaines tribus arabes ayant choisi de rallier le camp des musulmans déclarent avoir embrassé la foi musulmane ; en réalité, elles se sont simplement rendues à l'armée musulmane, car la foi n'est pas entrée dans leur cœur (49.14). Dès lors qu'elles se sont soumises, les musulmans devaient cesser de les combattre et faire la paix avec elles (4.90-91).

Selon la tradition musulmane, le Prophète adressa des lettres aux principaux chefs politiques de la région entourant l'Arabie. Dans la missive envoyée à Héraclius, l'empereur byzantin, Muhammad l'invite à se convertir à la nouvelle religion dans des termes à peine voilés : « Convertis-toi à l'islam et tu seras en sécurité », *aslim taslam*[1]. De fait, Muhammad a lui-même mené l'armée musulmane au combat contre les Byzantins dans le nord de l'Arabie à deux reprises (en 630 et 631). L'issue de la bataille dans les deux cas était incertaine.

Le rapport entre l'islam et la paix ou le bien-être à l'intérieur même de la communauté musulmane transparaît au travers d'un fameux propos prophétique selon lequel « le musulman est celui dont les paroles et les actes ne représentent pas de danger pour les autres musulmans[2] ». Ainsi, la conversion à Dieu a pour conséquence la paix avec le Créateur et l'intégration dans la communauté musulmane. La soumission, de gré ou de force, au leadership islamique assure la paix avec la communauté musulmane. La véritable soumission à Dieu est une soumission sincère, libre et confiante. C'est aussi un acte de foi, d'abandon et de remise totale au Créateur bon et souverain.

D'un point de vue chrétien, le concept de soumission n'est pas univoque. La soumission servile aux commandements de la loi, fût-elle divine, n'a rien à voir

---

1. Bukhari, *bad' al-wahi* (début de la révélation) 1.
2. Bukhari, *iman* (foi) 4.

avec la liberté apportée par l'Évangile[3] (Ga 3.25). En revanche, notre soumission filiale et volontaire à notre Père céleste est notre juste réponse à son amour pour nous. Même le Christ a appris en tant qu'homme à se soumettre à son Père afin d'accomplir sa volonté (Hé 5.7). Comme les musulmans, les chrétiens se disent volontiers des serviteurs de Dieu (Tt 1.1). Loin d'être synonyme de servitude, le service de Dieu et du prochain, accompli non par contrainte mais par amour, est paradoxalement une source de libération par rapport à tout ce qui peut nous asservir ici-bas, à commencer par notre préoccupation de nous-mêmes.

Le credo islamique

Le credo islamique le plus simple consiste en une seule phrase composée de deux parties : « Je porte témoignage qu'il n'y a de dieu, *ilah*, que Dieu, *Allah*, et que Muhammad est l'Envoyé de Dieu », *ashhadu an la ilaha illa-llah wa anna Muhammadan rasulu-llah*. Ce credo est parfois appelé le double témoignage (sur Dieu et son prophète). Toute personne qui prononce ces mots en toute sincérité, en arabe, en présence d'au moins deux témoins musulmans, manifeste ainsi sa conversion à l'islam.

Le mot *ilah* désigne la divinité en langue arabe. La plupart des linguistes considèrent que *allah* résulte de la contraction de l'article défini *al* et du mot *ilah*. Néanmoins, certains pensent que le mot *allah* est le nom propre de Dieu et qu'il est donc intraduisible. Notons que les mots pour désigner Dieu dans les langues sémitiques se ressemblent. En hébreu, par exemple, on a *El, Elohim* et *Eloah*. La forme polémique de la confession de foi islamique (il *n'y a de* dieu que Dieu) s'explique par le fait que l'islam est né dans un milieu à majorité polythéiste. En réalité, les Arabes croyaient en un dieu suprême, *Allah*, auquel ils associaient de nombreuses divinités. Le nom du père de Muhammad était Abdullah, « serviteur de Dieu ». La mission du Prophète consistait justement à les convaincre que Dieu est unique, qu'il n'a donc pas de partenaires et qu'il est le seul qu'on doit adorer.

L'affirmation de l'unicité divine se situe dans la droite ligne du message biblique. Encore faut-il savoir qui est le Dieu unique. Question importante sur laquelle nous aurons à revenir dans la deuxième partie de ce livre.

Muhammad est décrit dans le credo islamique comme *rasul*, envoyé (ou apôtre). Les Arabes ont réclamé des preuves qui permettent d'authentifier

---

3. Dans le présent ouvrage, le mot « Évangile », avec un *É* majuscule, désigne l'un des quatre livres du Nouveau Testament ou le message qui y est consigné tandis qu'avec un *é* minuscule le mot renvoie à un livret qui reproduit l'un des quatre textes en question. Dans le contexte coranique, « l'Évangile » se réfère toujours au Livre saint révélé par Dieu et transmis par Jésus.

son apostolat. Plus tard, les théologiens musulmans ont développé toute une apologétique afin de démontrer l'origine divine de la mission de Muhammad. Les composantes principales de cette apologétique sont au nombre de quatre.

Les miracles

Le plus grand miracle de Muhammad, sinon le seul[4], est le Coran lui-même, considéré comme un livre inimitable. Le miracle coranique réside dans la qualité supérieure et indépassable de ce livre. Cette qualité jugée surnaturelle est d'abord littéraire, mais elle concerne aussi le contenu du livre, dans la mesure où des événements très anciens y sont rapportés ainsi que des prédictions relatives au Jour dernier. Le message coranique est réputé supérieur à ceux de la Torah et de l'Évangile, car il tient le juste milieu entre les deux extrêmes représentés par le judaïsme et le christianisme. Le miracle coranique est rehaussé par la croyance traditionnelle selon laquelle Muhammad était un homme analphabète ne sachant ni lire ni écrire.

Même si Muhammad était illettré, ce qui est loin d'être acquis, dans l'Antiquité, la tradition orale jouait un rôle de tout premier plan dans la transmission du savoir. Par ailleurs, un certain nombre de juifs et de chrétiens vivaient en Arabie, dont Waraqa bin Nawfal, le cousin paternel de Khadija, première épouse de Muhammad. Muhammad a sans doute eu des relations avec ces croyants monothéistes qui lui ont permis d'avoir une porte d'accès à la littérature biblique. Quant au critère de la perfection littéraire, il est très subjectif et difficile à évaluer pour les non-arabophones. D'un point de vue biblique, les miracles ne suffisent pas à démontrer l'inspiration divine (Dt 13.1-4 ; Mt 24.23-25). C'est le contenu du message prétendument révélé qu'il faut examiner : est-il en accord avec ce que Dieu a déjà révélé ?

Les prophéties bibliques

Selon les auteurs musulmans, Muhammad a été annoncé dans la Bible, la Torah aussi bien que l'Évangile. Cette allégation est impossible à vérifier dans la mesure où les deux textes coraniques sur lesquels elle repose ne proposent aucune citation biblique à l'appui ni de la Torah ni des Évangiles (7.157 ; 61.6). Le chapitre 6 sur la falsification de la Bible dans la pensée islamique reviendra sur cette affirmation et sur l'illettrisme supposé de Muhammad.

---

4. La Tradition prophétique rapporte plusieurs miracles accomplis par le Prophète. La fiabilité des récits en question, et par conséquent l'historicité de ces miracles, est difficile à établir.

La perfection de la loi islamique

Selon les penseurs musulmans, la loi islamique est parfaite, à la différence à la fois de la loi mosaïque et de l'enseignement évangélique. Cela explique, d'une part, que Dieu a envoyé Muhammad pour porter à la perfection la loi divine déjà révélée et, d'autre part, que Muhammad a été le dernier prophète (33.40).

Pour certains auteurs musulmans (Ibn Taymiyya, F. Razi, I. Faruqi), la loi mosaïque et la doctrine chrétienne sont défaillantes sur les plans religieux, moral et pénal. Voici quelques exemples qui illustrent le point de vue islamique et une brève mise au point chrétienne là où cela s'impose :

- Il est bien vrai que la Torah ne parle pas ouvertement du paradis. Au temps de Jésus, le parti des sadducéens, à la différence des pharisiens, ne croyait pas à la résurrection des morts (cf. Mt 22.23). Le Coran est bien plus explicite sur la réalité du paradis et de l'enfer.
- Les théologiens musulmans associent la justice à la Torah et l'amour à l'Évangile. Cependant, la Torah insiste sur la bonté de Dieu et non seulement sur sa justice (cf. Ex 34.6-7), et l'amour de Dieu est au centre du message évangélique, mais pas aux dépens de sa justice (Lc 13.1-5 ; Jn 3.16-18).
- Le code pénal de la loi mosaïque paraît trop rigoureux comparé au code islamique. Le premier prévoit la peine capitale pour de nombreux crimes tandis que le second ne prescrit la condamnation à mort que dans trois cas (meurtre, adultère, apostasie)[5]. L'Évangile ne contient pas de loi pénale pour la simple raison que c'est une bonne nouvelle fondée sur l'amour de Dieu. Au lieu de nous condamner en raison de nos péchés, Dieu a décidé de suspendre son jugement et de nous sauver. Cependant, le Nouveau Testament reconnaît aux autorités civiles le droit d'administrer la justice en société et de juger ceux qui commettent des crimes (Rm 13.1-7).
- La loi morale juive est exemplaire dans la mesure où elle prescrit aux Israélites d'aimer Dieu (Dt 6.5) et leur prochain (Lv 19.18), y compris l'étranger qui vit au milieu d'eux (Lv 19.33-34). Jésus a récapitulé l'enseignement de la Torah dans un remarquable double commandement (Mt 22.37-40). Jésus demande à ses disciples d'aimer leurs ennemis afin de refléter l'amour de Dieu pour toutes ses créatures

---

5. Le code mosaïque prévoit la peine capitale pour les crimes suivants : meurtre (Lv 24.17), idolâtrie (Ex 22.19), blasphème (Lv 24.16), adultère (Lv 20.10), relations sexuelles illicites (Lv 20.11-14), rapt (Ex 21.16), malédiction des parents (Lv 20. 9), sorcellerie (Ex 22.17), et bestialité (Ex 22.18). Pour le code pénal dans l'islam, voir Bukhari, *diyat* (prix du sang) 6.

humaines (Mt 5.43-48). Cela va bien au-delà de l'enseignement coranique qui ne parle pas de l'amour des ennemis.
- Sur le plan de l'éthique familiale, la Torah ne dit pratiquement rien sur la polygamie et très peu de choses sur le divorce (Dt 24.1-4). La polygamie en islam est réduite à quatre épouses et conditionnée par le traitement équitable envers chacune d'elles (4.3). Quant au divorce, il est fortement découragé sans être formellement interdit[6]. Jésus a rappelé aux pharisiens (qui appartenaient à un parti religieux très strict) l'intention divine première concernant le mariage, ce qui écartait le divorce (et la polygamie) sauf en cas d'infidélité conjugale (Mt 19.1-9 ; 5.32).
- L'islam accepte Jésus comme prophète, ce que ne fait pas le judaïsme, mais rejette sa divinité. Ainsi, la perspective islamique sur Jésus demeure très éloignée de la pleine reconnaissance de son identité.
- L'Évangile prête beaucoup d'attention à la vie sur terre mais non pas, comme c'est le cas dans l'islam, sous la forme d'une loi. Dans la prière enseignée par Jésus à ses disciples, les chrétiens font la demande suivante à leur Père céleste : « Donne-nous aujourd'hui notre pain de ce jour » (Mt 6.11).
- La loi morale apportée par le Christ est une loi parfaite à l'image du Créateur, d'où la fin de la polygamie et du divorce. Le fait que sa mise en pratique dépasse nos capacités naturelles ne la rend pas idéaliste. Si nous cherchons en Dieu la force de vivre selon sa volonté, son Esprit Saint nous transformera et nous rendra capables de vivre à la manière du Christ (Ga 5.22-25).
- Contrairement à ce que nombre de penseurs musulmans croient, il existe une loi chrétienne. La loi du Christ est à l'image de son royaume, c'est une loi spirituelle inscrite au cœur des croyants. À la différence des lois juives et musulmanes, elle ne consiste pas dans des règles extérieures comme le code alimentaire (Mc 7.18-19), ou les rites religieux (p. ex. circoncision, pèlerinage, fêtes). Elle incite les chrétiens à adorer Dieu « le Père en esprit et en vérité » (Jn 4.23) et à aimer Dieu et notre prochain (Mt 22.34-40).

À la lumière de ces données, il apparaît que la loi islamique et la loi juive ne sont pas fondamentalement différentes. Elles appartiennent toutes les deux à un ordre ancien que la venue du Christ a rendu caduc. Le royaume du Christ est

---

6. Ibn Majah, *talaq* (divorce) 1.

radicalement différent des royaumes de ce monde (Jn 18.36-37). Il dépasse et rend désuet le régime théocratique qui prévalait en Israël ainsi que le règne de la charia qui inspire, de près ou de loin, la constitution et les lois dans la plupart des pays musulmans.

Le succès politique

La dernière preuve de l'apostolat de Muhammad selon les auteurs musulmans est sa victoire sur ses ennemis : les Arabes polythéistes et les Juifs médinois, accusés d'avoir ensemble comploté contre lui. Cette victoire fut couronnée par l'entrée triomphale de l'armée musulmane à La Mecque en 630 (110.1-3) suivie par la conversion à l'islam de l'ensemble des tribus arabes deux ans avant la mort du Prophète. Cette entrée fut plutôt pacifique, car les Mecquois ont accepté de se rendre à l'armée musulmane. Cent ans après la mort de Muhammad, l'armée musulmane fut arrêtée près de Poitiers lorsqu'en 732 elle fut vaincue par les troupes de Charles Martel (grand-père de Charlemagne). Aujourd'hui, la communauté musulmane compte plus de dix-huit-cents millions de fidèles et se place juste derrière la communauté chrétienne.

Peut-on considérer le succès militaire comme une preuve de l'approbation divine ? Dans la perspective chrétienne, le vrai succès n'est pas celui remporté sur les hommes. Jésus n'a pas libéré son pays de l'occupation romaine comme l'espéraient certains de ses disciples (Lc 24.21). L'objectif de sa mission fut une libération d'un tout autre ordre. Il fut mis à mort sur une croix, supplice qui apparemment signa l'échec de sa mission. En réalité, par sa mort volontaire et sacrificielle, il mit en déroute nos vrais ennemis : le péché, le mal et la mort. Sa résurrection d'entre les morts le troisième jour et son élévation au ciel quarante jours plus tard témoignent de cette victoire. Dieu atteste par ces événements que Jésus a parfaitement rempli sa mission.

La foi chrétienne peut-elle être résumée en une seule phrase, avec une structure parallèle au credo islamique ? La déclaration suivante de l'apôtre Paul ressemble fort à une double confession de foi : « Car il y a un seul Dieu, un seul [médiateur] entre Dieu et l'humanité, un être humain, Jésus Christ, qui s'est donné lui-même comme rançon pour la libération de tous » (1 Tm 2.5-6 ; NBFC)[7].

---

7. Traduction de la Nouvelle Bible en Français Courant (NBFC), avec remplacement du mot « intermédiaire » par « médiateur » qui nous semble en l'occurrence mieux tenir compte du contexte biblique. En effet, le mot « médiateur » exprime mieux l'idée que la personne en question connaît parfaitement les deux parties et est par conséquent apte à les réconcilier.

Les cinq articles de foi et les cinq piliers de la religion

En islam, on trouve deux concepts clés : *iman*, foi, *islam*, confiante soumission. La foi islamique se résume en cinq articles (cf. 4.136).

1. Dieu

Dieu est un, créateur, bon, juste, puissant, saint, miséricordieux, fidèle, patient, véridique, souverain, etc.

2. Les anges

Ils sont les serviteurs de Dieu. Leur mission est de l'adorer, de communiquer sa parole aux hommes et de faire sa volonté dans cette vie et dans l'au-delà. Les musulmans croient aussi aux djinns, des créatures terrestres mais invisibles, ni des hommes ni des anges. Il y a de bons et de mauvais djinns. On pense que Satan et les démons étaient de bons djinns avant de désobéir à Dieu.

3. Les Livres de Dieu

Ce sont les Saintes Écritures révélées tout au long de l'histoire : la Torah donnée à Moïse, les Psaumes à David, l'Évangile à Jésus, et enfin le Coran à Muhammad. Le Coran confirme les Écritures antérieures, mais leur est supérieur, car il est l'Écriture ultime et parfaite.

4. Les apôtres de Dieu

Ce sont les prophètes envoyés aux hommes, en particulier aux Arabes et aux Juifs. Le Coran mentionne par leur nom une vingtaine de figures prophétiques, dont la plupart se trouvent également dans la Bible. Les plus importants de ces apôtres sont Moïse, David, Jésus et Muhammad dont les messages respectifs ont été conservés dans un livre saint. Adam, Noé et Abraham sont aussi des prophètes très importants.

5. Le Jugement dernier

Après la résurrection des morts, Dieu jugera tous les hommes. Les croyants dont la vie aura été marquée par de bonnes actions jouiront de la vie éternelle au paradis tandis que ceux qui auront commis de mauvaises actions seront envoyés en enfer. Au Jour du jugement, Dieu décidera à qui pardonner et à qui ne pas pardonner. Ceux qui ont donné des associés à Dieu ne seront pas pardonnés (4.48). Ils seront châtiés en enfer pour toujours.

Certains récits prophétiques ajoutent un sixième article[8], à savoir le « décret » divin, *al-qadar*, qui vise à souligner la souveraineté de Dieu. Dieu est l'auteur ultime des œuvres humaines, bonnes et mauvaises. C'est lui qui destine les uns au paradis, les autres à l'enfer.

Si on voulait résumer le cœur de la foi chrétienne en cinq articles, on pourrait reprendre à notre compte les cinq articles de la foi islamique en y apportant quelques précisions. On soulignera que le plus important à propos de Dieu c'est qu'il est Père (voir plus loin chap. 8 « Un Seul Dieu en Trois Personnes »). Les anges ne comptent pas autant pour les chrétiens que le fait que l'humanité a été créée à l'image de Dieu. L'Écriture sainte, Ancien et Nouveau Testament, est la Parole de Dieu qui guide notre foi et notre vie. Pour ce qui est des envoyés de Dieu, Jésus-Christ tient une place unique parmi tous les prophètes en raison de son œuvre rédemptrice. C'est lui qui représentera Dieu comme juge au dernier Jour.

Les « Piliers de la Religion » (comme on les appelle) représentent la pratique par laquelle les musulmans manifestent leur foi. Ce sont cinq actes cultuels par lesquels les musulmans expriment leur *iman* par leur *islam*[9].

1. Récitation de la confession de foi (chahada)

Il s'agit de proclamer sa foi en récitant la double confession : « Je porte témoignage qu'il n'y a de dieu, *ilah*, que Dieu, *Allah*, et que Muhammad est l'Envoyé de Dieu. » La récitation de la confession est ce qui différencie les musulmans des non-musulmans. Elle sert à officialiser la conversion d'une personne à l'islam.

L'association de Dieu et du Prophète dans le credo islamique est très significative. Bien qu'en théorie Muhammad ne soit rien de plus qu'un être humain, il est le dernier et le plus grand prophète pour les musulmans. Il est vénéré (pas seulement par les mystiques) d'une manière qui peut laisser penser que, pour les musulmans, il est bien plus qu'un prophète et que son statut est bien au-dessus d'un être humain, comme en témoignent les manifestations provoquées par la publication des caricatures du Prophète.

---

8. Muslim, *iman* (foi) 1.
9. Bukhari, *iman* (foi) 1.

2. Prière rituelle (salat)

C'est un acte d'adoration rituel, répété cinq fois par jour en direction de La Mecque. La prière est précédée d'ablutions afin que la personne soit pure et digne d'adorer Dieu (4.103 ; 5.6). Elle nourrit la relation qu'entretient le musulman avec Dieu et compense ses mauvaises actions. Au centre de cette prière se trouve la récitation de la première sourate du Coran, d'où son nom, *al-Fatiha*, « sourate ouvrante ». On peut aussi exprimer une prière informelle et personnelle, *du'a'*, en même temps que la prière formelle ou à d'autres moments.

3. Aumône légale (zakat)

L'aumône, comme le suggère la racine du mot, « purifie » les biens matériels que possèdent les croyants. Elle consiste en une offrande de l'ordre de 2,5 % du revenu de la personne. Elle est destinée à aider les pauvres et pourvoir à leurs besoins. On l'utilise aussi pour construire des mosquées et pour d'autres activités d'ordre religieux.

4. Jeûne (sawm)

Le mois de Ramadan, neuvième mois du calendrier islamique, est le mois du jeûne (2.183-187). Les musulmans s'abstiennent de manger, de boire, et n'ont pas de relations sexuelles du lever au coucher du soleil. Ils se concentrent sur leurs besoins spirituels et cherchent à développer leurs vertus morales. Le jeûne n'est pas obligatoire pour les enfants, ni pour les femmes enceintes ou celles qui allaitent, ni pour les voyageurs ou les malades.

5. Pèlerinage (hajj)

Le pèlerinage se fait à La Mecque, première ville sainte de l'islam où se trouve le temple de la Kaaba. Il est requis des musulmans au moins une fois dans la vie pourvu qu'ils soient en bonne santé et qu'ils en aient les moyens (3.97). Les musulmans viennent de partout dans le monde pour adorer Dieu là même où la dernière révélation a eu lieu. Selon le Coran, ce temple a été construit par Abraham et son fils Ismaël.

Certains récits prophétiques ajoutent à ces cinq piliers le *jihad*[10], le combat dans la cause de Dieu. L'obéissance à la charia prend aussi d'autres formes,

---

10. Bukhari, *iman* (foi) 27.

notamment le respect des commandements interdisant l'idolâtrie, le meurtre, le mensonge et la débauche. Certains aliments (p. ex. le porc, le sang et les bêtes mortes) sont interdits à la consommation (5.3). Les boissons fermentées, les jeux de hasard (2.219), l'usure et les prêts avec intérêt (2.275) sont également proscrits.

Pour ce qui est de l'agir chrétien, Jésus a chargé ses disciples d'être ses témoins parmi les nations et de baptiser ceux qui accepteront l'Évangile. Il leur a enseigné la prière du Notre Père et leur a prescrit de faire mémoire de lui et de son œuvre rédemptrice par la célébration de l'Eucharistie (communion ou sainte cène). Il a résumé les exigences morales de la loi mosaïque par le double commandement sur l'amour de Dieu et du prochain, ce qui comprend venir en aide à ceux qui sont dans le besoin matériel ou autre. Le jeûne est l'un des moyens de s'approcher de Dieu (pourvu qu'on le fasse en toute humilité) tout comme la lecture assidue de sa Parole. Quant au pèlerinage, il n'y a pas de lieu géographique particulier où les chrétiens sont tenus de se rassembler pour adorer Dieu. Dans la mesure où le Christ ressuscité est le nouveau temple (Jn 2.19-22), ses disciples peuvent se réunir en son nom en tout lieu pour adorer leur Seigneur. Les pèlerinages à tel ou tel endroit sont donc facultatifs et d'importance secondaire.

À la lumière de ces données, il apparaît que le christianisme et l'islam sont tous deux des religions théocentriques (Dieu est au centre), mais pour les chrétiens Jésus-Christ en personne est l'ultime révélation de Dieu. En effet, Muhammad, bien qu'il soit le dernier et le plus grand des prophètes pour les musulmans, n'est (en théorie du moins) qu'un homme. Pour les chrétiens, Jésus-Christ est le Dieu fait homme, celui qui révèle Dieu dans la plénitude de son être.

Les deux sources de l'islam : Coran et Hadith

La doctrine et la pratique de l'islam reposent sur deux sources principales : le Coran et le Hadith (ou Tradition prophétique), mais seul le Coran est la Parole infaillible de Dieu.

Le Coran

La tradition islamique relate que Muhammad allait prier très régulièrement dans une grotte près de La Mecque. L'ange Gabriel lui apparut pour la première fois lorsqu'il avait une quarantaine d'années. On trouve le contenu de la première révélation dans les huit premiers versets de la sourate 96. Gabriel lui ordonna : *iqra'*, « proclame », ou « récite ». Ce verbe est aussi la racine du mot *qur'an*, Coran, qui signifie « proclamation » (de la parole divine). Surpris, Muhammad eut peur et refusa de se soumettre à l'ordre adressé par l'ange. Il finit par accepter de recevoir ce que Gabriel voulait lui transmettre. Il rentra chez lui, très troublé par cette expérience. Sa femme Khadija le conduisit chez son cousin Waraqa bin Nawfal, un homme qui avait embrassé le christianisme avant la venue de l'islam. Il savait écrire en hébreu et « avait copié en hébreu toute la partie de l'Évangile que Dieu avait voulu qu'il transcrivît[11] ». Celui-ci perçut dans l'expérience de Muhammad un appel divin : servir Dieu en tant que prophète parmi son peuple.

La révélation s'est étendue sur vingt-deux ans, d'abord à La Mecque (610-622) puis à Médine (623-632). Les révélations furent mises par écrit et réunies quelques dizaines d'années après la mort du Prophète lorsque les musulmans se sont aperçus que ceux qui avaient appris le Coran par cœur mouraient en grand nombre, certains sur le champ de bataille. Le Coran est donc composé de 114 chapitres dites sourates, classées *grosso modo* selon un ordre de grandeur décroissant : les plus courtes à la fin et les plus longues au début (sauf pour la première sourate). Cet ordre n'est pas du tout chronologique, car les sourates les plus courtes sont chronologiquement les premières. Chaque sourate porte un titre qui se rapporte à l'un de ses sujets. La taille du Coran est comparable à celle du Nouveau Testament, environ sept mille versets. Les sourates les plus courtes ont trois versets seulement (103, 108, 110) et la sourate la plus longue, la deuxième, comporte 286 versets.

Pour les musulmans, le Coran est Parole de Dieu au plein sens du terme. Autrement dit, ce sont vraiment les paroles prononcées par Dieu, sans intervention humaine ou angélique. Le Prophète n'a contribué d'aucune façon à la rédaction du message, qui lui a été dicté mot à mot. Le résultat de ce mode de révélation littérale, c'est que le texte n'est Parole de Dieu qu'en langue arabe. Il y a de plus en plus de traductions disponibles, mais on les considère toutes comme des paraphrases ou des interprétations de la parole divine, en rien comparables au texte original, qui est sans égal et inimitable.

La première sourate, *al-Fatiha*, est placée en tête du Coran, bien qu'elle ne contienne que sept versets. Elle est récitée dix-sept fois par jour par les musulmans pratiquants, qui sont supposés prier cinq fois par jour. Elle est considérée comme la plus grande des sourates, celle qui résume le message coranique tout entier :

> Au nom de Dieu, le Bienveillant, le Bienfaisant.
> Louange à Dieu, Seigneur de l'univers,
> le Bienveillant, le Bienfaisant.
> Le Roi du Jour du jugement.

---

11. Bukhari, *bad' al-wahy* (début de la révélation) 3.

C'est Toi que nous adorons, et c'est de Toi que nous implorons le
secours.
Dirige-nous dans le droit chemin,
le chemin de ceux à qui Tu as accordé Ta faveur,
non de ceux qui sont l'objet de Ta colère, ou qui s'égarent.
Amen !

Selon un savant musulman bien connu, Muhammad 'Abduh, la révélation coranique porte sur cinq sujets principaux qui sont tous résumés dans la première sourate[12] :

(1) Le monothéisme, *tawhid*, est souligné dans les mots :
Louange à Dieu, Seigneur de l'univers.

(2) La double promesse au sujet de la récompense et du châtiment éternels, *al-wa'd wa l-wa'id*, est indiquée dans les paroles :
Au nom de Dieu, le Bienveillant, le Bienfaisant, et *Roi du Jour du Jugement.*

(3) L'adoration, *'ibada*, est rappelée dans le verset :
C'est Toi que nous adorons, et c'est de Toi que nous implorons le secours.

(4) Le chemin vers le bonheur éternel est évoqué dans la phrase :
Dirige-nous dans le droit chemin.

(5) Les récits concernant ceux qui obéissent à Dieu et ceux qui ne le font pas sont signalés dans le verset :
Le chemin de ceux à qui Tu as accordé Ta faveur, non de ceux qui sont l'objet de Ta colère, ou qui s'égarent.

Le Prophète n'est pas la figure centrale du Coran, à la différence de Jésus dans les quatre Évangiles. Au cœur du Coran, il y a le discours de Dieu qui prend de multiples formes : règles de droit, avertissements sur le jugement à venir, récits concernant le peuple d'Israël et les prophètes, promesses de paradis pour les croyants et d'enfer pour les incroyants, prières, appels à la repentance et à la soumission à Dieu, etc.

Le Hadith (Tradition prophétique)

Le Prophète est présenté dans le Coran comme un modèle à imiter pour tous les musulmans (33.21). Les musulmans aspirent à suivre son exemple. Le Coran

---
12. Muhammad 'Abduh, *Tafsir al-Manar*, vol. 1, p. 36-38.

parle très peu de Muhammad qui est connu surtout grâce aux récits du Hadith (le mot signifie littéralement un dire, une parole, un propos). Cette littérature abondante consigne les paroles et actions du Prophète, sa façon de faire et ses habitudes (en arabe, *sunna*) ainsi que ses enseignements rapportés par ses compagnons et son épouse Aïcha.

En plus du Prophète, la Tradition rapporte l'enseignement de ses proches compagnons. Un certain nombre de propos sont en fait des paroles dont Dieu est l'auteur. Ce sont les hadiths *qudsi*, saints, par exemple le propos où Dieu dit : « En vérité, Ma bonté l'emportera toujours sur Ma colère[13]. » Il y a même des versets qui auraient dû se trouver dans le Coran, mais pour diverses raisons n'ont été conservés que dans le Hadith, par exemple le texte prescrivant la lapidation des personnes mariées ayant commis l'adultère[14]. Le Hadith est la seconde source de la foi islamique et son autorité vient tout de suite après celle du Coran.

La loi musulmane comporte des croyances, des pratiques et des lois fondées exclusivement sur les récits du Hadith, par exemple :

- La circoncision ; Bukhari, *libas* (vêtements) 64.
- Les cinq prières canoniques ; Bukhari, *salat* (prière rituelle) 1.
- L'intercession de Muhammad au Dernier jour ; Bukhari, *tawhid* (monothéisme) 19.
- Le voyage nocturne de Muhammad au ciel ; Bukhari, *manaqib al-ansar* (fastes des *ansar*) 42.
- Les miracles de Muhammad ; Bukhari, *manaqib* (fastes) 25.
- Les quatre-vingt-dix-neuf noms de Dieu connus comme ses plus beaux noms ; Bukhari, *tawhid* (monothéisme) 12.
- La peine de mort pour apostasie ; Bukhari, *jihad* (combat) 149.
- Le retour de Jésus sur terre ; Bukhari, *anbiya'* (prophètes) 52.

Il existe neuf compilations canoniques du Hadith pour les musulmans sunnites, toutes rédigées en arabe ; les musulmans chiites ont leurs propres recueils. À une exception près, toutes les compilations sunnites ont été rédigées au troisième siècle de l'hégire (ère islamique qui commence en 622, année où le Prophète émigra à Médine). Les savants musulmans ont classé en quatre catégories les récits du Hadith en fonction de leur degré de fiabilité : authentiques, plausibles, faibles, inauthentiques. Si le degré de fiabilité de certains récits fait

---

13. Bukhari, *tawhid* (monothéisme) 15.
14. Muslim, *hudud* (sanctions légales) 4.

l'objet d'un consensus, beaucoup d'autres sont acceptés par certains savants et rejetés par d'autres[15].

L'enseignement de Muhammad se trouve donc essentiellement dans les recueils du Hadith. Toutefois, des paroles bien connues lui sont attribuées sans qu'on en trouve la trace dans aucune de ces collections. Ces paroles dites non canoniques ont été transmises dans les commentaires coraniques et d'autres ouvrages de théologie, de mystique ou de jurisprudence. À titre d'exemple, le propos selon lequel « le [vrai] seigneur du peuple est celui qui se met à leur service ».

À la différence du Coran, les compilations du Hadith peuvent être traduites sans que leur autorité en souffre. Les recueils de Bukhari et de Muslim, tous deux intitulés *Sahih* (authentique), sont disponibles dans de nombreuses langues[16].

Sept caractéristiques de l'islam

Nous conclurons ce chapitre en donnant une liste de sept caractéristiques qui nous semblent définir l'islam ainsi que le christianisme : abrahamique, holistique, rationnelle, universelle, missionnaire, finale et salvatrice.

1. Abrahamique

Abraham est l'une des plus grandes figures de l'islam. Aux yeux des musulmans, il est le prototype du Prophète Muhammad. Il est le père spirituel de tous les musulmans (22.78) et un bon exemple pour tous les croyants (60.4). Il fut un croyant monothéiste véhément issu d'une société polythéiste (6.74-82). Il avait deux fils, Isaac et Ismaël, nés de deux épouses, Sara et Agar. Les deux fils furent des prophètes (2.136). Avec son fils Ismaël, Abraham construisit la Kaaba à La Mecque et il supplia Dieu d'envoyer à leur descendance un prophète pour

---

15. Voici deux exemples surprenants de propos attribués au Prophète. Il aurait déclaré que la plupart des habitants de l'enfer seront des femmes ; Bukhari, *nikah* (mariage) 88. Il aurait aussi dit : « Quand une mouche tombe dans le bol de l'un d'entre vous, qu'il plonge l'insecte en entier dans le liquide et qu'il l'en retire ensuite, parce que l'une des deux ailes contient un remède et l'autre une maladie » ; Bukhari, *tibb* (médecine) 58. Quel crédit peut-on accorder à ces déclarations (qui se trouvent pourtant dans la compilation hautement estimée de Bukhari) ? La plupart des islamologues occidentaux adoptent une méthode très critique vis-à-vis de la littérature du Hadith qui met en doute l'historicité de la plupart de ses récits. Nous avons délibérément choisi de suivre l'approche islamique traditionnelle qui admet que nombre de ces récits sont inauthentiques.
16. Pour Bukhari, voir O. Houdas et W. Marçais, *El-Bokhari. Les Traditions Islamiques*, 4 vol., Paris, Maisonneuve, 1903-1914, réimp. 1984.

leur montrer comment adorer leur Créateur (2.122-129). En réponse à la prière d'Abraham, Dieu envoya Muhammad pour qu'il enseigne la religion de Dieu aux Arabes (et aux non-Arabes).

2. Holistique

L'islam reconnaît que le judaïsme et le christianisme sont toutes deux des religions révélées, mais ni l'une ni l'autre n'est parfaite. À la différence de ces deux religions, l'islam se préoccupe de la vie ici-bas tout autant que de la vie dans l'au-delà. Ce double souci est résumé de nos jours par un fameux slogan dont la paternité nous est inconnue : « L'Islam est Religion et État », *al-islam din wa dawla*. La charia est un ensemble de lois d'ordre religieux, économique, familial, social, politique, et même militaire, traitant de la vie individuelle et sociale. Les recueils du Hadith abordent des sujets extrêmement variés. Celui de Bukhari compte quatre-vingt-dix-sept titres se rapportant à tous les aspects de la vie ou presque. Les quatre écoles de droit islamique ont des différences à propos de telle ou telle loi, mais elles s'accordent pour dire que l'islam est une religion holistique. Ainsi, depuis toujours, l'islam est compris et vécu comme une religion pour les croyants et un système de gouvernement pour la société dans son ensemble. Le mot *oumma* désigne à la fois une communauté de croyants et une nation au sens politique du terme. Sans nier que l'islam soit une religion qui concerne tous les aspects de la vie, les réformateurs musulmans contestent aujourd'hui l'alliance traditionnelle dans l'islam entre la religion et l'État. Ils font valoir que le Prophète n'a joué aucun rôle politique à La Mecque. À Médine, il est devenu chef politique tout simplement parce qu'il était le mieux placé pour diriger la communauté musulmane.

3. Rationnelle

Dans la mesure où l'islam s'appuie sur une révélation divine, ce n'est pas une religion rationaliste. L'islam reconnaît qu'il existe un royaume spirituel qui transcende le monde physique. La révélation ne dévoile pas l'être de Dieu, mais plutôt sa volonté pour l'humanité. Elle a pour but de nous montrer comment adorer notre Créateur et vivre d'une façon qui lui plaît. En d'autres termes, ce que nous avons besoin de savoir pour notre vie éternelle est à la portée de notre intelligence. C'est en ce sens que l'islam est une religion rationnelle (elle est conforme à la raison) mais non rationaliste (elle reconnaît l'existence du surnaturel qui ne peut pas être pleinement saisi par notre intelligence limitée).

Les grands mystères de la foi chrétienne (trinité, incarnation, rédemption) ne veulent pas dire grand-chose pour un musulman. Il y a à cela au moins trois raisons :

a) Si Dieu se révélait en personne, il ne serait plus transcendant ; il nous serait accessible, il deviendrait pour nous un objet de recherche et ne serait plus si intrinsèquement différent de nous.

b) En tant qu'humains nous sommes à la fois indignes et incapables de connaître et de comprendre la révélation que Dieu ferait de lui-même.

c) Nous n'avons pas besoin de connaître Dieu en personne. Il nous suffit de connaître sa volonté pour réussir dans cette vie et dans l'autre.

4. Universelle

Muhammad était arabe et il a prêché le Coran à des Arabes. Cependant, le Coran déclare clairement que le message reçu par son intermédiaire était destiné non seulement aux Arabes, mais à tous les peuples de la terre : « Nous ne t'avons envoyé que comme une miséricorde pour les mondes » (21.107 ; cf. 7.158). L'islam est donc une religion universelle que les musulmans ont reçu mandat de répandre parmi toutes les nations.

5. Missionnaire

Le mot arabe pour mission, *da'wa*, vient d'un verbe qui signifie littéralement « inviter » ou « appeler ». Les prédicateurs musulmans sont encouragés à suivre l'exemple du Prophète qui a reçu instruction de prêcher le message de façon convaincante et courtoise : « Appelle les hommes dans le chemin de ton Seigneur, par la Sagesse et une belle exhortation ; discute avec eux de la meilleure manière » (16.125).

Les juifs et les chrétiens sont également invités à se convertir à l'islam (3.20). Les musulmans doivent se montrer respectueux quand ils discutent avec eux : « Ne discute avec le Peuple du Livre (juifs et chrétiens) que de la manière la plus courtoise, sauf avec ceux qui sont injustes » (29.46 ; cf. 3.64). Si on empêche les musulmans d'accomplir leur mission, ils ont alors le droit de combattre leurs ennemis, par les armes s'il le faut (9.29).

6. Finale

L'islam enseigne que le christianisme et le judaïsme sont toutes deux des religions révélées. Cependant, selon les savants musulmans, ces religions ont été dépassées avec la venue de l'islam. De la même façon que le christianisme a supplanté le judaïsme, l'islam a supplanté à la fois le judaïsme et le christianisme.

Tous les savants musulmans n'acceptent pas cet enseignement traditionnel. Certains, en particulier ceux qui vivent au contact des pays occidentaux, soutiennent que le judaïsme et le christianisme demeurent des religions légitimes.

7. Salvatrice

Le salut dans l'islam est compris principalement dans un sens eschatologique, à savoir le pardon des péchés au Jour du jugement qui aura pour conséquence l'accès au paradis.

Selon les musulmans, l'islam est la révélation parfaite de Dieu, à la différence du judaïsme et du christianisme. Ils considèrent donc l'islam comme l'ultime religion et la seule qui puisse sauver l'homme. Le Coran affirme que « la religion [acceptable] aux yeux de Dieu est l'islam » (3.19). Selon une interprétation traditionnelle, ce texte montre que seuls les musulmans seront sauvés : « Le culte (ou la religion) de celui qui recherche une religion en dehors de l'islam ne sera pas accepté. Cette personne sera dans la vie future au nombre de ceux qui ont tout perdu » (3.85).

On trouve dans le Coran des textes plus ouverts. Ces textes suggèrent que tous les croyants monothéistes iront au paradis avec les musulmans : « Ceux qui croient (les musulmans), ceux qui pratiquent le judaïsme, ceux qui sont Chrétiens ou Sabéens[17] – ceux qui croient en Dieu et au Dernier Jour et qui font le bien – voilà ceux qui trouveront leur récompense auprès de leur Seigneur. Ils n'auront plus alors aucune crainte et ils ne seront pas affligés » (2.62 ; cf. 5.69).

Les musulmans réformateurs prennent le mot *islam* dans un sens général, à savoir la foi et l'adoration du seul et unique Dieu. Ces musulmans considèrent que toutes les religions monothéistes, en particulier le judaïsme et

---

17. Les Sabéens (qui subsistent en petit nombre en Irak) seraient un groupe de disciples juifs de Jean-Baptiste.

le christianisme, prêchent l'islam, compris dans un sens inclusif, ce qui ne signifie pas obligatoirement la foi au Prophète de l'islam.

Le lecteur averti et familier de la doctrine chrétienne aura remarqué que les sept caractéristiques de la religion musulmane que nous venons de survoler pourraient tout aussi bien s'appliquer au christianisme. Cela explique en partie la rivalité historique entre les deux religions monothéistes les plus importantes du monde. Ce fait peut servir aussi bien à alimenter le conflit entre les chrétiens et les musulmans qu'à stimuler un vrai dialogue entre eux.

L'espace de liberté d'expression qui existe dans beaucoup de pays se trouve aujourd'hui considérablement élargi grâce aux réseaux sociaux. Cet espace offre une occasion sans précédent pour engager un dialogue fructueux entre les deux communautés. Force est de constater, hélas, que tous les chrétiens et les musulmans n'utilisent pas toujours à bon escient cet espace. Il arrive même à certains de mener une vraie guerre verbale contre ceux qu'ils considèrent comme leurs adversaires. Parmi les polémistes contemporains, on trouve le prêtre copte Zakaria Boutros et le propagandiste indien Zakir Naik. La polémique (du grec *polemos*, « guerre ») n'honore pas Dieu dont les antagonistes se réclament. Dans leurs échanges avec les musulmans, les chrétiens doivent garder à l'esprit cette recommandation de l'apôtre Pierre : « Soyez toujours prêts à justifier votre espérance devant ceux qui vous en demandent compte. Mais que ce soit avec *douceur et respect* » (1 P 3.15-16 ; italiques ajoutés).

2

L'islam comme communauté

Jusqu'ici nous nous sommes intéressés à la foi et la pratique de la religion musulmane, aux sources scripturaires de cette religion et à ses principales caractéristiques. Tout ceci rassemble les musulmans et leur offre un « lieu » où s'expriment leur unité et leur cohésion. La communauté musulmane est certes une, mais elle n'est en aucune façon monolithique. Elle est très diverse, comme les autres grandes religions du monde.

Ce chapitre commencera par souligner cette diversité sous plusieurs angles (ethnique, confessionnelle, juridique, théologique, économique, politique et personnelle). Il énumérera ensuite les coutumes islamiques les plus importantes, puis relèvera plusieurs caractéristiques des sociétés et des cultures islamiques.

Diversité de la communauté musulmane

Diversité ethnique

Nous avons déjà observé que l'islam est une religion universelle. Même si cette religion est née au sein du peuple arabe, elle n'a jamais été réservée aux Arabes. La communauté musulmane est composée d'Arabes et de non-Arabes. En 2015, la population musulmane comptait 1,8 milliards de personnes, ce qui représente 24 % environ de la population mondiale, estimée à 7,5 milliards. Les Arabes musulmans ne représentent que 20 % du nombre total des musulmans[1].

Tous les musulmans ne sont donc pas arabes et tous les Arabes ne sont pas musulmans. Parmi les 330 millions d'Arabes, il y a environ quinze millions de

---

1. Voir les données fournies par le Centre de Recherches Pew dans l'article de Michael Lipka, « Muslims and Islam : Key findings in the U.S. and around the world », 9 août 2017 ; https://www.pewresearch.org/fact-tank/2017/08/09/muslims-and-islam-key-findings-in-the-u-s-and-around-the-world/.

chrétiens, répartis principalement dans les pays du Proche-Orient, surtout en Égypte. Les musulmans croient que Muhammad est le Prophète de Dieu, les Arabes ont l'arabe comme langue maternelle. Beaucoup de gens continuent à se dire arabes (culturellement, sociologiquement) même s'ils ont perdu l'usage de cette langue.

La communauté musulmane est présente sur tous les continents et on trouve des musulmans dans la plupart des pays du monde. La majorité des musulmans, plus de 61 %, vit en Asie. Les régions du Sud et du Sud-Est asiatique en particulier abritent une forte proportion de musulmans. Un très grand nombre de musulmans vivent dans le sous-continent indien (Pakistan, Inde et Bangladesh).

La communauté musulmane est composée de nombreux peuples, elle est donc très diverse sur le plan culturel. L'islam (comme beaucoup de grandes religions) façonne les cultures des peuples et il est lui-même façonné par elles. L'interpénétration de la culture et de la société est la marque d'une religion vivante et en expansion. Ainsi, les musulmans du Sud-Est asiatique sont différents de leurs frères d'Afrique subsaharienne ; les musulmans d'Asie centrale sont différents de leurs frères arabes ; et dans les pays arabes, les musulmans du Proche-Orient ne sont pas tout à fait semblables à leurs frères d'Afrique du Nord ou des États du golfe arabo-persique. Les musulmans qui vivent dans des pays laïcs (p. ex. Europe de l'Ouest, Amérique du Nord, Australie) comprennent et pratiquent leur foi de façon très différente des musulmans vivant en pays à majorité musulmane.

Diversité confessionnelle

La communauté musulmane se divise en deux grandes familles, les sunnites et les chiites[2]. La division entre sunnites et chiites remonte à la mort du Prophète. Les musulmans, appelés sunnites plus tard, se sont mis d'accord pour que Abu Bakr (beau-père de Muhammad) soit le successeur du Prophète. Pour les chiites, le Prophète avait désigné Ali (cousin et gendre de Muhammad) comme son successeur. Ali a été reconnu par les musulmans sunnites comme le quatrième calife, mais son assassinat a ravivé la division parmi les musulmans entre sunnites et chiites. Ces deux groupes se sont combattus sans merci[3]. Ils

---

2. Le mot *shi'a* signifie un « groupe » de gens (Coran 28.15 ; 37.83). On utilise parfois ce mot de façon péjorative pour souligner qu'il s'agit d'un groupe sectaire ou dissident.
3. Les guerres meurtrières et fratricides qui ont suivi la mort du Prophète sont relatées dans trois ouvrages récents de H. OUARDI, *Les Califes maudits*, vol. 1, *La Déchirure*, vol. 2, *À l'ombre des sabres*, vol. 3, *Meurtre à la mosquée*, Paris, Albin Michel, 2019-2021.

ont évolué séparément les uns des autres et ont développé deux traditions très différentes. L'imam chiite est à la fois un chef religieux et politique alors que le rôle du calife sunnite est principalement politique. Pour les chiites, l'autorité du clergé, *wilayat al-faqih*, est supérieure au pouvoir politique et n'est soumise à aucune élection. En Iran, ce pouvoir est représenté de nos jours par le Guide suprême de la Révolution, Ayatollah Ali Khamene'i, lui-même ancien président de la République (1981-1989). Selon A. Amir-Moezzi, l'un des meilleurs spécialistes de l'islam chiite, si le sunnisme est la religion du Livre, en l'occurrence le Coran, le chiisme est la religion de l'Imam qui est l'interprète et l'incarnation du Coran. Une autre différence importante séparant les deux principales familles de la communauté musulmane concerne l'authenticité du Coran. Les chiites reprochent aux premiers califes sunnites d'avoir gravement porté atteinte à l'intégrité de la révélation coranique en détruisant le texte authentique et en lui substituant un autre texte, très différent, dans lequel on ne trouve plus les passages où le Prophète aurait désigné Ali comme son successeur. Par ailleurs, les chiites ont leurs propres recueils de la Tradition prophétique qui ne font pas partie des neuf collections officielles du Hadith chez les sunnites (Bukhari, Muslim, etc.).

La grande majorité des musulmans est sunnite. Le mot *sunni* vient de *sunna* (coutume) sous-entendu du Prophète. Les sunnites insistent sur le fait qu'ils croient au Coran et qu'ils marchent dans les pas du Prophète. Ils représentent plus de 80 % de la population musulmane mondiale.

Les chiites représentent environ 15 % de la communauté musulmane. On les appelle parfois les « imamites », car ils croient que les imams (et non les califes) sont les successeurs légitimes du Prophète. Le mot *imam* signifie « guide », ou « leader ». La plupart des chiites (plus de 80 %) vivent dans quatre pays : Iran, Pakistan, Inde et Irak. Leur nombre dépasse celui des sunnites dans cinq pays seulement : Iran, Irak, Azerbaïdjan, Bahreïn et Liban. Le groupe le plus important des chiites est celui des duodécimains qui croient à la légitimité des douze premiers imams qui ont succédé au Prophète l'un après l'autre.

L'opposition millénaire entre musulmans sunnites et chiites, doublée de l'antagonisme entre Arabes et Perses, connaît un regain violent de nos jours. Cela explique en partie l'hostilité entre ces deux branches de l'islam. D'une part, nous avons l'Iran chiite et ses alliés régionaux en Irak (dirigé par un gouvernement à majorité chiite), en Syrie (dominée par un régime alaouite), au Liban (contrôlé par le parti Hizbullah) et au Yémen (les opposants Houthis). D'autre part, nous avons la très sunnite Arabie Saoudite et ses acolytes régionaux en Égypte (où se trouve la prestigieuse université d'al-Azhar), dans le golfe arabo-persique (E.A.U., Bahreïn) et au Liban (parti al-Mustaqbal dirigé par la famille saoudo-libanaise al-Hariri).

Parmi les autres groupes chiites, il y a les ismaéliens, appelés aussi les septimaniens (représentés de nos jours notamment par les disciples de l'Agha Khan), qui n'acceptent que les sept premiers imams. Les zaydites ne reconnaissent que les cinq premiers imams. Les 'ibadites forment une autre communauté de musulmans non sunnites et se trouvent principalement en Oman, au Zanzibar, en Algérie, et à Djerba (Tunisie).

Parmi les groupes minoritaires de musulmans, on trouve les druzes (Syrie, Liban, Israël) ainsi que les nusayris, dits aussi alaouites (Turquie, Syrie, Liban). Plusieurs autres groupes ont émergé récemment parmi lesquels les ahmadis (originaires du Pakistan et très actifs au Royaume-Uni et dans d'autres parties du monde) et la Nation de l'Islam (États-Unis). Les mouvements qui évoluent à la périphérie de la communauté musulmane ne dépassent guère les 5 % de sa population globale.

Diversité juridique

La charia concerne tous les aspects de la vie. Elle inclut une doctrine religieuse, des règles sociales et familiales, une législation économique et politique, etc. Le *fiqh*, jurisprudence, est la science d'interprétation des lois islamiques. Elle s'appuie sur le Coran et le Hadith, qui sont interprétés à la lumière de deux principes : le consensus, *ijma'*, de la communauté représentée par ses savants, et le raisonnement analogique, *qiyas*. Ce dernier s'appuie sur une donnée révélée pour tirer une conclusion à propos d'une question non abordée dans les sources. Par exemple, la consommation de drogue est interdite parce qu'elle a des effets néfastes similaires à la consommation de vin (interdite dans le Coran). Le consensus communautaire repose sur la croyance qu'en raison de sa fidélité Dieu ne laisse pas s'égarer la communauté des croyants représentée par ses savants.

Les juristes musulmans ont compris les sources islamiques de différentes façons. Cela a eu pour conséquence la création de différentes écoles, chacune croyant interpréter correctement la révélation divine et l'enseignement prophétique. Les chiites ont leur propre école de jurisprudence : l'école jaafarite, associée au nom du sixième imam Jaafar al-Sadiq. Les sunnites ont quatre écoles, toutes considérées comme légitimes. Ces écoles de jurisprudence (en arabe, *madhahib*) portent le nom de leurs fondateurs qui ont vécu dans les trois premiers siècles de l'ère islamique : hanafite (Turquie, Moyen-Orient, Pakistan, Inde, Afghanistan), malikite (Afrique du Nord et de l'Ouest, Égypte, Soudan, Koweït), chaféite (Moyen-Orient, Yémen, E.A.U., Afrique de l'Est, Indonésie, Malaisie) et hanbalite (Koweït, Bahreïn, Oman, Qatar). Le régime saoudien suit l'école wahhabite fondée par Muhammad Ibn 'Abd al-Wahhab (1703-1792). Cette école est en fait l'héritière de l'école hanbalite, la plus stricte des quatre.

La loi islamique répartit les actes humains en cinq catégories : obligatoire, recommandé, permis, répréhensible et interdit. Si le statut de beaucoup d'actions ne pose pas de problème particulier (p. ex. la prière est obligatoire, le divorce répréhensible, le meurtre interdit), d'autres actions sont diversement appréciées selon les juristes musulmans. Au niveau populaire, on tend à classer les actions humaines en deux catégories : *halal*, légal, ou *haram*, illégal.

Diversité théologique

Il existe plusieurs écoles de théologie à l'intérieur de l'islam majoritaire. Les plus représentatives sont l'école ash'arite, fondée par Abu al-Hasan al-Ash'ari (324/935), et sa rivale, l'école mu'tazilite (littéralement « dissidente »). Elles représentent toutes les deux l'islam majoritaire et sont répandues dans la communauté musulmane partout dans le monde.

Historiquement, la théologie ash'arite a prévalu parmi les sunnites et la théologie mu'tazilite plutôt parmi les chiites. Toutefois, la théologie mu'tazilite connaît un regain d'intérêt de nos jours, y compris parmi les sunnites. Cela est dû aux caractéristiques de ces deux écoles. La pensée ash'arite met en valeur la souveraineté de Dieu et sa liberté d'agir dans le monde comme bon lui semble. Cela peut conduire à attribuer un certain arbitraire à Dieu et à concevoir la soumission à lui en termes plutôt fatalistes. En revanche, la théologie mu'tazilite met l'accent sur la rationalité, la justice, la responsabilité et la liberté. Comme ces thèmes sont en vogue dans la pensée moderne et humaniste, le mu'tazilisme attire de plus en plus de musulmans en quête d'une foi qui puisse satisfaire la raison humaine.

Diversité économique

La plupart des musulmans vivent dans des pays en voie de développement, et donc des pays généralement pauvres. Les pays pétroliers du golfe arabo-persique, dont la population est relativement peu nombreuse, ne doivent pas faire illusion. D'ailleurs, beaucoup de musulmans sont mécontents de la façon dont ces pays utilisent leur richesse extravagante. L'essentiel de cette richesse est investi dans les pays occidentaux et non dans des projets de développement dans le monde musulman. Dans l'ensemble, ces monarchies sont plutôt mal vues par les musulmans qui les considèrent comme très peu engagées en faveur de la religion qu'elles professent extérieurement.

Les défis économiques auxquels sont confrontés les pays musulmans, comme les pays en voie de développement en général, rendent plus difficile la prise en charge des autres défis. Dans beaucoup de ces pays, le taux de natalité est élevé, ce qui dans certaines régions pose de très sérieux problèmes en matière d'habitat, de climat, d'éducation, d'accès aux soins et d'emploi. Beaucoup de gens sont tentés d'émigrer dans des pays dits développés pour trouver du travail, y compris des jeunes diplômés de l'enseignement supérieur qui ne trouvent pas de postes correspondant à leurs compétences dans leur propre pays. Ils cherchent à émigrer pour avoir de meilleures chances de faire carrière. Ils contribuent involontairement à l'appauvrissement de leur pays et alimentent ce qu'on appelle « la fuite des cerveaux ». Heureusement, beaucoup d'émigrés envoient de l'argent depuis leur pays d'accueil en direction de leur pays d'origine pour venir en aide à leurs familles. Cette aide soutient l'économie locale et dépasse l'aide économique reçue par les canaux officiels (ONG, gouvernements). Fort heureusement, la pauvreté économique est souvent contrebalancée par une plus grande solidarité, une résistance plus forte aux épreuves, un plus grand respect des valeurs de la vie et de la famille et une spiritualité plus profonde.

Diversité politique

L'islam est bien plus qu'une religion, c'est une force politique de premier plan. Parce que la loi islamique intervient dans tous les domaines de la vie, et parce que le Prophète a aussi été un leader politique, l'islam a toujours eu un lien très fort avec la politique et le pouvoir. Dans la plupart des pays à majorité musulmane, l'islam est religion d'État. Cette proximité des pouvoirs politique et religieux est une arme à double tranchant. D'un côté, elle donne à l'islam un statut officiel, une influence certaine avec tous les avantages qui en découlent. De l'autre, les responsables politiques usent et abusent de l'islam quand il s'agit de consolider leur pouvoir et de défendre leur place. Ce n'est peut-être pas un hasard si certains régimes islamiques autoproclamés sont des régimes autoritaires et corrompus. Les régimes islamiques, y compris ceux qui affirment ouvertement que l'islam est le socle fondateur de l'État, sont différents les uns des autres. Certains sont des monarchies, d'autres ont choisi le modèle républicain.

Tous les pays favorisent leurs propres intérêts politiques. Par conséquent, des intérêts nationaux divergents sont souvent source de désaccords entre les pays. Quand la même religion est religion d'État dans des pays en conflit, elle est susceptible de devenir une arme de division plutôt que d'union. La communauté religieuse finit par se diviser selon des critères politiques au lieu de transcender les rivalités politiques. Ainsi, l'impact politique sur la religion et la communauté des croyants est loin d'être toujours positif.

Beaucoup de musulmans sont conscients que la communauté musulmane est loin de donner l'image d'une communauté (ou nation) unie, comme elle devrait l'être selon le Coran (21.92). Cependant, ils ne font pas du tout la même analyse du problème. Les musulmans radicaux pensent que la division de la communauté est le résultat d'une mise en œuvre insuffisante de la loi islamique. Ils réclament une application plus rigoureuse de la charia, y compris la restauration du califat aboli en 1924. Le calife présiderait alors l'ensemble de la communauté musulmane et ferait d'elle un acteur majeur de la politique mondiale.

Les réformateurs musulmans (Rachid Benzine, Abdennour Bidar) ont une vision tout à fait différente. Ils pensent que la faiblesse de l'islam est la conséquence de sa compromission avec les pouvoirs en place, avec pour résultat l'oppression de musulmans par d'autres musulmans, le musellement de la créativité et la fossilisation de l'enseignement. Ces musulmans plaident pour une réforme qui aurait pour objectif, entre autres, de séparer l'islam du pouvoir politique, de retrouver la spiritualité profonde de l'islam, et d'établir une société juste à l'intérieur de la communauté musulmane et au-delà. Il est significatif qu'un nombre important de réformateurs aussi bien que de musulmans radicaux vivent dans des pays non musulmans. Beaucoup s'y sont réfugiés pour des raisons politiques après avoir été persécutés dans leur pays d'origine. Le professeur N. H. Abu Zayd en fait partie[4].

Diversité des personnes

Les musulmans sont d'abord et avant tout des êtres humains modelés par leur parcours de vie. La personnalité de chacun détermine la façon dont les uns et les autres comprennent et vivent leur foi. Ainsi, la communauté musulmane est diverse parce que les membres qui la composent sont différents en raison de leur milieu d'origine, de leur éducation, de leur niveau d'instruction, de leur contexte familial et social, et peut-être même de leurs gènes ! Nous considérerons sept grands types de musulmans.

---

4. Nasr Hamid Abu Zayd (1943-2010) est un islamologue égyptien qui a enseigné la littérature arabe et l'islamologie dans plusieurs universités cairotes. En raison de sa vision critique de la tradition islamique, il fut accusé d'apostasie et son mariage fut annulé en vertu des prescriptions de la charia (selon laquelle une musulmane ne peut pas être l'épouse d'un non-musulman). Il dut se réfugier (avec sa femme) aux Pays-Bas où il reprit son enseignement à l'université de Leyde. Parmi ses ouvrages traduits en français, on peut citer *Critique du discours religieux*, Paris, Sinbad Actes Sud, 1999.

Les libéraux, considérés par certains musulmans extrémistes comme des musulmans de nom, se situent à une extrémité de l'éventail. Leur conception de l'islam est parfois très éloignée de la tradition et du dogme islamiques. L'islam est pour eux synonyme d'identité sociale et culturelle et non d'injonction religieuse. Ils sont affectivement solidaires de la communauté même s'ils n'adhèrent pas à tous les commandements de la loi islamique. Certains d'entre eux, par conviction ou provocation, s'engagent dans la contestation de la foi et de la pratique musulmanes. Le professeur M. Arkoun se situe dans cette mouvance[5].

Les laïcs considèrent que l'islam est d'abord une religion privée, comme toute religion. Ils sont tout à fait convaincus que l'islam devrait, une fois pour toutes, se dissocier des partis politiques et des programmes de gouvernement. Pourvu qu'ils jouissent de la liberté religieuse, les musulmans ne devraient pas chercher à imposer leur foi aux autres. Ces laïcs font remarquer que nous vivons dans un monde pluraliste dans lequel l'engagement dans la foi islamique est un choix légitime parmi bien d'autres, un choix qui devrait exister dans toutes les sociétés, musulmanes et non musulmanes. Il arrive que les promoteurs de ce courant de pensée dans des pays islamiques paient de leur vie leurs convictions à l'exemple de Faraj Fouda[6].

Les mystiques (communément appelés « soufis ») sont attirés par l'islam en raison de sa profonde spiritualité (Jawdat Saïd, Abd Al-Haqq Guiderdoni). Ils trouvent dans la tradition mystique une réponse qui comble leur recherche spirituelle. Ils sont en quête d'une relation de proximité avec Dieu, qui est à leurs yeux un Dieu aimant, attentif et personnel. Les musulmans mystiques sont pratiquants, mais leur pratique ne s'arrête pas aux cinq piliers. Avec d'autres musulmans de même sensibilité qu'eux, ils adorent Dieu selon leurs propres rituels. L'islam leur propose une autre façon de vivre dans un monde dominé par le matérialisme, le consumérisme, l'individualisme et l'hédonisme.

Les réformistes (Mohamed Bajrafil, Hakim El Karoui) remettent en question certains aspects de la tradition islamique qu'ils estiment être surtout d'ordre culturel et étrangers aux croyances et pratiques essentielles de l'islam. Pour eux, l'islam doit être un mouvement dynamique qui change la vie des individus

---

5. Mohammed Arkoun (1928-2010), originaire d'Algérie, est un historien (critique) de la pensée islamique. Il a enseigné dans de nombreuses universités en France (notamment à Paris III-Sorbonne Nouvelle) et à l'étranger. Il est l'auteur de nombreux ouvrages dont *Pour une critique de la raison islamique*, Paris, Maisonneuve et Larose, 1984.
6. Faraj Fouda (1945-1992) est un écrivain et journaliste égyptien. Son engagement en faveur des droits humains et de la laïcité lui a valu l'hostilité des plus hautes autorités islamiques de l'université d'al-Azhar qui l'ont accusé de blasphème. Peu de temps après, il fut assassiné par un groupe islamiste.

et des sociétés. Ils s'efforcent d'engager la communauté musulmane dans un djihad holistique, un combat constant et déterminé contre les maux de la société : superstition, sectarisme, nominalisme, analphabétisme, corruption, injustice, etc. Pour les réformateurs, l'islam est essentiellement une religion, tout le reste est contextuel : culture, civilisation, histoire, voire la charia elle-même. Ils portent un regard critique sur de très nombreux récits de la Tradition prophétique et, pour certains d'entre eux, sur certains éléments du message coranique et sur des aspects de la vie de Muhammad. Leur but est de voir l'islam transformer les sociétés musulmanes traditionnelles et retrouver sa pertinence et son pouvoir d'attraction dans les sociétés postmodernes. Les musulmans réformateurs sont souvent honnis par le pouvoir en place dans les pays gouvernés par un régime despotique comme le fut le Soudan jusqu'en 2019. M. M. Taha a payé de sa vie sa vision réformatrice de l'islam[7].

Les conservateurs se méfient de leurs frères qui veulent introduire des réformes radicales dans les sociétés musulmanes. Ils pensent être les gardiens de la foi. Ils se tiennent à distance à la fois des réformateurs et des radicaux. Ils reconnaissent que la communauté musulmane n'est pas à la hauteur des exigences des vertus islamiques (3.110). Néanmoins, ils soulignent que l'islam est encore aujourd'hui une religion en forte croissance numérique. Pour eux, le fossé entre la réalité et l'idéal ne peut être comblé que par une éducation religieuse approfondie qui valorise la tradition islamique et la sagesse des anciens plutôt qu'en jetant ces atouts par-dessus bord.

Les radicaux, qu'on appelle aussi « fondamentalistes », « intégristes » ou encore « islamistes », se désolent du déclin de la communauté musulmane et de sa perte d'influence dans la gouvernance mondiale. À leurs yeux, la domination culturelle, économique et même politique des peuples musulmans par des pays non musulmans est un affront fait à l'islam. Ils critiquent également les élites politiques et religieuses qu'ils tiennent pour responsables de ce déclin. Ils rêvent d'un retour à « l'âge d'or » où la communauté musulmane était (à les en croire) unie. En ce temps-là, les musulmans étaient fiers de leur religion et s'efforçaient de la répandre aussi loin que possible.

---

7. Mahmoud Mohamed Taha (1909-1985) est à la fois un homme politique, un théologien et un penseur soufi. Il dénonça l'instrumentalisation de la religion par le pouvoir politique sous le président Jaafar Nimeiri (1969-1985). Après un procès expéditif auquel il refusa de participer, il fut mis à mort prétendument en raison de son apostasie, mais son héritage demeure notamment à travers l'un de ses disciples, Abdullahi Ahmed an-Naim. Parmi ses ouvrages, le plus significatif est sans doute *Un islam à vocation libératrice*, Paris, L'Harmattan, 2002.

Les fondamentalistes veulent rendre sa gloire d'antan à la communauté musulmane par l'application intégrale et sans concession de la charia traditionnelle. Ils appellent les jeunes musulmans à prendre au sérieux les exigences de leur foi avec les conséquences sociales et politiques qui en découlent. Certains musulmans radicaux (Rachid Rida, Youssef al-Qaradawi, Tariq Ramadan, Rachid Ghannouchi) se considèrent comme les vrais réformateurs dans la mesure où ils cherchent à débarrasser l'islam du poids millénaire de la tradition qui a fini par étouffer la vitalité du message prophétique. Ce sont en réalité des revivalistes qui, à la différence des réformateurs progressistes, prônent l'application de la charia dans toute sa rigueur même si cela doit se faire par étapes.

Les terroristes, ou « djihadistes », partagent le plus souvent l'idéologie des musulmans radicaux, mais ils vont encore plus loin. Là où les fondamentalistes cherchent à atteindre leur but par des moyens pacifiques (y compris des élections démocratiques), les terroristes, eux, choisissent la violence pour faire avancer leur cause et justifient cette violence en s'appuyant sur une lecture partisane, littérale et hors contexte du Coran et du Hadith.

Les terroristes suivent bien entendu une idéologie extrémiste. Par leurs actions spectaculaires, ils donnent l'impression qu'ils sont nombreux alors que leur nombre est infime par rapport à la taille de la communauté musulmane. Ils ne sont absolument pas représentatifs de la communauté dans son ensemble. Ils s'efforcent d'attirer l'attention des médias et y parviennent souvent, à la différence des musulmans ordinaires qui sont leurs premières victimes.

Coutumes religieuses

Comme nous venons de le voir, la communauté musulmane est très diverse à bien des égards (ethniquement, théologiquement, économiquement, etc.). Elle est unie par la foi en Dieu et son dernier Prophète ainsi que par sa pratique des cinq obligations religieuses. Elle est aussi caractérisée par un certain nombre de coutumes religieuses qui contribuent à former son identité sociale propre. Voici quelques-unes de ces coutumes, à commencer sans doute par la plus importante.

La prière

Dans les cinq piliers de l'islam, la prière rituelle, *salat*, vient en second, après la confession de foi. Cette pratique est d'une importance extrême, car, selon une parole du Prophète, c'est la prière qui constitue la ligne de partage entre la foi et l'incroyance[8]. Du point de vue social également, la prière est l'expression la plus visible de la foi dans les sociétés musulmanes. Elle rythme la journée tout au long de l'année tandis que le jeûne modifie la vie sociale seulement pendant un mois (le mois de Ramadan).

L'appel à la prière, *adhan*, résonne depuis le minaret de la mosquée par le muezzin, *mu'adhdhin*. De nos jours, sa voix est souvent enregistrée et amplifiée par des haut-parleurs. Il appelle le peuple à se tourner vers Dieu pour l'adorer en psalmodiant les paroles suivantes :

> Dieu est le plus grand.
> Je porte témoignage qu'il n'y a pas d'autre dieu que Dieu.
> Je porte témoignage que Muhammad est l'Envoyé de Dieu.
> Venez à la prière ! Venez à la prière !
> Venez à la félicité ! Venez à la félicité !
> Dieu est le plus grand. Dieu est le plus grand.
> Il n'y a pas d'autre dieu que Dieu.

Les musulmans sont invités à prier au moins cinq fois par jour à un moment précis de la journée : au lever du soleil, *subh* ; à midi, *zuhr* ; l'après-midi, *'asr* ; au coucher du soleil, *maghrib* ; et le soir, *'isha*[9]. L'appel à la prière peut aussi avoir lieu à l'aube, *fajr*. Ces prières très régulières rappellent aux musulmans qu'ils doivent consacrer leur journée et toutes leurs activités au service et à l'adoration de Dieu le Créateur. Ils peuvent prier n'importe où, mais il faut toujours prier en direction de La Mecque où se trouve la Kaaba.

La prière musulmane engage le corps aussi bien que l'esprit. Les postures physiques (agenouillement, inclinaison du corps, prosternation) sont utilisées pour exprimer la posture intérieure de soumission à Dieu de la part du fidèle. On retrouve ces attitudes physiques chez certaines communautés chrétiennes et juives. Le rituel de la prière exige que l'on enlève ses chaussures avant d'entrer dans la mosquée pour manifester son respect de la sainteté du lieu. On fait également ses ablutions avant de prier pour se mettre dans un état de pureté rituelle.

Le mot « mosquée » traduit deux termes arabes : *masjid*, le lieu de culte, et *jami'*, le lieu de rassemblement. Ces mots illustrent la double fonction religieuse et sociale que joue la mosquée dans les sociétés musulmanes. Tous les musulmans, hommes et femmes, peuvent prier à la mosquée, même si les hommes s'y rendent

---

8. Muslim, *iman* (foi) 37.
9. Dans certaines traditions chrétiennes, les moines prient sept fois par jour. Dans la tradition juive, on prie trois fois par jour.

en plus grand nombre que les femmes. Ils prient au même moment, mais en général dans des endroits différents, de façon à leur permettre de se concentrer dans leur adoration du Dieu tout-puissant.

La prière du vendredi, *salat al-jum'a*, est la prière hebdomadaire de la communauté. Tous les musulmans doivent participer à la prière commune le vendredi à midi. En dehors de la prière elle-même, le culte du vendredi est caractérisé par la *khutba*, le sermon, que prononce habituellement l'imam responsable de la mosquée. Le sermon s'inspire généralement des textes du Coran (qui sont toujours récités en arabe) et de récits tirés du Hadith (Tradition prophétique). Le prédicateur utilise cette occasion d'enseigner pour aborder des questions d'actualité (questions morales, sociales, économiques et parfois politiques).

Les fêtes

Les deux fêtes (en arabe, *'id*) les plus importantes que célèbre la communauté musulmane sont : la fête du Sacrifice, *'id al-adha*, et la fête de la rupture du jeûne, *'id al-fitr*, à la fin du mois de Ramadan. La date de ces fêtes est fixée selon le calendrier lunaire islamique (de onze jours plus court que le calendrier occidental).

À la fête du sacrifice, les musulmans font mémoire du sacrifice d'Abraham. Dieu épargna finalement la vie de l'enfant grâce à un « grand sacrifice » (37.100-111). Ils célèbrent l'obéissance fidèle d'Abraham qui lui a permis de passer cette épreuve divine. La forme de cette célébration varie selon les cultures, mais d'habitude, pour l'occasion, on met ses plus beaux vêtements, on participe à des prières communautaires, on sacrifie un animal (le plus souvent un mouton), on fait de bons repas, on donne aux pauvres et on passe du temps en famille et avec les amis. Cette fête porte un nom différent suivant la région, par exemple *'id al-kabir*, « la grande fête » dans le monde arabe, et *Tabaski* en Afrique de l'Ouest.

La fête de la rupture du jeûne est parfois appelée « la petite fête », mais dans la pratique elle est plus importante que la fête du sacrifice, car elle donne lieu à des festivités et des manifestations sociales. Chaque jour, les gens rompent le jeûne en mangeant de la nourriture de saison dans une atmosphère de communion festive.

Les musulmans célèbrent aussi des fêtes moins importantes : la naissance du Prophète, son voyage nocturne vers le paradis en passant par Jérusalem (17.1), début de la nouvelle année (selon le calendrier islamique) et la nuit où le Coran fut révélé, *laylat al-qadr*, « la nuit du destin ».

La circoncision

Les musulmans doivent faire circoncire les garçons nouveau-nés. Cet acte, qui n'a pas de signification religieuse, est l'une des cinq pratiques enseignées par la nature, selon un propos prophétique : « Cinq pratiques caractérisent la *fitra*[10] : la circoncision, se raser les poils pubiens, tailler court sa moustache, se couper les ongles et s'épiler les aisselles[11]. » Ces pratiques, comme celle d'enterrer les morts dans un délai de vingt-quatre heures, semblent avoir des raisons hygiéniques plutôt que religieuses.

La circoncision d'enfants de sexe féminin (excision ou mutilation génitale féminine) n'est pas, à proprement parler, une coutume islamique, car elle est pratiquée dans beaucoup de sociétés. Les Arabes la pratiquaient bien longtemps avant l'islam. Le Coran ne mentionne pas la circoncision, ni masculine ni féminine. Il semblerait que le Prophète n'ait pas condamné ni approuvé l'excision, mais qu'il en ait autorisé une forme allégée[12]. L'excision, tout comme les soi-disant crimes d'honneur, sont des pratiques culturelles ancestrales que l'on retrouve dans des sociétés musulmanes et non musulmanes.

Récitation des noms divins

La tradition islamique donne à Dieu quatre-vingt-dix-neuf noms (ou attributs), connus comme « les plus beaux noms » de Dieu (7.180). On trouve plusieurs de ces noms dans le Coran : le Sage, Celui qui pardonne, Celui qui donne la vie, Celui qui est digne de confiance, le Généreux, le Premier, le Dernier, le Vrai, etc. Selon une parole prophétique, le paradis est promis à ceux qui connaissent par cœur tous les noms de Dieu[13]. Traditionnellement, les musulmans utilisent

---

10. Le mot *fitra* renvoie à un concept islamique désignant la nature humaine telle qu'elle est créée, sans l'influence d'une révélation divine. L'islam est compris comme la religion de la *fitra* en ce sens que les hommes sont nés avec une disposition naturelle à croire en Dieu et à l'adorer.
11. Bukhari, *libas* (vêtements) 63.
12. Ainsi, selon un récit, « Une femme avait l'habitude de pratiquer la circoncision [féminine] à Médine. Le Prophète lui dit : "Ne coupe pas trop car c'est mieux pour la femme et plus désirable pour l'homme" » ; Abu Dawud, *adab* (éducation) 180. L'épouse du Prophète, Aïcha, rapporte un propos de son mari (en évoquant sa propre expérience) selon lequel les ablutions sont obligatoires lorsque, dans les rapports intimes entre époux, se touchent les parties circoncises des deux ; Tirmidhi, *tahara* (pureté rituelle) 80. Selon un autre propos Muhammad aurait dit : « la circoncision est recommandée, *sunna*, pour les hommes, et une bonne chose, *makruma*, pour les femmes » ; Ibn Hanbal, *musnad* « Livre des gens de Basra », n° 21050.
13. Bukhari, *tawhid* (monothéisme) 12.

un chapelet à trente-trois grains qui les aide à réciter ces noms. Ils peuvent les réciter tous s'ils égrènent trois fois le chapelet, *subha*.

Il existe une version séculière de cette coutume religieuse, largement répandue dans le monde musulman. Beaucoup de musulmans et de non-musulmans utilisent le chapelet seulement pour s'occuper les mains !

Mémorisation du Coran

Le Coran est l'Écriture sainte de l'islam, révérée par tous les musulmans, qui le considèrent comme l'ultime révélation de Dieu à l'humanité. La récitation de versets coraniques fait partie intégrante de la prière traditionnelle. Le paradis est promis à ceux qui sont capables de réciter tout le livre. Au Jour du jugement, les musulmans capables de réciter le Coran par cœur auront le privilège d'intercéder pour dix membres de leur famille[14]. La mémorisation, *hifz*, du Coran est donc une activité noble et salvatrice.

Cette activité incite les musulmans à envoyer leurs enfants, garçons et filles, à l'école coranique (en arabe, *madrasa*). Ces écoles sont d'ordinaire associées à la mosquée locale. Le maître est souvent l'imam en personne. Dans beaucoup d'endroits dans le monde musulman, ces écoles proposent également l'apprentissage de la lecture et de l'écriture. Dans une culture de l'oralité, la récitation du Coran est d'une importance primordiale, en particulier là où peu de gens savent lire.

Beaucoup de musulmans peuvent réciter des versets du Coran (ou même des sourates entières) sans connaître la langue arabe. Ils ne comprennent pas toujours ce qu'ils récitent. La récitation du Coran est réputée avoir une action puissante à même de purifier le cœur du récitant.

Usage d'un vocabulaire religieux

Beaucoup de musulmans, même non pratiquants, sont habités par le sentiment que Dieu est le maître de tout ce qui existe dans le monde, y compris de leur vie. Cette conscience de la souveraineté incontestée et universelle de Dieu a eu un impact sur la langue arabe et sur les autres langues parlées par les peuples musulmans. Par conséquent, les musulmans dans le monde entier utilisent des expressions arabes qui font référence à Dieu dans leurs salutations et dans leurs conversations de tous les jours. Les chrétiens qui vivent dans des

---

14. Ibn Hanbal, *musnad* « livre des dix personnes auxquelles le paradis est promis », no. 1284.

pays à majorité musulmane utilisent aussi certaines de ces expressions. En voici quelques-unes parmi celles qu'on utilise couramment :

- *Bismi-llahi r-rahmani r-rahim* : « Au nom de Dieu le Bienveillant, le Bienfaisant. » Cette formule est souvent réduite à *bismi-llah*, « Au nom de Dieu ». Cette expression est utilisée pour invoquer la bénédiction de Dieu, sa protection et son aide au début d'un discours, d'un repas, d'un voyage, etc., et toujours avant la récitation du Coran.
- *Allahu akbar* : « Dieu est le plus grand. » Ces mots sont utilisés dans des situations variées et peuvent évoquer une série d'attitudes : confiance, soumission, détermination, méfiance, exaltation de Dieu, demande d'aide ou défense de son honneur.
- *In sha'a llah* : « Si Dieu le veut. »
- *Wa llahi* : « Je jure par Dieu. »
- *Al-hamdu lillahi* : « Louange à Dieu. » Ce sont les deux premiers mots de la première sourate du Coran. Cette expression apparaît plus de trente fois dans le texte coranique. C'est aussi la réponse la plus courante que l'on entend lorsqu'on demande aux musulmans : Comment allez-vous ?
- *As-salamu 'alaykum* : « Que la paix soit avec vous. » Cette salutation traditionnelle sera utilisée par les habitants du paradis (7.46). La réponse est : *wa 'alaykumu s-salam* : « Et sur vous la paix. »
- *Salla llahu 'alayhi wa sallam* : « Que la bénédiction de Dieu repose sur lui. » Cette expression (difficile à traduire) est utilisée par les musulmans chaque fois qu'ils mentionnent le nom du Prophète afin de manifester leur respect à son égard. Elle est prononcée pour invoquer la bénédiction de Dieu sur le Prophète en tant que chef et représentant de la communauté musulmane.
- *'Alayhi s-salam* : « Que la paix soit sur lui. » Les musulmans prononcent ces mots chaque fois qu'ils mentionnent le nom d'un prophète pour signifier leur respect à son endroit.
- *Ma sha'a llah* : « Quoi que Dieu veuille. » C'est une expression de surprise : « Incroyable ! »
- *Subhana llah* : Cette exclamation de surprise peut aussi vouloir dire « À Dieu ne plaise » (c.-à-d. Dieu ne peut faire ceci, ou bien, Dieu ne peut pas être comme cela).
- *Bi-amani llah* : « Sous la protection de Dieu. » C'est un au revoir.

Les gens ne prononcent pas toujours ces expressions de façon intentionnelle. Cependant, quand elles sont employées de façon délibérée, elles expriment la crainte de Dieu éprouvée par la personne qui les prononce. On trouve aussi dans la Bible l'équivalent des expressions *as-salamu 'alaykum* et *in sha'a llah* (Jn 20.21 ; Jc 4.15). Cette dernière peut parfois indiquer une attitude légère ou fataliste. Le fatalisme oppose la souveraineté de Dieu à l'action de l'homme et peut servir d'excuse pour ne rien faire. À vrai dire, le Coran lie le pouvoir divin à la responsabilité humaine : « Dieu ne modifie rien en un peuple, avant que celui-ci ne modifie ce qui est en lui » (13.11).

Pratiques populaires

Comme les autres religions, l'islam a plus ou moins intégré des traditions culturelles et religieuses empruntées aux peuples où il s'est répandu, ce qui explique la diversité des pratiques en terre d'islam. L'islam des théologiens et des juristes ne satisfait pas toujours les besoins éprouvés par les gens. Cela en a conduit beaucoup à chercher dans d'autres sources, quelquefois peu orthodoxes, des réponses aux questions terre à terre qu'ils se posent (p. ex. pour obtenir des conseils, une guérison, ou la protection contre le mal).

Les confréries soufies (c.-à-d. des groupes mystiques) prospèrent dans les sociétés traditionnelles où l'islam rituel n'atteint pas assez profondément l'âme humaine. Dans certains pays, ces communautés spirituelles forment des réseaux étendus dont l'influence peut dépasser celle de la mosquée locale. Par le truchement de certains exercices, qu'accompagnent souvent la musique et le chant (comme le font les derviches tourneurs), les membres s'efforcent de parvenir à une expérience de relation fusionnelle avec un Dieu d'amour qui fait cruellement défaut dans l'islam légaliste.

Malgré la croyance selon laquelle le Prophète intercédera en faveur de sa communauté au Jour du jugement, l'enseignement officiel de l'islam interdit toute médiation humaine ou angélique entre Dieu et les hommes dans cette vie. Dans la mesure où Dieu est transcendant (c.-à-d. très différent de l'homme) et tellement au-dessus des êtres humains, les gens ressentent le besoin d'un médiateur. Dans certaines régions, cette figure est assumée par des saints, par exemple le prophète Élie, la Vierge Marie ou même Jésus. Ces figures sont révérées par les musulmans qui sont en contact avec des communautés chrétiennes. Des sanctuaires et des cimetières sont associés à des saints vivants ou morts que les gens viennent prier et dont ils sollicitent le secours.

Dans certains pays d'Afrique, l'intermédiaire entre Dieu et les musulmans est le chef spirituel local, un *marabout* ou un *pir*, censé dispenser la *baraka*, la bénédiction divine. Les gens cherchent de l'aide en temps de crise, de maladie ou d'incertitude. Les garçons musulmans sont envoyés dans sa *madrasa* (école) par des parents indigents pour qu'ils apprennent à réciter le Coran par cœur. Ces enfants, qui portent le nom de *talibés* au Sénégal et de *garibous* au Mali et au Niger, sont souvent utilisés pour mendier de l'argent pour le compte de leur maître, dans les rues des villages et des grandes villes.

Dieu est tout-puissant, et pourtant certains musulmans se sentent parfois démunis face à l'épreuve. Ils vivent dans la crainte du mal et du diable, en particulier lorsqu'ils connaissent quelqu'un qui est soupçonné d'être possédé par le démon. Pour surmonter cette crainte ils ont souvent recours à une figure tutélaire, un homme ou une femme qui a la réputation de faire des miracles ou de posséder le don d'exorcisme. Très souvent cette personne pratique la sorcellerie et des rituels magiques. On associe aussi la protection contre le mal à certains objets comme les reliques des saints ou la représentation (en bleu) de la main de Fatima, une des filles du Prophète. On considère que la jalousie est une force particulièrement puissante et nuisible. On porte donc le symbole de l'œil pour se mettre à l'abri de la mauvaise influence qui émane de personnes jalouses.

Toutes ces pratiques appartiennent à l'islam populaire. La religion à l'état pure ne se trouve nulle part au monde, qu'il s'agisse de l'islam ou des autres religions. L'écart entre l'islam populaire et l'enseignement de l'islam officiel varie d'un endroit à l'autre. Les pratiques populaires sont plus ou moins tolérées par les responsables religieux selon leur personnalité, le degré de leur influence sur la communauté et la nature de leur formation religieuse.

Caractéristiques des cultures islamiques

Jusqu'ici, nous avons évoqué l'unité et la diversité de la communauté musulmane en tant que communauté religieuse. Nous avons aussi passé en revue certaines coutumes et pratiques fréquemment observées dans les sociétés musulmanes. Qu'en est-il de la culture islamique, ou plutôt des cultures islamiques ? Partout où l'islam a pénétré la société, il a progressivement et profondément transformé la vie des gens. En conséquence, les sociétés musulmanes ont en commun de nombreux traits. Il nous faut maintenant considérer quelques caractéristiques de ces cultures au risque de simplifier une réalité complexe et mouvante.

Identité religieuse

La sécularisation n'a pas encore affecté en profondeur les sociétés musulmanes qui demeurent dans l'ensemble traditionnelles et conservatrices.

La religion modèle la façon de penser et le comportement des gens. Même les musulmans non pratiquants sont très influencés par la religion.

En raison de la mondialisation, les sociétés musulmanes sont de plus en plus ouvertes à la culture occidentale par l'intermédiaire d'Internet, du tourisme, de l'éducation, des affaires et de l'émigration. L'interpénétration du monde occidental et du monde musulman influe sur les sociétés musulmanes bien plus que dans le passé. Des valeurs modernes telles que la liberté, les droits de l'homme, la démocratie et la tolérance exercent un véritable attrait sur de nombreux musulmans, en particulier les jeunes.

Malheureusement, ces valeurs sont aussi associées à des phénomènes sociaux que la mentalité musulmane apprécie beaucoup moins (matérialisme, athéisme, individualisme, permissivité sexuelle, etc.). L'identité religieuse des sociétés musulmanes s'en trouve ainsi affaiblie. Certains militants musulmans soutiennent que l'influence omniprésente de la culture laïque occidentale représente une très sérieuse menace. Ils appellent de leurs vœux une réponse forte qui prendrait la forme d'un renouveau islamique permettant aux musulmans de résister à la sécularisation grandissante de leur société et de protéger leur identité propre et leurs valeurs.

Communauté, famille, solidarité

Comme d'autres sociétés traditionnelles, les sociétés musulmanes se caractérisent par un sentiment très fort d'appartenance à la communauté. Le Coran décrit les membres de la communauté musulmane comme des frères et sœurs du fait qu'ils partagent la même foi (49.10). Leur unité transcende la diversité ethnique et théologique. L'utilisation de l'arabe comme langue cultuelle est un facteur d'unité très fort, et le pèlerinage annuel à La Mecque constitue un témoignage puissant de cette unité.

Les musulmans éprouvent le même sentiment d'appartenance par rapport à leur famille. L'islam honore la famille, et son enseignement la reconnaît comme le lieu où les gens accomplissent leur humanité. Les relations sexuelles sont réservées aux couples mariés. Il n'est pas envisageable que des adultes, hommes ou femmes, fassent le choix du célibat pour une longue période. Les enfants sont considérés comme une grande bénédiction. Les parents sont chargés de prendre soin de leurs enfants et ceux-ci doivent respecter leurs parents et leur obéir.

On compare la communauté musulmane à un corps dont les membres manifestent les uns envers les autres des sentiments de compassion, solidarité et soutien : « Les croyants sont bons, affectueux et solidaires les uns envers les autres. Ils forment un seul corps si bien que lorsqu'un de ses membres souffre tous les membres partagent son insomnie et sa fièvre[15]. » La vie communautaire est une des caractéristiques des sociétés musulmanes. Les relations entre les membres de la communauté sont fortes et on fait l'éloge de la solidarité entre les riches et les pauvres, les forts et les faibles, les Arabes et les non-Arabes. Le troisième pilier, l'aumône légale, en est le meilleur symbole, car il vise à apporter un soutien aux faibles, aux pauvres, aux infirmes et aux malheureux de la communauté. Comme toute société humaine, la communauté musulmane n'est pas à l'abri du désordre interne et des divisions. Cependant, les musulmans parleront tous d'une même voix s'ils perçoivent un danger extérieur menaçant leurs frères musulmans.

Relations humaines et travail

Dans les sociétés occidentales, le travail est souvent au cœur de la vie sociale. La valeur d'une personne dépend beaucoup de sa compétence au travail. On valorise énormément le succès, l'efficacité et la performance. C'est peut-être le prix que doivent inévitablement payer les sociétés développées, riches et consuméristes.

Beaucoup de musulmans et de non-musulmans dans les pays en voie de développement travaillent dur, mais ils vivent dans une société où les relations humaines jouent un rôle bien plus essentiel que le travail. Les gens aiment passer du temps à nouer des relations amicales et à s'entraider. La famille, tout autant que les professionnels de santé, pourvoit aux soins médicaux. De façon générale, les gens passent moins d'heures au travail et l'atmosphère au travail est moins stressante. Ils sont peut-être moins productifs, mais ils ont une meilleure qualité de vie. Leurs vies ne sont pas conditionnées par le travail et ils ressentent moins le besoin de prendre des vacances ou de dépenser de l'argent pour des activités de loisir le weekend.

Hommes et femmes

Les sociétés occidentales suivent un modèle globalement égalitaire même si elles ne sont pas toujours cohérentes dans son application. Hommes et femmes ont fondamentalement la même identité, ils jouent le même rôle et ont les mêmes droits. Ils ont à peu près les mêmes chances de trouver un travail, ils ont un accès égal à toutes les professions, y compris l'armée et la police. Dans la plupart des

---

15. Bukhari, *adab* (éducation) 27.

pays, les unions homosexuelles sont devenues légales et sont considérées comme aussi légitimes que les mariages hétérosexuels.

Il en va tout autrement dans les sociétés musulmanes et dans d'autres sociétés conservatrices : hommes et femmes sont égaux, mais ils ne jouent pas les mêmes rôles. Il est de tradition que les femmes se consacrent aux tâches domestiques tandis que les hommes tiennent un rôle public, en particulier la responsabilité de travailler et de nourrir la famille. L'homme est le chef de famille même s'il arrive souvent que la femme ait plus d'influence sur les enfants que son mari.

La sexualité dessine aussi des différences importantes à l'intérieur de l'humanité dans la mesure où l'identité sexuelle est un élément essentiel de la personnalité. Les musulmans considèrent que la convoitise sexuelle est un stratagème qu'utilise très souvent le diable. On dit parfois que lorsqu'un homme et une femme sont seuls, le diable est toujours avec eux. Pour éviter que les hommes et les femmes ne succombent à la tentation, les sociétés musulmanes traditionnelles s'organisent de façon à limiter l'immoralité sexuelle : la plupart des écoles séparent filles et garçons, et les règles concernant l'habillement sont strictes, surtout pour les femmes. Les échanges sociaux entre hommes et femmes sont réduits au minimum. Une femme musulmane ne peut se déplacer librement sans être accompagnée d'un homme de sa famille proche. La pudeur est une valeur centrale de l'islam au point qu'un savant musulman l'a comparée à l'amour dans le christianisme et à la justice dans le judaïsme. Les sociétés musulmanes pratiquent la ségrégation sexuelle pour aider leurs membres à respecter la loi divine, tout particulièrement dans le domaine de la morale sexuelle.

Honneur et honte

Le concept d'honneur et de honte est un concept central dans beaucoup de sociétés traditionnelles. Il fonctionne à tous les niveaux : individu, famille, communauté de foi et nation. Il est profondément ancré dans la mentalité des gens et détermine souvent leur conduite. Au moment de prendre une décision difficile, les gens posent instinctivement la question : « Que diront les gens si je fais ceci, si nous faisons cela ? » Même les personnes religieuses ont tendance à poser cette question qui, du moins au début, remplace la question plus importante : « Que dira Dieu si je fais ceci, si nous faisons cela ? »

Ce concept d'honneur et de honte n'est pas sans rapport avec celui du bien et du mal. Le problème théologique se pose à partir du moment où l'honneur et la honte, plus que le bien et le mal, déterminent la conduite des gens. Ce qui protège ma réputation sociale sera considéré comme bien, ce qui déshonore mon nom aux yeux des autres sera considéré comme mal. Tous les êtres humains s'efforcent de sauver la face, mais dans les sociétés musulmanes, sauver la face est une nécessité absolue.

La prédominance de ce concept dans les sociétés musulmanes explique pourquoi les gens ont tendance à dissimuler plutôt qu'à reconnaître et confesser leur faute. Un ancien proverbe, presque oublié dans les sociétés occidentales maintenant, dit : « On ne lave pas son linge sale en public. » C'est déjà très mal d'aller à l'encontre des règles sociales et de la loi de Dieu en secret. Aux yeux de nombreux musulmans, c'est une insulte à l'ordre public que de mener ouvertement une vie de péché. Cette attitude est assimilée à de la provocation et au mépris des autres, voire à une incitation à commettre le mal. Bien des musulmans pensent que la culture occidentale est non seulement immorale, mais aussi cyniquement décadente. Pour preuve l'immoralité sexuelle, l'avortement, l'ivrognerie ainsi que la propagation par les médias de styles de vie dépravés. À l'inverse, les Occidentaux considèrent qu'il est hypocrite de fermer les yeux sur les mauvaises actions commises en cachette. En témoignent les scandales dont la presse se fait régulièrement l'écho.

Le sens de la solidarité familiale et communautaire renforce celui de l'honneur et du déshonneur. La conjugaison des sentiments de solidarité et de déshonneur peut avoir de très graves conséquences au sein de la communauté musulmane, partout où elle est présente, y compris dans des pays où celle-ci est minoritaire. Les relations hommes-femmes et la conversion des musulmans à une autre religion, notamment le christianisme, représentent deux domaines sensibles où le sentiment de déshonneur peut se manifester chez nombre de musulmans par des attitudes et des actes de rejet voire de persécution. Ce sont les filles et les femmes qui en sont le plus souvent les victimes. Cela explique certaines pratiques telles que les certificats de virginité destinés à établir l'honneur de la future mariée, ou encore les meurtres d'honneur commis pour laver dans le sang l'honneur bafoué d'une famille. Les difficultés rencontrées par des musulmans convertis au christianisme en France ont été l'objet d'un rapport, publié le 30 mars 2021 par le Centre européen pour la loi et la justice[16]. La situation en France se retrouve dans d'autres pays occidentaux où la communauté musulmane représente une forte minorité.

---

16. Le rapport, intitulé « La persécution des chrétiens ex-musulmans en France », est disponible (accompagné d'un reportage vidéo) sur le site américain du Centre : http://media.aclj.org/pdf/Rapport-ECLJ-La-persecution-des-chretiens-ex-musulmans-en-France-Mars-2021.pdf

Hospitalité

Dans beaucoup de sociétés traditionnelles, y compris en terre d'islam, les gens sont très hospitaliers. L'hospitalité est restée une de leurs valeurs essentielles parce que la pression du temps et du travail n'est pas aussi forte que dans les sociétés occidentales. Ils valorisent les relations humaines et sont très désireux d'en établir même si, au départ, il arrive que certains aient une attitude méfiante à l'égard des étrangers.

C'est parfois une grande leçon d'humilité que de voir des gens ordinaires faire preuve de tant de chaleur et de générosité en dépit de leurs ressources limitées. Il y a un lien fort entre l'hospitalité et la nourriture, car le repas est souvent l'occasion d'un partage qui va au-delà de la nourriture elle-même. Cela peut expliquer que les musulmans aient du mal à comprendre pourquoi les immigrés ne sont pas accueillis aussi chaleureusement dans les pays occidentaux.

Influence arabe

L'islam est né dans le monde arabe et a été fondé par le truchement d'un prophète arabe. Le Coran, comme nous l'avons déjà signalé, n'est Parole de Dieu qu'en arabe, la langue liturgique de l'islam (comme l'était, dans une certaine mesure, le latin dans les pays occidentaux). Le cinquième pilier de l'islam exige de tous les musulmans qu'ils se rendent en pèlerinage à La Mecque en Arabie Saoudite. Cela explique l'influence de la langue, de l'histoire et de la civilisation arabes sur les sociétés musulmanes. On trouve souvent des similitudes entre l'arabe et les langues parlées par les musulmans non arabes, et le mot arabe pour Dieu, *Allah*, a parfois remplacé ou s'est ajouté au nom traditionnel de Dieu.

La plupart des musulmans sont capables de réciter des extraits du Coran en arabe, par exemple la première sourate, *al-Fatiha*, qui fait partie intégrante de leurs prières journalières. Beaucoup de musulmans regardent avec estime les Arabes musulmans qu'ils considèrent pour ainsi dire comme leurs « frères aînés », mais certains leur reprochent un certain sentiment de supériorité et soulignent que les Arabes musulmans constituent une minorité au sein de la communauté musulmane. Ils appartiennent au peuple qui a eu le privilège de recevoir la révélation de Dieu dans sa langue maternelle. Les noms musulmans ont souvent une origine arabe et beaucoup d'entre eux sont construits à partir de l'un des noms de Dieu, précédé de « serviteur de », *'abd*. Par exemple :

- *'Abdul-Lah*, serviteur de Dieu.
- *'Abdul-Karim*, serviteur du Généreux.
- *'Abdul-Ali*, serviteur du Très-Haut.

- '*Abdul-Malik*, serviteur du Roi.
- '*Abdul-Hamid*, serviteur de Celui qui est digne de louange.

L'arabe continue à jouer un rôle central dans les sciences islamiques (exégèse coranique, théologie, droit, etc.). Même s'il y a des établissements d'enseignement islamique réputés sur tous les continents, les universités islamiques du monde arabe, d'Égypte et d'Arabie saoudite tout particulièrement demeurent les plus prestigieuses. Le centre religieux du monde musulman se situe au Proche-Orient, et les lieux saints sont La Mecque, Médine et Jérusalem, mais aussi en Syrie et en Irak pour les musulmans chiites en particulier.

3

L'islam comme loi

La mondialisation engendre une plus grande ouverture des peuples les uns aux autres grâce à la révolution des technologies de l'information et au développement des moyens de transport. Nous vivons désormais dans un village aux dimensions du monde. Aucune communauté religieuse ne peut plus vivre entièrement isolée des autres communautés. La communauté musulmane ne fait pas exception à cet égard. De ce fait, la loi islamique se trouve mise à l'épreuve, dans les pays occidentaux en particulier, par tout ce que la mondialisation véhicule en matière d'idéologies humanistes, de philosophies matérialistes et de religions nouvelles ou anciennes.

Les musulmans répondent à ce défi inédit de plusieurs manières. Les uns sont favorables à une révision de l'enseignement islamique traditionnel tandis que d'autres se sentent menacés, se replient sur eux-mêmes, et se radicalisent. Un petit nombre s'engage dans la violence, surtout parmi les jeunes qui se sentent marginalisés. La majorité des musulmans subissent bon gré mal gré ce défi sans vraiment savoir comment y réagir.

Ce chapitre abordera ce défi à propos de trois thèmes : la politique, la femme et la laïcité.

Islam et politique

Dans l'islam Dieu est « le Seigneur des mondes » (1.4). Sa souveraineté n'a pas de limites. Elle s'exerce en particulier au sein de la *oumma*, communauté ou nation. La charia reflète la seigneurie universelle du Créateur. Dans la mesure où la loi islamique s'intéresse à tous les domaines de la vie, elle ne peut être mise en application dans son intégralité que dans une société où le pouvoir politique lui-même reconnaît cette loi. De son vivant, le Prophète assuma le rôle de chef de la communauté après sa migration dans la ville de Yathrib, qui fut à cette occasion rebaptisée *al-Madinah*, c'est-à-dire « la ville » du Prophète. À sa mort, la fonction prophétique a disparu, mais le leadership politique est passé entre les mains du calife pour les sunnites et de l'imam pour les chiites. La fonction religieuse s'est transmise aux autorités religieuses, les *oulémas*, savants, dont les liens avec le calife (ou l'imam) sont restés plus ou moins étroits selon les époques.

De nos jours, ces autorités continuent à jouer un rôle important dans les pays musulmans. Le *mufti*, jurisconsulte d'un pays sunnite, ou le guide spirituel d'un pays chiite, est la personne à qui appartient la responsabilité d'émettre un avis autorisé sur les questions concernant les affaires de la communauté. Le régime de gouvernement dans les pays musulmans n'est pas sans rappeler le régime théocratique de l'Israël ancien dans lequel les trois offices (royal, sacerdotal et prophétique) étaient néanmoins séparés.

Ainsi, les pouvoirs politique et religieux ne sont pas confondus, mais ils sont tous les deux soumis à l'autorité de la charia : « Quiconque ne juge pas d'après ce que Dieu a révélé [dans le Coran], ceux-là sont les mécréants. » (5.44) Aussi la constitution et les lois des pays musulmans s'inspirent de près ou de loin de la charia, même dans les pays qui ont un régime laïc comme la Turquie et la plupart des pays d'Afrique de l'Ouest. Dans la plupart des pays à majorité musulmane, l'islam est une religion d'État. Certaines républiques portent explicitement le mot « islamique » dans leur dénomination (p. ex. Iran, Mauritanie, Pakistan). La charia, comprise au sens large de l'enseignement islamique, est donc l'une des sources majeures de législation dans les domaines politique, civil, juridique et économique. Ainsi, le code pénal n'est qu'un aspect de la charia qui est interprétée différemment selon telle ou telle école de jurisprudence.

Minorités religieuses : de la dhimmitude à la citoyenneté

Les communautés juive et chrétienne sont désignées dans le Coran sous le même vocable : « Peuple du Livre », car les juifs ont reçu la Torah et les chrétiens l'Évangile, deux Écritures saintes antérieures au Coran. C'est un titre élogieux qui les met dans une catégorie à part parmi les non-musulmans. Les musulmans forment la communauté du Livre par excellence, le Coran étant l'ultime révélation divine. La loi islamique réserve un traitement spécial aux juifs et aux chrétiens dans la mesure où ils ont le droit de vivre à côté de la communauté musulmane sans avoir à se convertir à l'islam, à la différence des autres non-musulmans. Dans la loi islamique, les juifs et les chrétiens ont le statut de *dhimmis*, minorités protégées. Pourvu qu'ils acceptent le pouvoir islamique, celui-ci leur reconnaît le droit de gérer leurs affaires internes en appliquant leurs propres lois. Ils doivent cependant payer un impôt particulier appelé *jizya*[1], « taxe de capitation » ou « impôt de protection », en signe de leur soumission au pouvoir islamique. En retour, ce pouvoir leur garantit la protection de leurs vies et de leurs biens (9.29).

Le statut de minorités protégées est considéré dans le droit islamique comme un privilège exclusif au « Peuple du Livre ». Les autres non-musulmans ne jouissent pas de ce privilège et n'ont donc pas la possibilité de vivre à côté de la communauté musulmane s'ils décident de garder leur religion. Ce statut a valu aux juifs et aux chrétiens d'être considérés comme des citoyens de seconde classe. À certaines époques de l'histoire, ils ont subi l'humiliation, la discrimination, voire la persécution à des degrés divers. Ce statut a été aboli par un décret pris en 1855 par l'Empire ottoman dans tous les pays placés sous son autorité. Ainsi, ce statut n'est plus en vigueur dans les pays musulmans, dont beaucoup de lois sont d'inspiration européenne, mais ses traces n'ont pas disparu pour autant. Il continue à jouer un rôle plus ou moins important dans le système juridique des pays musulmans, notamment en matière de droit de la famille et de statut de la personne. Ainsi, les juifs et les chrétiens ne peuvent pas occuper des postes de haute responsabilité dans les pays à majorité musulmane, car, selon la charia, les musulmans ne peuvent pas être gouvernés par des non-musulmans.

Il nous faut reconnaître qu'en pays de chrétienté, les juifs n'étaient pas mieux traités, étant affublés de la qualification de « peuple déicide ». Pendant des siècles, les communautés juives vivant dans une Europe dite chrétienne ont beaucoup souffert, sans doute plus que dans les pays musulmans.

Beaucoup de juifs d'Europe et la plupart des juifs des pays musulmans ont émigré en Israël, surtout après la création de l'État hébreu en 1948. De même, beaucoup de chrétiens émigrent, à contrecœur, dans des pays non musulmans, mais rarement pour des raisons religieuses. La situation économique et politique joue un rôle important dans leur décision. Nombreux sont les musulmans qui font le même choix et pour les mêmes raisons.

De plus en plus de citoyens musulmans contestent le régime oppressif de leur pays qui se sert de la religion pour renforcer son pouvoir. Ils accusent ce pouvoir autoritaire de corruption et de mauvaise gestion qui sont à l'origine du retard économique du pays. Ainsi, parmi les défis auxquels se trouvent confrontés bon nombre de pays musulmans, la liberté politique, l'égalité de tous les citoyens et le développement économique figurent en bonne place. En témoignent les manifestations du « printemps arabe » au cours de la dernière décennie auxquelles ont participé beaucoup de jeunes.

---

1. Ceux qui étaient soumis à cet impôt étaient dispensés de la *zakat*, l'aumône légale, payée par les seuls musulmans.

En janvier 2016, plus de 300 universitaires et dirigeants musulmans venant de 120 pays se sont réunis dans la ville marocaine de Marrakech pour se prononcer sur la situation dans le monde musulman durement éprouvé par le terrorisme islamiste. Ils ont publié un document intitulé la « Déclaration de Marrakech sur les droits des minorités religieuses dans le monde musulman ». Dans ce document relativement court, ils condamnent le recours à la violence pour régler les conflits dans différentes parties du monde musulman. Ils déplorent les souffrances que les minorités religieuses ont endurées du fait de « groupes criminels » agissant au nom de l'islam.

La première partie du document met en évidence certaines valeurs coraniques (et universelles) : la dignité humaine (17.70), la liberté religieuse (2.256), la fraternité humaine (49.13), la justice (16.90), la paix (2.208 ; 8.61), la bonté (21.107), l'équité (60.8) et le respect des engagements et des accords (5.1 ; 16.91). La deuxième partie considère que la « Constitution de Médine », publiée par le Prophète peu de temps après sa migration de La Mecque à Médine en 622, fournit une base solide pour la formation d'une nation, *oumma*, dans laquelle tous les citoyens jouissent des mêmes droits et ont les mêmes obligations, indépendamment de leur religion, de leur appartenance ethnique et de leur langue. Cette Constitution, dit la Déclaration, n'a pas été abrogée et elle est en plein accord avec les principes des Nations Unies et la Déclaration universelle des droits de l'homme. La troisième partie plaide pour une mise en œuvre contextuelle de la loi islamique qui prenne en compte le nouvel environnement dans lequel vivent les musulmans dans différentes parties du monde.

Le texte invite les musulmans à travailler avec toutes les autres communautés religieuses sur la base d'une « parole commune » (*kalima sawa'* ; cf. Coran 3.64). Ils doivent tous non seulement se respecter et se tolérer, mais s'engager à protéger les droits et les libertés de tous les membres de la société, qui doivent être garantis par la loi. La Déclaration mentionne certaines implications pratiques de cet engagement et se termine par un appel urgent adressé à tous les universitaires et dirigeants musulmans pour qu'ils renforcent le concept de « citoyenneté », *muwatana*, dans les sociétés à majorité musulmane.

En conclusion, les politiciens et les décideurs ainsi que les militants de la société civile et les communautés religieuses sont exhortés à prendre leur pleine part dans l'éradication de tout ce qui pourrait nuire à la coexistence pacifique des citoyens. Cela passe notamment par la révision des programmes d'éducation prônant l'hostilité et l'extrémisme. Tous les représentants religieux sont instamment invités à résister aux attaques contre les religions et aux incitations à la haine et au racisme. La Déclaration se termine par cette déclaration solennelle :

« Il n'est pas permis d'utiliser la religion pour justifier une violation des droits des minorités religieuses vivant dans les pays islamiques[2]. »

Le concept de citoyenneté que promeut cette Déclaration est certainement de nature à faire avancer les sociétés arabo-musulmanes sur le chemin de la liberté, de l'égalité et de la fraternité entre les croyants (quels qu'ils soient) et les non-croyants. La question est de savoir dans quelle mesure les autorités politiques et religieuses sont prêtes à s'engager sur un chemin qui ne manquera pas de remettre en cause les intérêts de beaucoup et exigera de porter un regard neuf sur l'islam, en vue notamment de garantir l'égalité entre musulmans et non-musulmans, entre hommes et femmes.

Liberté religieuse

Le code pénal de la charia prévoit le châtiment corporel pour certains crimes ; par exemple, couper la main du voleur (5.38-39) et flageller (de quatre-vingts coups de fouet) la personne ayant porté un faux témoignage à l'encontre d'une femme musulmane mariée l'accusant d'immoralité (24.4). La peine capitale est requise pour trois crimes : le meurtre, l'infidélité conjugale et l'apostasie[3]. La sanction du meurtre est fondée sur un texte coranique qui donne cependant à la famille de la victime la possibilité de pardonner au meurtrier (2.178-179). Le châtiment de l'adultère, homme et femme, et de l'apostasie ne se trouve pas dans le Coran, mais dans un récit de la Tradition prophétique[4].

La peine légale prescrite par la charia en cas d'apostasie est fondée sur plusieurs récits prophétiques dont celui-ci : « Quiconque remplace sa religion pour une autre, mettez-le à mort[5]. » Ce châtiment, qui se trouve aussi dans la loi mosaïque (Ex 22.19), va évidemment à l'encontre de la liberté religieuse et de l'article 18 de la Déclaration universelle des droits de l'homme publiée par les Nations Unies en 1948 : « Toute personne a droit à la liberté de pensée, de conscience et de religion ; ce droit implique la liberté de changer de religion ou de conviction ainsi que la liberté de manifester sa religion ou sa conviction seule ou en commun, tant en public qu'en privé, par l'enseignement, les pratiques, le culte et l'accomplissement des rites. »

---

2. Ce résumé est basé sur la version arabe officielle de ce texte dans lequel les arguments sont développés davantage que dans la version anglaise. La déclaration (publiée le 27 janvier 2016) est disponible en ligne en arabe, et un résumé en est donné en anglais, mais curieusement pas en français. http://www.marrakeshdeclaration.org.
3. Bukhari, *diyat* (prix du sang) 6.
4. Muslim, *hudud* (sanctions légales) 4.
5. Bukhari, *jihad* (combat) 149.

Le Conseil Islamique d'Europe a publié le 19 septembre 1981 à Paris une « Déclaration islamique universelle des droits de l'homme ». L'article 12 concernant le « Droit à la liberté de croyance, de pensée et de parole » stipule que : « Toute personne a le droit d'exprimer ses pensées et ses convictions dans la mesure où elle reste dans les limites prescrites par la Loi. » L'article 13 intitulé « Droit à la liberté religieuse » dit simplement : « Toute personne a droit à la liberté de conscience et de culte conformément à ses convictions religieuses. » Comparée à la Déclaration de l'ONU, la Déclaration islamique ne précise pas que le droit à la liberté religieuse comprend la liberté de conversion à une autre religion que l'islam. Ce droit à la liberté religieuse est strictement encadré par « les limites prescrites par la Loi », c'est-à-dire la charia (comme cela est précisé dans la version arabe du texte). Or la charia n'accorde pas aux musulmans le droit de renoncer à leur religion. D'ailleurs, tous les droits dans cette Déclaration sont à interpréter « dans les limites fixées par la charia »[6].

Les réformateurs musulmans mettent en exergue plusieurs textes coraniques qu'ils interprètent d'une manière non restrictive, contrairement à la tradition séculaire des savants musulmans :

- Pas de contrainte en religion (2.256).
- Si ton Seigneur [ô Muhammad !] l'avait voulu, tous ceux qui vivent sur terre auraient cru. Vas-tu contraindre les gens à devenir croyants ? (10.99)
- Dis [ô Muhammad !] : La vérité vient de votre Seigneur. Croie qui veut, donc, et mécroie qui veut (18.29).
- À vous votre religion, à moi [Muhammad] la mienne ! (109.6.)

Aujourd'hui, nombre de musulmans se convertissent à une autre religion, ou deviennent tout simplement athées ou agnostiques. S'ils sont dans des sociétés musulmanes, ils vivent constamment sous la pression de l'épée de Damoclès, surtout s'ils osent exprimer librement leurs opinions. Ils sont plus ou moins tolérés dans certains pays à condition qu'ils gardent pour eux-mêmes leur nouvelle foi afin de ne pas troubler « l'ordre public ». Pour échapper à ces restrictions pouvant conduire à la persécution, beaucoup cherchent à quitter leurs pays pour trouver refuge dans des pays où la liberté religieuse est assurée.

---

6. Voir le site du Centre Arabe pour l'Education au Droit International Humanitaire et aux Droits Humains. https://acihl.org/articles.htm ?article_id=5#note6

Démocratie

La démocratie est définie comme le gouvernement du peuple par le peuple alors que l'islam cherche à gouverner la communauté musulmane selon la charia, d'où son incompatibilité de principe avec la démocratie. La démocratie, au sens moderne du terme, est une idée relativement récente. À Athènes, les esclaves n'avaient pas voix au chapitre. Il n'est pas question de démocratie dans la Bible non plus. Toutefois, les prophètes bibliques exigent la justice, l'application du droit, et la mise en œuvre de la compassion envers les plus faibles (Es 1.17 ; Jc 5.1-6).

Les musulmans conservateurs font valoir plusieurs arguments pour vilipender la démocratie à la mode occidentale :

- Le rôle déterminant de l'argent dans le financement des campagnes électorales. Aux États-Unis, en particulier, est élu le candidat bénéficiant de la campagne la plus onéreuse et de puissants groupes de pression.
- Les électeurs votent pour les candidats qui font des promesses mettant avant toute considération les intérêts nationaux. Ainsi passent à la trappe les politiques fondées sur des valeurs éthiques et humanitaires. L'aide aux pays en voie de développement n'atteint même pas 0,7 % du PIB, pourtant fixé par les pays développés eux-mêmes.
- Il n'est pas rare que des petits partis jouent un rôle disproportionné dans les gouvernements de coalition issus d'élections démocratiques (p. ex. Israël).
- Le taux d'abstention très élevé dans nombre de pays jette un sérieux doute sur le caractère démocratique des élections.
- La démocratie ne garantit pas une politique équitable, nationale ou internationale. Il n'est pas rare que des élections démocratiques portent au pouvoir des candidats populaires peu soucieux du bien commun.
- La démocratie porte au pouvoir des gouvernements qui ont peu de respect pour les valeurs religieuses et éthiques promues par les grandes religions monothéistes. Les lois sur l'avortement et sur le mariage pour tous ont été votées au terme d'un processus démocratique. Il n'est pas difficile de constater que la démocratie conjuguée à la liberté conduit au relâchement moral.

Ces critiques ne sont pas dénuées de fondement. Elles montrent que la démocratie produit des lois faites par les hommes tandis que les lois de la charia ont été données par Dieu. Mais y a-t-il une alternative crédible à la démocratie si l'on écarte un régime autoritaire, voire despotique ? Dans une boutade restée célèbre, Winston Churchill fait une évaluation de la démocratie lucide et juste à la fois : « On a dit que la démocratie est la pire forme de gouvernement à l'exception de toutes les autres formes que l'on a essayées de temps à autre. »

Dans ce domaine également, des voix musulmanes s'élèvent pour souligner que des germes de démocratie se trouvent dans le Coran. Toute une sourate est intitulée *al-shura*, « consultation » (ou délibération), titre tiré d'un verset qui décrit les musulmans en ces termes : « Ils règlent leurs affaires par voie de consultation » (42.38). Le Prophète lui-même a reçu de Dieu l'ordre de ne prendre de décisions qu'après avoir consulté sa communauté (3.159). Ainsi, la démocratie n'est pas incompatible avec une nouvelle lecture des sources islamiques, laquelle, sans renier les fondements de l'islam comme religion, remettrait en question l'islam comme la source principale de législation. L'Église en Europe occidentale a aussi eu beaucoup de mal à accepter de vivre sous un régime séculier dans lequel elle n'a pas de pouvoir politique.

Aujourd'hui, on estime à 20 % le nombre de musulmans vivant dans des pays à majorité non musulmane (près de 350 millions). À elle seule, l'Inde compte environ 200 millions de musulmans et, à ce titre, ce pays peut être considéré dans un sens comme le troisième pays musulman sur le plan de l'importance de sa population (après l'Indonésie et le Pakistan). Qu'adviendrait-il si ces minorités musulmanes, notamment celles qui sont en France ou dans d'autres pays non islamiques, vivaient dans des pays gouvernés par un régime autoritaire, voire dictatorial ? Cela ne veut évidemment pas dire que les musulmans (ou d'autres minorités) vivant dans des pays démocratiques ne rencontrent pas de problèmes, tant s'en faut. Les problèmes des musulmans (et d'autres croyants) seraient autrement plus graves s'ils étaient soumis à un régime non démocratique et arbitraire.

Il appartient aux musulmans, comme aux chrétiens, de faire avancer les valeurs (éthiques, religieuses et humanistes) auxquelles ils croient par le moyen de leurs représentants locaux et nationaux. Il ne faut pas sous-estimer l'influence que peut avoir l'engagement associatif sur le terrain, d'autant plus que le gouvernement encourage, notamment par des réductions fiscales, le soutien apporté aux organismes dits d'utilité publique.

Le statut des femmes

Nous abordons ici un sujet extrêmement délicat et controversé. Aussi faut-il s'efforcer d'être équitable envers l'enseignement islamique tout en prenant en compte les aspérités de cet enseignement. Pour un chrétien, un des moyens de réduire le risque de présenter les choses d'une manière biaisée est de suivre l'enseignement du Christ qui exige de ses disciples d'être impartiaux et de porter un regard critique sur eux-mêmes (Mt 7.1-5). Il ne s'agit surtout pas ici de porter un jugement de valeur sur les personnes, mais de voir de près le contenu de la doctrine islamique. Ce que cette section se propose de faire, ce n'est pas une étude exhaustive du statut de la femme, mais un simple rappel des principaux textes des Écritures, le Coran et le Hadith pour l'islam, la Bible (surtout le Nouveau Testament) pour le christianisme. Les commentaires seront peu nombreux pour laisser au lecteur le soin de se faire une idée de ce que les textes enseignent, quitte à les interpréter de la manière qu'il jugera la plus appropriée.

Égalité de l'homme et de la femme devant Dieu

L'homme et la femme recevront la même rétribution en récompense de leur foi et de leurs bonnes œuvres :

> Les musulmans et les musulmanes, les croyants et les croyantes, les pieux et les pieuses, les hommes loyaux et les femmes loyales, les patients et les patientes, ceux et celles qui craignent Dieu, ceux et celles qui font des offrandes, ceux et celles qui jeûnent, ceux et celles qui sont chastes, les hommes et les femmes qui invoquent Dieu à profusion, ce sont ceux pour qui Dieu a préparé un pardon et un très grand salaire. (33.38)

> Dieu dit : « Faisons l'homme à notre image, selon notre ressemblance, et qu'il soumette les poissons de la mer, les oiseaux du ciel, les bestiaux, toute la terre et toutes les petites bêtes qui remuent sur la terre ! » Dieu créa l'homme à son image, à l'image de Dieu il le créa ; mâle et femelle il les créa. (Gn 1.26-27)

L'homme et la femme sont égaux devant la loi divine :

> Tranchez les mains du voleur et de la voleuse en récompense de ce qu'ils se sont acquis, en punition de la part de Dieu. Dieu est puissant et sage. (5.38 ; cf. 24.2)

> Il n'y a plus ni Juif, ni Grec ; il n'y a plus ni esclave, ni homme libre ; il n'y a plus l'homme et la femme ; car tous, vous n'êtes qu'un en Jésus Christ. (Ga 3.28)

Toutefois, les relations entre l'époux et l'épouse ne sont pas symétriques :

> Elles ont des droits équivalents à leurs obligations, conformément au bon usage. Les hommes ont cependant une prééminence sur elles. Dieu est puissant et sage. (2.228)

> Les hommes ont autorité sur les femmes du fait que Dieu a préféré certains d'entre vous à certains autres et à cause des dépenses qu'ils (les hommes) font de leurs biens. (4.34)

Vous qui craignez le Christ, soumettez-vous les uns aux autres ; femmes, soyez soumises à vos maris comme au Seigneur. Car le mari est le chef de la femme, tout comme le Christ est le chef de l'Église, lui le Sauveur de son corps. Mais, comme l'Église est soumise au Christ, que les femmes soient soumises en tout à leurs maris. Maris, aimez vos femmes comme le Christ a aimé l'Église et s'est livré lui-même pour elle. (Ep 5.21-25 ; cf. Col 3.18)

Discrimination envers les femmes ?

Il existe plusieurs textes coraniques qui, à première vue du moins, semblent défavorables aux femmes. Il en va de même de nombreux récits tirés de la Tradition prophétique :

1. Dans la répartition de l'héritage, la part de l'homme est le double de celle de la femme (4.11). En marge de sa traduction française du Coran, Muhammad Hamidullah explique cette disparité en ces termes :

   > Cette disposition qui nous paraîtrait empreinte de partialité ne l'est en aucune façon. Elle se justifie par plusieurs raisons : (i) La femme est entretenue aux frais de son père, frère, etc., puis de son mari, fils, etc., pour ce qui est du logement, de la nourriture, du vêtement, etc., à quoi le tribunal les oblige ; (ii) Elle reçoit en outre le « salaire d'honneur » du mariage, la dot et le douaire, sur quoi ni son mari, ni son père ou ses autres parents n'ont aucun droit ; (iii) Elle n'a vis-à-vis des hommes aucune obligation pas même de donner à téter à son nourrisson (à qui le père doit trouver une nourrice qu'il paie). Malgré tout, elle hérite de son père, de son mari, de ses enfants et autres parents.

2. Le témoignage de deux femmes équivaut à celui d'un homme (2.282). Un jour le Prophète donna à ses compagnons son explication par rapport à cette disparité :
   - Le témoignage d'une femme n'est-il pas la moitié du témoignage d'un homme ?
   - Certes oui, nous répondîmes.
   - Cela, reprit-il, tient à l'infériorité de son intelligence[7].
3. Un homme musulman peut se marier à une femme monothéiste, juive ou chrétienne, sans que celle-ci ait à se convertir à l'islam (5.5). Toutefois, une femme musulmane ne peut pas se marier à un homme juif ou chrétien. Le mari étant le chef de famille, il doit toujours être musulman[8]. Cette disposition de la charia crée de très sérieux problèmes dans de nombreux pays musulmans dans la mesure où un homme converti au christianisme qui par la suite épouse une chrétienne sera toujours considéré comme un musulman. Leurs enfants sont aussi traités, notamment dans le système éducatif, comme musulmans. Ces difficultés expliquent que certains couples décident d'émigrer pour protéger l'avenir de leurs enfants.
4. Le mari est autorisé dans certains cas à discipliner sa femme, et éventuellement à la frapper : « Quant à celles dont vous craignez la désobéissance, exhortez-les, abandonnez-les dans leurs lits, et frappez-les. Si elles vous obéissent, ne cherchez plus querelle contre elles. Dieu est élevé et grand » (4.34).

Beaucoup d'auteurs musulmans sont quelque peu embarrassés par ce dernier texte (on les comprend). Ils s'efforcent de l'interpréter de façon à réduire sa portée. Pour les uns, la correction physique doit être très modérée et ne pas faire souffrir la femme. D'autres s'ingénient à trouver un sens tout à fait invraisemblable au verbe *daraba*, qui dans le contexte de ce verset ne peut vouloir dire autre chose que « frapper ».

Dans le Hadith nous avons de nombreux récits concernant les femmes et certains de ces récits sont ouvertement misogynes. Voici une sélection de propos qui se trouvent tous dans le recueil de Bukhari, jugé le plus digne de confiance par les savants musulmans. Dans l'un des récits, le Prophète raconte une vision

---

7. Bukhari, *chahadat* (témoignages) 12.
8. En Tunisie le gouvernement et le parlement sont en train de revoir les lois concernant le statut de la femme tunisienne. La femme musulmane peut désormais se marier à un homme non-musulman.

qu'il a eue du paradis et de l'enfer : « J'ai visité le Paradis et j'ai vu qu'il était surtout peuplé de pauvres ; j'ai visité l'Enfer et j'ai vu qu'il était surtout peuplé de femmes[9]. » Un autre récit explique que les femmes seront en majorité en enfer parce qu'elles maudissent beaucoup et qu'elles sont ingrates envers leurs époux[10]. Selon un autre propos, on doit montrer de la compassion envers la femme du fait qu'elle est un être tordu par nature :

> Recommandez-vous d'être bons envers les femmes. Elles ont été créées d'une côte, et dans une côte c'est la partie supérieure qui est la plus recourbée. Si vous essayez de la redresser, vous la brisez, et si vous la laissez, elle continue à rester recourbée. Recommandez donc d'être bons envers les femmes[11].

L'épouse doit toujours être prête à accomplir son devoir conjugal : « Lorsqu'un mari appelle sa femme pour qu'elle vienne dans son lit et qu'elle refuse de venir, les anges la maudissent jusqu'au matin[12]. » Le Prophète a mis en garde sa communauté contre un danger auquel elle devra faire attention : « Je ne laisserai après moi aucune cause de trouble plus funeste à l'homme que les femmes[13]. » On apprend de la bouche même d'Aïcha, l'épouse bien-aimée du Prophète, qu'elle avait six ans lorsqu'elle fut donnée en mariage à Muhammad et « neuf ans lorsqu'on la remit entre ses mains[14]. » Celui-ci, « dans une seule nuit avait des relations avec toutes ses femmes, et elles étaient, à ce moment, au nombre de neuf[15] ». Le Prophète avait donc au moins neuf épouses à la différence des musulmans qui ne sont autorisés à en avoir que quatre et à la condition d'être équitable envers chacune d'elles (4.3).

On ne trouvera pas dans la bouche de Jésus de paroles désobligeantes à l'égard des femmes. Lui-même a fait le choix de ne pas se marier afin de se consacrer entièrement à sa mission (Mt 19.11-12). L'Évangile de Luc nous apprend qu'il y avait parmi les disciples de Jésus plusieurs femmes relativement fortunées qui participaient à l'entretien du groupe (Lc 8.1-3). Un jour que Jésus enseignait dans le Temple de Jérusalem, un groupe de leaders juifs amenèrent à Jésus une

---

9. Bukhari, *nikah* (mariage) 88.
10. Bukhari, *zakat* (aumône légale) 45.
11. Bukhari, *nikah* (mariage) 80.
12. Bukhari, *nikah* (mariage) 85. Selon une autre variante, les anges continueront à maudire la femme jusqu'à ce qu'elle consente à rejoindre son mari.
13. Bukhari, *nikah* (mariage) 18.
14. Bukhari, *manaqib* (fastes) 44.
15. Bukhari, *ghusl* (ablution) 4.

femme adultère dans l'espoir qu'il la condamnerait à mort conformément à la loi mosaïque, sinon il serait lui-même accusé de remettre en question cette loi. À leur grande surprise, Jésus prit la défense de la femme et lança ce défi à ses accusateurs : « Que celui d'entre vous qui n'a jamais péché lui jette la première pierre. » Ses accusateurs étant tous partis l'un après l'autre, Jésus prit l'initiative d'offrir le pardon à la femme tout en l'appelant à une nouvelle vie :

– Femme, où sont donc [tes accusateurs] ? Personne ne t'a condamnée ?

– Personne, Seigneur.

– Moi non plus, je ne te condamne pas : va, et désormais ne pèche plus. (Jn 8.2-11)

Muhammad s'est trouvé un jour devant une femme, de la tribu de Ghamid, qui avait commis l'adultère. S'étant repentie, elle s'est présentée d'elle-même à lui et lui a demandé de la « purifier » en lui appliquant la sanction légale pour l'adultère, c'est-à-dire la peine de mort. Lorsque le Prophète apprit qu'elle était enceinte, il lui demanda d'aller accoucher de son bébé et de le nourrir jusqu'à son sevrage. Quelque temps plus tard, la femme revint avec son enfant sevré et réitéra sa demande. Muhammad prit alors l'enfant des bras de sa mère, le confia à un musulman près de lui, puis il ordonna à son entourage de la lapider. Ensuite, le Prophète fit l'éloge de la femme en raison de son sincère repentir qui la conduisit à demander l'application de la loi divine au prix même de sa vie[16].

Dans leurs lettres adressées aux Églises, les apôtres Paul et Pierre donnent des enseignements concernant les femmes et la façon dont les maris doivent se comporter à leur égard. Voici une sélection significative de leurs recommandations :

L'homme, lui, ne doit pas se voiler la tête : il est l'image et la gloire de Dieu ; mais la femme est la gloire de l'homme. Car ce n'est pas l'homme qui a été tiré de la femme, mais la femme de l'homme. Et l'homme n'a pas été créé pour la femme, mais la femme pour l'homme. Voilà pourquoi la femme doit porter sur la tête une marque d'autorité, à cause des anges. Pourtant, la femme est inséparable de l'homme et l'homme de la femme, devant le Seigneur. Car si la femme a été tirée de l'homme, l'homme naît de la femme et tout vient de Dieu. (1 Co 11.7-12)

Pendant l'instruction la femme doit garder le silence, en toute soumission. Je ne permets pas à la femme d'enseigner ni de

---

16. Muslim, *hudud* (sanctions légales) 5.

dominer l'homme. Qu'elle se tienne donc en silence. C'est Adam, en effet, qui fut formé le premier. Eve ensuite. Et ce n'est pas Adam qui fut séduit, mais c'est la femme qui, séduite, tomba dans la transgression. Cependant elle sera sauvée par sa maternité, à condition de persévérer dans la foi, l'amour et la sainteté, avec modestie. (1 Tm 2.11-15)

Vous, de même, femmes, soyez soumises à vos maris, afin que, même si quelques-uns refusent de croire à la Parole, ils soient gagnés, sans parole, par la conduite de leurs femmes, en considérant votre conduite pure, respectueuse. Que votre parure ne soit pas extérieure : cheveux tressés, bijoux d'or, toilettes élégantes ; mais qu'elle soit la disposition cachée du cœur, parure incorruptible d'un esprit doux et paisible, qui est d'un grand prix devant Dieu. C'est ainsi qu'autrefois se paraient les saintes femmes qui espéraient en Dieu, étant soumises à leurs maris : telle Sara, qui obéissait à Abraham, l'appelant son seigneur, elle dont vous êtes devenues les filles en faisant le bien, et en ne vous laissant troubler par aucune crainte. Vous les maris, de même, menez la vie commune en tenant compte de la nature plus délicate de vos femmes ; montrez-leur du respect, puisqu'elles doivent hériter avec vous la grâce de la vie, afin que rien n'entrave vos prières. (1 P 3.1-7)

Parmi les réformateurs musulmans, on trouve de nombreuses féministes comme Ayesha Chaudry, Asma Lamrabet, et Amina Wadud. Certaines féministes musulmanes font un triple reproche au texte biblique de la Genèse : la femme fut tirée de l'homme, c'est elle qui fut séduite par le diable et c'est elle qui entraîna Adam dans la désobéissance (cf. Gn 2.21-23 ; 3.1-6).

Selon le texte coranique, l'homme et la femme furent tous les deux séduits par le diable qui a entraîné leur chute (cf. 2.35-36 ; 7.19-24 ; 20.117-121). Mais les récits coraniques sont plus courts que le récit de la Genèse et ils n'entrent pas dans les détails. Du reste, le nom de la femme, Ève, n'est même pas mentionné. Toutefois, la plupart des exégètes musulmans comprennent les textes coraniques en cause (4.1 ; 7.189) dans le sens de la création de la femme à partir de l'homme, ce que confirment plusieurs récits prophétiques (le récit cité plus haut précise que la femme fut tirée de la côte de l'homme). Une façon dont les auteurs musulmans, notamment les féministes, répondent à la misogynie des récits du Hadith est de dire tout simplement que ces récits, comme beaucoup d'autres, sont fabriqués, bien qu'ils aient été retenus par Bukhari comme authentiques. De manière générale, les musulmans réformateurs accordent peu ou pas de crédit aux récits du Hadith.

Les chrétiens reconnaissent volontiers les difficultés qui existent dans certains textes du Nouveau Testament, notamment ceux cités plus haut. Ils donnent à ces textes une interprétation historique et contextuelle qui élimine une bonne partie de leurs aspérités. Devant les textes qui posent problème, il est important de garder à l'esprit les textes fondamentaux, comme celui de Genèse 1.26-27, et surtout l'attitude exemplaire de Jésus à l'égard des femmes. Dans l'Ancien Testament aussi, il existe quelques textes difficiles. En voici un :

> Et je trouve, moi, plus amère que la mort une femme quand elle est un traquenard, et son cœur un filet, ses mains des liens : celui qui plaît à Dieu lui échappera, mais le pécheur se laissera prendre par elle […] Un homme [digne de ce nom] sur mille, je l'ai trouvé, mais une femme [digne de respect] parmi elles toutes, je ne l'ai pas trouvée. (Ec 7.26-28)

La conception chrétienne de la révélation, laquelle consiste à reconnaître dans les Écritures la Parole de Dieu aussi bien qu'une parole humaine, est de nature à expliquer des propos sexistes, tels ceux que l'on vient de citer. Il existe d'autres paroles de ce genre dans certains livres dits « deutérocanoniques ». Ces livres ne jouissent pas d'une autorité divine incontestée parmi tous les chrétiens. Aussi, on n'est pas complètement surpris de trouver dans ces livres, considérés comme « apocryphes » (ou inauthentiques) par les Églises protestantes, des textes peu aimables à l'endroit des femmes (p. ex. Siracide 25.13-26 ; 26.5-12 ; 42.9-14).

Les sociétés musulmanes ont la réputation dans les pays occidentaux d'être des sociétés où les femmes sont maltraitées. Certains musulmans (peut-être beaucoup) oppriment les femmes, mais ils ne sont pas les seuls dans ce cas. Beaucoup d'hommes (y compris chrétiens, adeptes d'autres religions ou athées) font de même. L'oppression des femmes est hélas un problème d'ordre culturel, voire spirituel, car elle constitue l'une des nombreuses manifestations du péché dans le monde. Dans les sociétés musulmanes, ce phénomène ne traduit pas nécessairement une juste interprétation de la loi islamique. Ce sont les hommes qui, dans l'islam comme dans d'autres religions, ont interprété les saintes Écritures, souvent à leur avantage. Les femmes sont également maltraitées dans les pays occidentaux, comme en témoigne le mouvement #MeToo qui a mis en évidence cette bien triste réalité. Leur exploitation revêt des formes variées (p. ex. violence conjugale, meurtre, prostitution, trafic humain, trafic sexuel). Doit-on accuser le christianisme de ces dérives ?

Les réformateurs musulmans font valoir que le monde dans lequel nous vivons place la communauté musulmane face à de nouveaux défis. Selon eux, les quatre écoles traditionnelles de jurisprudence, *fiqh*, ne sont pas bien outillées pour relever ces défis. D'où la nécessité pressante de réexaminer la charia, de regarder d'un œil neuf ses règles et ses enseignements, et de les mettre à jour chaque fois que cela s'avère nécessaire. Cette révision aurait sans doute un impact considérable sur le code pénal, le rôle des femmes, le statut des minorités non musulmanes, ainsi que sur les relations entre l'islam et l'État. Nombreux sont les intellectuels musulmans qui ont déjà engagé cet aggiornamento ; ils cherchent à réexaminer l'enseignement de la charia et à adopter une approche contextuelle de l'enseignement islamique qui soit adaptée aux sociétés modernes. Certains pays à majorité musulmane ont pris des mesures qui vont dans le même sens (p. ex. la polygamie est interdite en Turquie et en Tunisie ; l'excision des jeunes filles est illégale au Mali, au Niger, au Sénégal et au Soudan). Selon eux, il est urgent de porter un regard critique sur la charia de manière à réformer l'islam traditionnel, d'autant plus qu'aucun pays islamique n'applique à la lettre la loi islamique.

Islam et laïcité

La charia comme source de législation pour l'ensemble de la communauté musulmane récuse le concept de laïcité qui implique la séparation des pouvoirs politique et religieux. Mais la charia est elle-même une construction humaine, bien qu'elle se réclame de prescriptions coraniques et prophétiques. Il y a presque mille ans qui nous séparent de l'époque où les théologiens et les juristes ont développé la charia. Le monde a beaucoup changé depuis, y compris le monde musulman. Peut-on garder intacte cette loi et continuer à prétendre que l'islam est une religion destinée à tous les peuples et que son enseignement demeure pertinent au XXIe siècle, y compris pour les centaines de millions de musulmans qui vivent dans des pays laïcs ?

Pendant trois cents ans, l'Évangile s'est répandu pacifiquement, de Jérusalem à l'Égypte et à l'Éthiopie au sud, à la Mésopotamie et jusqu'à l'Inde à l'est, et à la Syrie, l'Asie Mineure et l'Europe au nord. Pendant tout ce temps, la communauté chrétienne, qui vivait dans des sociétés pluralistes et polythéistes, était régulièrement persécutée par l'Empire romain. Le début du quatrième siècle marqua un tournant dans l'histoire de l'Église lorsque l'empereur Constantin publia en 313 l'édit de Milan sur la tolérance religieuse. En 380, le christianisme fut déclaré religion officielle de l'Empire. Peu à peu, l'Église s'est alignée sur le pouvoir politique de l'Empire et a fini par l'accaparer et abuser de sa position dominante. Cette alliance mal conçue entre les pouvoirs spirituel et temporel s'est avérée à long terme la source de nombreux déboires pour les chrétiens.

En France, la réaction contre le pouvoir abusif de l'Église a conduit, à travers les méandres de l'histoire, à élaborer le concept de laïcité. Le premier article de la Constitution de la Ve République (1958) affirme que « La France est une République indivisible, laïque, démocratique et sociale. Elle assure l'égalité devant la loi de tous les citoyens sans distinction d'origine, de race ou de religion. Elle respecte toutes les croyances. Son organisation est décentralisée. » La loi de 1905 sur la laïcité (le mot lui-même n'y figure pas) souligne le principe de séparation des Églises et de l'État. Le premier article stipule que « la République assure la liberté de conscience. Elle garantit le libre exercice des cultes ». Cette loi a donc pour objectif de protéger la liberté religieuse pour les croyants de toute confession ainsi que la liberté de ne pas croire. Le deuxième article a pour but de garantir l'égalité de toutes les religions devant la loi, car « La République ne reconnaît, ne salarie ni ne subventionne aucun culte ». En d'autres termes, l'islam, le christianisme et les autres religions sont sur le même pied d'égalité, du moins en théorie. La séparation de l'État et des cultes signifie aussi la neutralité de l'État et la non-ingérence des pouvoirs publics dans les affaires des communautés religieuses.

La laïcité bien comprise a de nombreux avantages à la fois pour les croyants et pour les pouvoirs politiques, car elle donne à chacun la liberté et la responsabilité d'exercer sa mission dans le domaine qui est le sien. Elle est parfaitement compatible avec la fameuse parole du Christ : « Rendez donc à César ce qui est à César, et à Dieu ce qui est à Dieu » (Mt 22.21). Cette déclaration ne signifie pas que la souveraineté divine est limitée au domaine spirituel ou que nous pouvons partager notre allégeance entre le Créateur et l'État. Ce que cette déclaration implique, c'est que la seigneurie divine n'exclut pas la reconnaissance de l'autorité humaine et que notre loyauté envers Dieu transcende sans annuler notre loyauté à une organisation séculière telle que l'État.

Le problème surgit dès que l'on cherche à appliquer la laïcité dans un contexte multiethnique, multiculturel et multireligieux. C'est le cas de la société française du XXIe siècle qui, comme beaucoup de sociétés, fait face au phénomène du terrorisme commis au nom de l'islam.

Les autorités françaises sont dans leur droit quand elles prennent des décisions difficiles pour assurer la cohésion de la société. Ces décisions ne sont pas faciles à prendre, car elles peuvent être interprétées dans le sens d'une limitation des libertés individuelles dans un pays qui se targue d'être à l'avant-garde de la défense des droits de l'homme. La loi « encadrant le port de signes ou de tenues manifestant une appartenance religieuse dans les écoles, collèges et lycées publics », appelée parfois « loi sur le voile islamique », fut promulguée en mars 2004 en application du principe de la laïcité. Celle sur l'interdiction de la dissimulation du visage dans l'espace public fut adoptée en octobre 2010 afin d'assurer les conditions de sécurité de tous les citoyens. Ces lois, bien que formulées en des termes généraux, visent implicitement les musulmans avant toute autre communauté. Elles ont pour objectif de sauvegarder l'unité nationale à un moment où cette unité semble menacée. Il est vraisemblable que d'autres lois seront promulguées dans les années à venir, car les défis posés par l'idéologie islamiste ne sont pas près de disparaître. Le 24 août 2021 fut adoptée par l'Assemblée nationale « la loi confortant le respect des principes de la République ». Cette loi vise à donner au gouvernement les moyens de contrôler de plus près les organisations qui pourraient, sous couvert de la religion, poursuivre des objectifs inavoués.

Les musulmans et les chrétiens réclament que le principe de laïcité ne soit pas détourné de son objet. Pour les laïcs intégristes, la laïcité est devenue une vraie religion[17]. Leur laïcité de combat, qu'on pourrait qualifier de laïcisme, a pour but non avoué de marginaliser la religion et d'exclure les croyants de la sphère publique, comme si la foi n'était qu'une affaire privée. Une laïcité d'exclusion a peu de chances d'emporter l'adhésion des musulmans. Au contraire, elle risque de conforter l'idée que la laïcité est en fait instrumentalisée afin de leur interdire le libre exercice de leurs droits. En revanche, une laïcité d'inclusion, que l'on qualifierait de laïcité apaisée, est de nature à favoriser leur intégration dans la société et à les encourager à reconsidérer certains enseignements de la charia.

Pour illustrer notre propos, prenons pour exemple deux événements tragiques qui ont profondément ému l'opinion publique en France à la fin de l'année 2020. Le 16 octobre 2020 a eu lieu un odieux assassinat : un jeune musulman radicalisé (d'origine tchétchène) a tué un professeur d'histoire-géographie à Conflans-Sainte-Honorine à la sortie de son collège. Le motif du meurtre était apparemment que l'enseignant, M. Samuel Paty, avait montré dans son cours d'éducation civique des caricatures du Prophète en vue d'illustrer une discussion sur la liberté entre les élèves de sa classe. Ces caricatures, publiées initialement en 2006 dans un journal danois et reprises plus tard par Charlie Hebdo, ont soulevé un grand

---

17. Le cas de M. Matthieu Faucher est une bonne illustration de ce que l'on pourrait appeler le laïcisme d'État. En mars 2017, cet instituteur (agnostique) de Malicornay (Indre) fut accusé de prosélytisme religieux et sanctionné par le ministère de l'Éducation nationale pour avoir inclus des textes bibliques dans un cours d'enseignement du fait religieux. Il fut lavé de tout soupçon de prosélytisme par le tribunal de Limoges (en 2019). Le ministère de l'Éducation nationale ayant fait appel, ce n'est qu'en décembre 2020 que justice fut entièrement rendue à M. Faucher par la Cour administrative d'appel de Bordeaux.

émoi dans le monde musulman, ce qui malheureusement a abouti à de nombreux assassinats dans divers pays du monde.

Le meurtre (par décapitation) de M. Paty est et demeure inexcusable, injustifiable. La question est de savoir s'il était opportun d'utiliser ces caricatures comme moyen de stimuler le débat dans une classe où il y avait un certain nombre de jeunes élèves musulmans. Dans les jours qui ont suivi ce meurtre, la presque totalité des responsables politiques ont défendu bec et ongles le droit de publier et d'utiliser ces caricatures au nom de la sacro-sainte liberté d'expression, qui doit inclure le droit au blasphème. Soit ! La question est de savoir s'il était approprié d'illustrer ce débat par des caricatures potentiellement offensantes dans une classe d'adolescents de diverses origines. Dans une lettre adressée aux instituteurs en 1883, Jules Ferry, le père de l'école publique et laïque, les mettait en garde contre un usage inadéquat de l'exercice de leur métier. Il leur recommandait de remplir leur mission avec une extrême prudence[18] :

> Vous êtes l'auxiliaire et, à certains égards, le suppléant du père de famille : parlez donc à son enfant comme vous voudriez que l'on parlât au vôtre ; avec force et autorité, toutes les fois qu'il s'agit d'une vérité incontestée, d'un précepte de la morale commune ; avec la plus grande réserve, dès que vous risquez d'effleurer un sentiment religieux dont vous n'êtes pas juge.
>
> Si parfois vous étiez embarrassé pour savoir jusqu'où il vous est permis d'aller dans votre enseignement moral, voici une règle pratique à laquelle vous pourrez vous tenir. Au moment de proposer aux élèves un précepte, une maxime quelconque, demandez-vous s'il se trouve à votre connaissance un seul honnête homme qui puisse être froissé de ce que vous allez dire. Demandez-vous si un père de famille, je dis un seul, présent à votre classe et vous écoutant pourrait de bonne foi refuser son assentiment à ce qu'il vous entendrait dire. Si oui, abstenez-vous de le dire ; sinon parlez hardiment : car ce que vous allez communiquer à l'enfant, ce n'est pas votre propre sagesse ; c'est la sagesse du genre humain, c'est une de ces idées d'ordre universel que plusieurs siècles ont fait entrer dans le patrimoine de l'humanité.

---

18. Le texte de cette lettre dans son intégralité est disponible en ligne à l'adresse suivante : https://enseignement-moral-civique-pedagogie.web.ac-grenoble.fr/content/jules-ferry-1832-1893-lettre-aux-instituteurs.

La belle devise de la République française « Liberté, Égalité, Fraternité » semble parfois se réduire au premier mot alors que les deux autres sont tout aussi importants. Le troisième l'est d'autant plus dans une société pluriculturelle ; or, dans le discours officiel, il a l'air d'être le maillon faible de la devise républicaine[19]. Si l'on veut préserver la cohésion sociale, lutter efficacement contre l'idéologie islamiste et le terrorisme et encourager plus de musulmans à s'engager résolument dans une compréhension de leur religion qui soit compatible avec la laïcité, il faut que celle-ci soit une laïcité d'inclusion ouverte et sensible à tous les courants de pensée et à toutes les religions.

Peu de temps après l'attentat du 16 octobre il y en a eu un autre, le 29 octobre, dans la basilique de Nice. L'auteur était un jeune Tunisien (un immigré clandestin arrivé en France quelques jours plus tôt) qui a tué deux femmes et un homme dans l'enceinte même de l'église. À peine dix jours plus tard, les évêques de France ont publié un communiqué de presse d'une grande perspicacité. Voici l'essentiel de ce texte[20] :

> En s'associant à l'hommage national qui est rendu aujourd'hui à Simone, Nadine et Vincent, les évêques de France interpellent tous leurs compatriotes :
>
> Et si nous commencions par le respect et la fraternité ?
>
> La liberté doit être défendue, sans faiblesse. Est-ce à dire que la liberté d'expression ne doit connaître aucune retenue vis-à-vis d'autrui et ignorer la nécessité du débat et du dialogue ?
>
> Oui, les croyants, comme tous les citoyens, peuvent être blessés par des injures, des railleries et aussi par des caricatures offensantes.
>
> Plus qu'à des lois supplémentaires, nous invitons chacun, en conscience, au respect.
>
> « Liberté, égalité, fraternité » : la fraternité est une valeur républicaine. Notre exercice de la liberté ne peut pas l'ignorer. Nous

---

19. Le 6 juillet 2018, le Conseil constitutionnel a émis un avis consacrant le « principe de fraternité », qui a eu pour effet de lever les charges qui pesaient sur M. Cédric Herrou. Ce dernier, un agriculteur originaire de la région niçoise, était venu en aide en 2016 à des milliers de migrants qui avaient franchi la frontière franco-italienne. M. Herrou a témoigné de son expérience dans un livre (intitulé *Change ton monde*), et il a créé en 2019 la Communauté Emmaüs Roya.
20. On peut lire ce communiqué de presse intitulé « Pas de vraie liberté sans respect et sans fraternité » dans son intégralité sur le site de la Conférence des évêques de France : https://eglise.catholique.fr/espace-presse/communiques-de-presse/508409-de-vraie-liberte-respect-fraternite/.

devons en tenir compte dans nos comportements individuels et collectifs, personnels et institutionnels.

Nous vous partageons notre conviction profonde : la liberté grandit quand elle va de pair avec la fraternité.

Comme le dit Saint-Paul : « "Tout est permis", dit-on, mais tout n'est pas bon. "Tout est permis", mais tout n'est pas constructif. Que personne ne cherche son propre intérêt, mais celui d'autrui » (1 Cor 10.23-24).

Il est temps de réfléchir à la manière dont nos institutions collectives et nos comportements individuels doivent promouvoir le respect et déployer la fraternité.

Cette réflexion urgente doit être engagée par les pouvoirs publics.

Elle concerne chacun d'entre nous. Elle nous concerne tous.

(Les évêques de France, réunis en Assemblée plénière le 7 novembre 2020.)

Un meurtre est toujours un meurtre et rien ne peut excuser les meurtriers qui ont assassiné, par exemple, les journalistes de Charlie Hebdo, ou M. Samuel Paty. Mais la question demeure : si la liberté d'expression n'est pas absolue, quelles sont ses limites ? La loi reconnaît que l'une de ces limites est l'incitation à la haine et à la violence (xénophobie, homophobie, etc.). Peut-on aller plus loin et plaider en faveur de la priorité à la fraternité qui implique évidemment la liberté et l'égalité ? La fraternité semble être de nos jours le parent pauvre de la devise républicaine. N'est-elle pas la valeur qui favorise le plus le vivre-ensemble dans une société composée de membres d'origines différentes (ethniques, religieuses, culturelles) ? On ne peut certes pas légiférer à propos de fraternité, mais c'est à chacun de nous de prendre au sérieux ses responsabilités et de déterminer en son âme et conscience quel serait le comportement fraternel dans telle ou telle circonstance.

4

L'islam radical

Les actes terroristes perpétrés au nom de l'islam sont devenus récurrents au cours des deux dernières décennies, en France comme dans de nombreux autres pays. Ce phénomène a connu son apogée lors de la courte vie (2014-2019) de l'État islamique en Irak et en Syrie, ISIS ou *Daech* selon son acronyme arabe, qui ne fut reconnu par aucun pays islamique. L'effondrement progressif de cette organisation n'a pas mis fin à son idéologie meurtrière comme en témoignent les multiples attentats auxquels on a récemment assisté en France comme en d'autres endroits dans le monde.

Ces attentats posent la question de la relation de l'islam à la politique et à la violence. Pour certains, l'islam n'a rien à voir avec les actes terroristes commis en son nom par des hommes (et des femmes) qui n'ont de musulman que le nom. Pour d'autres, la violence est inhérente à l'islam et les terroristes trahissent le véritable visage de cette religion. D'ailleurs, eux-mêmes se considèrent comme les seuls représentants légitimes de l'islam.

Ce chapitre se propose d'analyser les rapports complexes entre l'islam et la violence. Son objectif est de montrer que la violence n'est pas entièrement étrangère à l'islam, même si l'on ne peut réduire cette religion aux caricatures qu'en donnent les extrémistes. La conclusion offrira une réponse chrétienne à la violence islamiste.

Définitions

D'abord, il convient de faire une distinction entre les mots « force » et « violence », car il semble parfois que tout usage de la force est assimilé par certains à de la violence. On pourrait définir la violence comme l'usage illégitime ou disproportionné de la force. Pourvu qu'elle soit mesurée, la force exercée pour appliquer le droit n'est pas synonyme de violence. La violence ainsi définie peut être le fait d'individus, d'organisations ou de l'État (et de ses représentants).

Elle peut se manifester sous différentes formes, directes ou indirectes, par des hommes ou des institutions.

De nos jours, beaucoup de gens, musulmans et non-musulmans, répugnent à utiliser des expressions telles que « terroristes musulmans » ou bien « terrorisme islamique », qui pourraient suggérer un lien intrinsèque entre l'islam et le terrorisme. Il ne faut pas stigmatiser les musulmans, dit-on, en faisant un amalgame entre les musulmans et les terroristes se réclamant de l'islam. D'où l'utilisation de nouveaux vocables tels que « djihadistes » ou « islamisme ». Notons que *djihadiste* est un mot très négatif lorsqu'il est employé par des Occidentaux alors que les *moudjahidines* d'Afghanistan étaient considérés par les mêmes personnes comme des combattants de la liberté cherchant à libérer leur pays (dans les années 1980) du joug de l'armée soviétique. Or ces deux mots très voisins dérivent de la même racine arabe, *djihad*, et, strictement parlant, ils ont à peu près le même sens. Cela met en lumière les présupposés de tout jugement moral. Ce jugement est toujours influencé par la religion, l'idéologie ou les valeurs auxquelles on croit : terroristes pour les uns, libérateurs ou martyrs pour les autres.

Selon la théologie ash'arite, la plus représentative en théologie musulmane, les musulmans qui sont dans l'erreur doctrinale ou qui désobéissent à la loi divine demeurent des musulmans, voire des croyants, aussi longtemps qu'ils adhèrent à la *chahada*, la double confession de foi en Dieu et son dernier prophète, ce qui est sûrement le cas des djihadistes. Selon l'école mu'tazilite, une autre école théologique importante, les musulmans ayant commis un grand péché (p. ex. meurtre) ne sont pas des croyants ni des non-croyants, ils ont un statut intermédiaire. Toutefois, les musulmans doivent les traiter ici-bas comme des musulmans (et doivent donc leur donner des funérailles religieuses). Autrement dit, il n'est pas théologiquement faux, d'un point de vue islamique, de parler de « musulmans terroristes » (ou de terrorisme islamique), surtout lorsqu'il s'agit de musulmans autoproclamés. Toutefois, pour ne pas risquer l'amalgame, c'est-à-dire donner à penser que l'islam est par nature violent, nous éviterons des expressions telles que terrorisme islamique ou musulmans terroristes.

Il convient aussi de distinguer entre le djihadisme et l'islamisme. L'islamisme renvoie à l'idéologie de l'islam radical dans lequel la dimension politique de la religion est prépondérante. Tous les musulmans radicaux ne cautionnent pas l'usage de la violence pour atteindre leurs objectifs. En revanche, les djihadistes sont des musulmans extrémistes qui non seulement adhèrent à l'idéologie de l'islam radical, mais se donnent tous les moyens pour parvenir à leurs fins, y compris la violence. Autrement dit, la légitimation du recours à la violence est ce qui différencie le djihadisme de l'islamisme, même si les djihadistes ne passent pas toujours aux actes en commettant un attentat ou en combattant au sein d'une organisation terroriste. Les statistiques montrent qu'au cours de la dernière décennie les « djihadistes non pratiquants » ont été bien plus nombreux que les djihadistes qui ont effectivement eu recours à la violence (77 % contre 23 %)[1].

L'idéologie de l'islam radical se caractérise par des rapports binaires et antagonistes entre Dieu et l'homme, l'islam et les autres religions, les musulmans et les non-musulmans, la communauté et l'individu, l'homme et la femme, la communauté musulmane et les pays non musulmans.

Le danger de stigmatiser les musulmans en voyant en eux de potentiels terroristes est bien réel. En effet, l'écrasante majorité des musulmans n'est pas prête à s'engager dans la violence, même si un nombre significatif d'entre eux (parmi les musulmans conservateurs notamment) éprouve de la sympathie voire de l'admiration pour les djihadistes, en raison de leur engagement entier et de la noblesse de leur cause, fût-elle mal défendue. Si, par pure hypothèse, on évaluait à l'échelle mondiale le nombre de djihadistes (c.-à-d. de musulmans disposés à commettre eux-mêmes des attentats) à dix-huit millions, quel serait leur pourcentage par rapport à la communauté musulmane dans son ensemble ? Pour étonnante qu'elle soit, la réponse est un pour cent ! Un seul djihadiste, c'est un de trop, car on ne doit avoir aucune complaisance dans ce domaine, d'autant plus qu'une minorité active est capable de provoquer de très grands dégâts. En revanche, il est important de mettre les choses en perspective et de ne pas se laisser impressionner par l'image véhiculée par les seuls médias. Ceux-ci déforment la réalité, non pas intentionnellement, mais par vocation pour ainsi dire, car ils s'intéressent à ce qui est exceptionnel, sensationnel, éventuellement ce qui est susceptible de faire vendre des journaux et des livres. Les millions de musulmans pacifiques n'ont pas grand intérêt pour eux. Il n'y a que les accidents (de train, d'avion, de bus, etc.) qui attirent la une des journaux.

La communauté musulmane est une communauté du « juste milieu »

Le Coran décrit la communauté musulmane comme une communauté du juste milieu, *oummatan wasatan* : « Nous (Dieu) avons fait de vous une communauté

---

1. Une étude récente recense, pour la France, 2 500 djihadistes dans les années 2010 dont 1 400 ont rejoint les rangs de Daech en Syrie (900 pour le Royaume-Uni et l'Allemagne, et 600 pour la Belgique) et 1 100 détenus dans les prisons françaises. La très grande majorité (89 %) sont nés en France, quoique la plupart soient d'ascendance étrangère. Les femmes représentent 15 % des djihadistes. Voir Hakim EL KAROUI et Benjamin HODAYÉ, *Les militants du djihad. Portrait d'une génération*, « INTRODUCTION. Le djihadisme au-delà du terrorisme », Paris, Fayard, 2021.

éloignée des extrêmes » (2.143). Nous avons relevé dans le chapitre 1 « L'islam comme religion » que dans la pensée islamique l'islam est considéré comme supérieur au judaïsme et au christianisme sur le plan religieux, moral et pénal. Sur le plan religieux, le christianisme est tenu pour une religion idéaliste, car il prône le pardon inconditionnel et n'a pas de code criminel (Mt 18.21-22).

Il est vrai que le christianisme n'a pas d'agenda politique ni de programme socioéconomique. Le Christ n'a pas voulu assumer un rôle politique à la tête de son peuple (Jn 6.15), et il a refusé d'exercer une fonction judiciaire (Lc 12.14). Il a ouvertement déclaré que sa royauté n'était pas de ce monde (Jn 18.36), bien que son royaume pacifique soit appelé à se propager dans ce monde comme en témoigne la mission confiée à ses disciples (Ac 1.8).

À la différence du christianisme, l'islam est compris par la tradition islamique comme une religion politique dans le sens que cette religion a pour ambition d'étendre le règne de la charia à l'intérieur de la communauté musulmane et au-delà de ses frontières. Ce règne doit d'abord s'exercer par la force de la loi, mais sans exclure la force des armes si nécessaire. La charia est dotée de lois équilibrées, ni trop indulgentes ni trop rigoureuses sur le plan pénal, ni idéalistes ni pragmatiques sur le plan religieux, ni permissives ni trop exigeantes sur le plan moral.

La charia souligne que la vie humaine est sacrée. Les musulmans sont des frères (49.10). Celui qui tue un croyant doit s'attendre à recevoir un châtiment éternel, sauf s'il l'a fait par erreur (4.92-93). À la différence du code pénal mosaïque, le code pénal islamique (comme le ch. 1 l'a montré) prescrit la peine capitale dans trois cas seulement : meurtre, apostasie et immoralité sexuelle impliquant des personnes mariées. On cite souvent un texte coranique, qui reprend apparemment un texte de la Torah, soulignant à quel point la vie humaine est précieuse : « Voilà pourquoi Nous (Dieu) avons prescrit aux enfants d'Israël que quiconque tuerait une personne sans que celle-ci ait tué ou semé la corruption sur la terre, [serait considéré] comme s'il avait tué l'humanité tout entière. Quiconque ferait revivre une personne [serait considéré] comme s'il avait fait revivre l'humanité tout entière[2] » (5.32). Notons que le texte qui suit immédiatement ce verset promet un châtiment cruel aux non-croyants qui sont hostiles à Dieu et à son Prophète : « La rétribution de ceux qui font la guerre contre Dieu et son Prophète et qui sèment la corruption sur la terre sera non seulement d'être tués ou crucifiés [...], mais opprobre en ce monde et châtiment terrible dans l'au-delà » (5.33).

---

2. Selon le Pr Pierre Lory, il se pourrait que ce verset coranique soit une réminiscence de la Mishna juive (Sanhédrin 4:5).

Les auteurs musulmans expliquent qu'il s'agit dans ce texte de répondre fermement aux non-musulmans qui déclarent la guerre à la communauté musulmane. Ainsi, la violence gratuite ou la guerre offensive n'est pas autorisée par la loi islamique : « Combattez dans le chemin de Dieu ceux qui vous combattent, mais ne transgressez pas, car Dieu n'aime pas les transgresseurs » (2.190 ; cf. 22.39-40). Pour la plupart des savants musulmans, le djihad légitime est un djihad défensif qui a pour objectif de défendre une communauté musulmane opprimée ou persécutée. Il doit en tout état de cause obéir à certaines règles, notamment la préservation des populations civiles (surtout femmes, enfants et personnes âgées).

Le chapitre précédent a montré que la modération de la loi islamique en matière pénale (p. ex. en cas d'apostasie) n'est pas avérée, pas plus que son juste traitement des non-musulmans, du moins si on la considère à l'aune de la Déclaration universelle des droits de l'homme. Le concept du « juste milieu » est peut-être à réinterpréter dans les sociétés sécularisées où vivent bon nombre de musulmans. Peut-on penser que la communauté musulmane est une communauté éloignée des deux extrêmes dans le sens qu'elle ne s'identifie ni à une société sans religion (comme la société occidentale) ni aux groupes minoritaires de musulmans djihadistes qui prennent l'islam en otage ? Les musulmans seraient ainsi des croyants modérés, mais tout aussi déterminés à vivre pleinement leur foi sans recourir à la force. Pour les chrétiens vivant dans des pays occidentaux, dont la culture s'éloigne de plus en plus des valeurs évangéliques, la modération signifie aussi promouvoir l'Évangile sans chercher à l'imposer aux autres.

Peut-on concevoir la modération islamique en ces termes ? C'est évidemment aux musulmans de répondre. Une chose est sûre : le concept de djihad dans la tradition islamique n'est pas défini seulement en termes de guerre. Selon un propos du Prophète, « le vrai combattant, *mujahid*, est celui qui combat contre sa personne[3] ». Il est question ici d'un combat spirituel contre le mal que l'on porte en soi et qui peut se manifester sous différentes formes : violence, haine, vengeance, convoitise, cupidité, hypocrisie, etc.

Selon une autre parole attribuée au Prophète, « le meilleur djihad est accompli lorsque l'on prononce une parole de vérité devant un chef politique injuste[4] ». Il est donc possible de comprendre le djihad dans le sens d'un engagement spirituel, moral, social, politique et même économique. C'est au nom d'un tel djihad que, depuis plus d'un siècle, des réformateurs musulmans appellent leurs peuples à lutter contre les maux de la société (illettrisme, despotisme, corruption,

---

3. Tirmidhi, *fada'il al-jihad* (vertus du djihad) 2.
4. Abu Dawud, *malahim* (batailles épiques) 17.

discrimination contre les femmes, etc.). N'y aurait-il pas aujourd'hui un véritable combat à engager contre la violence perpétrée sous le couvert de l'islam, lequel porte un énorme préjudice à cette religion ?

Racines religieuses de l'islamisme

L'islam radical s'abreuve à deux sortes de sources, religieuses et non religieuses. Il nous faut passer en revue ces différentes sources, en commençant par les sources religieuses qui alimentent l'idéologie de l'islamisme.

Le Coran

Le mot *jihad* signifie littéralement « lutte » ou « combat ». Cette lutte, comme nous venons de le voir, peut prendre plusieurs formes. Ce mot est aussi un nom donné par certains parents, chrétiens aussi bien que musulmans, à leurs nouveau-nés de sexe masculin. Aujourd'hui, il désigne surtout la lutte armée déclarée par certains groupes et individus qui justifient leur combat par des références empruntées au Coran et à la Tradition prophétique.

À La Mecque, Muhammad devait ignorer ses ennemis plutôt que de les combattre. Peu après sa migration à Médine en 622, il reçut une nouvelle révélation l'autorisant à combattre ses ennemis : « Combattre vous a été prescrit bien que vous l'ayez en aversion. Il se peut que vous ayez de l'aversion pour une chose qui est un bien pour vous, et il se peut que vous aimiez une chose qui est un mal pour vous. Dieu sait mais vous, vous ne savez pas » (2.216). Le verbe utilisé dans ce verset, *qaatala*, de la racine *qatala* « tuer », ne peut signifier qu'une seule chose : combattre les armes à la main. Il a à peu près le même sens que *haaraba*, faire la guerre. La lutte armée contre les mécréants est donc une obligation pour les musulmans. Cette lutte est même sacralisée dans certains textes coraniques, comme celui-ci : « Quiconque est ennemi de Dieu, de Ses anges, de Ses envoyés [...] alors oui, Dieu est l'ennemi des mécréants » (2.98). Dans ce contexte de conflit religieux, le Prophète devait prendre toute sa part en conduisant les musulmans au combat contre les mécréants et le « Peuple du Livre », dont une bonne partie est accusée de perversité (3.110-115). Voici les deux principaux textes évoqués par les auteurs musulmans comme exemples de ce qu'il est convenu d'appeler « le Verset au sujet de l'Épée », *ayat al-sayf* :

> Lorsque les mois sacrés seront expirés, tuez les polythéistes partout où vous les trouverez ; capturez-les, assiégez-les, dressez-leur des

embuscades. S'ils se repentent, font la prière, et font l'aumône, laissez-les libres. Dieu est Miséricordieux et Bon. (9.5)

Faites la guerre à ceux qui ne croient ni en Dieu ni au Dernier Jour et qui ne déclarent pas illicite ce que Dieu et Son Envoyé ont déclaré illicite, et qui ne professent pas la vraie religion, parmi le Peuple du Livre, jusqu'à ce qu'ils paient la *jizya* de leurs propres mains et qu'ils soient humiliés. (9.29)

Ces deux textes se trouvent dans la seule sourate du Coran qui ne commence pas par l'invocation de la bonté divine. Le premier verset enjoint aux musulmans de combattre les polythéistes arabes et de les mettre à mort s'ils ne se convertissent pas à l'islam. Le second ordonne aux musulmans de ne pas épargner les juifs et les chrétiens, désignés sous le vocable « Peuple du Livre », car ils ne suivent pas la vraie religion. Les polythéistes doivent être combattus jusqu'à ce qu'ils embrassent l'islam tandis que les juifs et les chrétiens ne sont pas obligés de se convertir à l'islam. Ils sont tenus cependant de reconnaître l'autorité supérieure de l'islam et de s'y soumettre en payant la *jizya*, « l'impôt de protection », en gage de leur soumission.

Ces deux textes ne sont pas les seuls à inciter les musulmans à mener la guerre contre leurs ennemis jusqu'à ce que ces derniers déposent les armes. Il y en a bien d'autres (p. ex. 4.88-91 ; 8.65 ; 9.73 ; 25.52 ; 47.4 ; 61.11). La promesse du paradis est faite aux musulmans qui meurent au combat : « Ne crois surtout pas que ceux qui ont été tués dans le chemin de Dieu sont morts. Au contraire ! Ils sont vivants et pourvus de leur rétribution auprès de leur Seigneur. Ils sont heureux de la grâce que Dieu leur a accordée » (3.169-170 ; cf. 3.195 ; 4.95-96 ; 61.10-11).

La Tradition prophétique

Le Hadith est la seconde source de la foi islamique, après le Coran, et son autorité lui est inférieure. Nous trouvons dans les neuf recueils canoniques de la Tradition prophétique de nombreux chapitres consacrés à la guerre contre les non-musulmans : à titre d'exemple, jihad, les mérites du jihad, les expéditions militaires, *jizya*, butins de guerre, etc. Selon un propos attribué au Prophète, celui-ci jouissait de cinq privilèges qui ne furent octroyés à aucun prophète avant lui. Parmi ces privilèges se trouve la terreur qu'il inspirait à ses ennemis longtemps avant qu'il ne les ait affrontés sur le champ de bataille ainsi que le droit de s'emparer du butin de guerre[5].

Les récits du Hadith confirment les promesses coraniques faites aux martyrs potentiels. L'un de ces récits énumère sept récompenses qui attendent le martyr, parmi lesquelles on compte : le pardon immédiat de ses péchés, le droit d'intercéder au Jour du jugement en faveur de soixante-dix membres de sa famille ainsi que le mariage avec soixante-douze *houris* (femmes belles aux grands yeux)[6]. La doctrine islamique ne donne pas l'assurance du salut aux musulmans. Avant d'accéder au paradis, beaucoup devront passer en enfer le temps nécessaire à l'expiation de leurs péchés. Aussi la promesse d'un accès direct au paradis grâce au martyre est sans doute de nature à séduire nombre de croyants anxieux quant à leur destinée éternelle.

Le modèle prophétique

Pour toute communauté de croyants, la vie du fondateur revêt une grande importance. Il en va de même de la communauté musulmane. Le Coran déclare explicitement que Muhammad est un excellent modèle pour tous les musulmans (33.21). Or Muhammad fut à la fois un prophète et un chef militaire à succès. La victoire qu'il a obtenue sur ses ennemis est même considérée par les théologiens musulmans comme l'une des principales preuves de l'origine divine de sa mission. Parmi les paroles qu'on lui attribue, celle-ci intervient dans le Hadith dans des contextes variés :

> J'ai reçu l'ordre de combattre les hommes sans relâche jusqu'à ce qu'ils professent qu'il n'y a pas d'autre divinité que Dieu et que Muhammad est l'Envoyé de Dieu, qu'ils accomplissent la prière et qu'ils paient l'aumône légale, *zakat*. Le jour où ils feront tout cela, leurs vies et leurs biens seront respectés par moi, sauf quand l'islam permet d'y porter atteinte. Pour le reste ils ne devront de comptes qu'à Dieu[7].

Les musulmans ont tous le désir d'imiter le Prophète, qu'ils vénèrent de tout leur cœur. Certains cherchent à l'imiter dans les moindres détails (p. ex. en se laissant pousser la barbe). La carrière militaire du Prophète, qui fait partie

---

5. Bukhari, *salat* (prière rituelle) 56.
6. Ibn Majah, *jihad* (combat) 16.
7. Bukhari, *iman* (foi) 17. Rappelons que le code pénal permet d'attenter à la vie d'un homme (ou d'une femme) dans les cas de meurtre, d'apostasie et d'infidélité conjugale.

intégrante de sa vie, est aussi de nature à séduire des musulmans lorsque les circonstances extérieures s'y prêtent, comme nous allons le voir.

La tradition islamique

Dans la pensée islamique classique, les rapports des musulmans avec les non-musulmans sont envisagés selon la « maison » (ou demeure) à laquelle ces derniers appartiennent. La communauté musulmane se trouve dans « la maison de paix » (cf. 10.25). Les musulmans n'ont donc rien à craindre les uns des autres, en théorie du moins. Les nations non musulmanes appartiennent à l'une ou l'autre des deux maisons : soit à « la maison de guerre » s'ils sont hostiles à la *oumma*, soit à « la maison de pacte ». La signature d'un traité de bonne entente avec la communauté musulmane permet aux non-musulmans de vivre en paix avec les musulmans. La division du monde est ainsi faite selon des critères religieux.

Les islamistes ont beaucoup de griefs à l'encontre de leurs propres gouvernements aussi bien que des gouvernements occidentaux. Ils considèrent que les traités de coopération signés entre les pays musulmans et les nations occidentales sont fondés sur des intérêts communs qui ne servent pas les peuples musulmans. Aussi ces nations appartiennent à « la maison de guerre » et sont donc des cibles légitimes au même titre que leurs propres gouvernements qu'ils cherchent à renverser.

La théologie islamique

La théologie islamique classique définit les non-musulmans, y compris les juifs et les chrétiens, selon des critères religieux. Ils sont des mécréants, *kuffar*. Cette théologie imprègne profondément la mentalité des musulmans, surtout les islamistes d'entre eux.

Le concept biblique de « prochain », qui définit les hommes selon leur commune humanité, n'existe pas dans la pensée islamique traditionnelle. Il est vrai qu'un propos prophétique enjoint au musulman de souhaiter pour son frère ce qu'il souhaite pour lui-même : « Aucun de vous n'aura vraiment la foi s'il ne désire pas pour son frère ce qu'il désire pour lui-même[8]. » La question est de

---

8. Bukhari, *iman* (foi) 7. Il n'est pas rare que des musulmans bien intentionnés traduisent ce propos d'une façon très libre : « Aucun de vous n'aura vraiment la foi s'il n'aime son frère comme il s'aime lui-même. » Le verbe *ahabba* accompagné de la préposition *li* signifie désirer ou souhaiter, et non pas aimer.

savoir qui est ce frère : est-ce le frère dans la foi ou le frère en humanité ? Dans le récit parallèle que l'on trouve dans une autre compilation canonique, la tête de chapitre est intitulée : « Chapitre sur les caractéristiques de la foi qui consiste à désirer pour ton frère *musulman* le bien que tu désires pour toi-même. » Dans ce chapitre, la parole du Prophète est rapportée en ces termes : « Aucun serviteur n'a la foi tant qu'il ne désire pour son frère, ou bien il a dit : pour son voisin, ce qu'il désire pour lui-même[9]. » Le mot arabe traduit ici par « voisin » est *jar*, qui signifie en réalité la personne qui habite non loin de chez soi. Les deux chapitres qui suivent traitent de l'obligation d'entretenir de bons rapports avec le voisinage. Autrement dit, ce propos prophétique concerne soit le frère dans la foi, soit « le voisin » qui habite dans le même quartier.

La répartition des hommes en fonction de leur foi favorise un certain sentiment de suspicion à l'égard des non-musulmans, de musulmans non conformistes ou de musulmans d'une autre confession, par exemple les sunnites à l'égard des chiites et vice versa. Aux premiers siècles de l'ère islamique, il existait un petit groupe de musulmans appelés les *kharijites*, qui considéraient tous les autres musulmans comme des non-croyants. Ce groupe de jusqu'au-boutistes excommuniait tout musulman qui ne se conformait pas d'une façon stricte et scrupuleuse à toutes les obligations de la religion. Cette théologie exclusiviste semble avoir refait surface chez les islamistes contemporains. Ces derniers ont tendance à excommunier tous les musulmans qui ne pensent pas comme eux et qui ne pratiquent pas l'islam comme eux, et à les déclarer comme non-musulmans.

L'histoire islamique

Après la mort du Prophète, le calife Abu Bakr prit sa place à la tête de la communauté musulmane. Son règne de deux ans (632-634) fut marqué par les « guerres d'apostasie » dont le but était de faire revenir à l'islam les tribus arabes qui avaient fait sécession en déclarant ne plus vouloir suivre la religion fondée par Muhammad. Les sunnites appellent les quatre califes qui ont succédé à Muhammad « les Califes Bien Guidés ». C'est durant leur règne (632-661) que la communauté musulmane a connu des guerres intestines (notamment entre musulmans sunnites et chiites), mais aussi une expansion remarquable au nord,

---

9. Muslim, *iman* (foi) 18 (italiques ajoutés). La traduction arabe de la Bible utilise, à propos du commandement sur l'amour du prochain, non pas le mot *jar*, mais *qarib*, littéralement « proche », c'est-à-dire tout être humain, particulièrement les personnes les plus faibles comme cela est illustré dans la parabole évangélique du Bon Samaritain (Lc 10.27-35).

à l'est et à l'ouest de l'Arabie. Un siècle après la mort du Prophète, les armées musulmanes étaient parvenues jusqu'à Poitiers, dans le centre de la France, après avoir pris les rênes du pouvoir dans tout le Proche-Orient, l'Afrique du Nord et l'Espagne. Elles avaient aussi conquis de vastes territoires s'étendant de l'Irak jusqu'au fleuve Indus à l'est.

L'islam s'est propagé dans le monde par divers moyens, tels que la prédication et le commerce, mais aussi par la force des armes grâce à la puissance des empires omeyyade, abbasside et ottoman. Constantinople, la capitale de l'Empire byzantin, est tombée aux mains des Ottomans en 1453 et est devenue plus tard la capitale de leur empire sous un nouveau nom : Istanbul. L'armée ottomane avait déjà envahi et occupé des terres considérables dans le sud-est de l'Europe. Elle avait remporté la bataille historique du Kosovo contre l'armée serbe en 1389. Vienne elle-même fut assiégée deux fois (en 1529 et 1683), mais à deux reprises l'armée ottomane fut repoussée. En 1492, le dernier royaume islamique de la péninsule ibérique, Grenade, fut repris par les Espagnols. Cette même année marque également la découverte du Nouveau Monde par Christophe Colomb. Depuis lors, la civilisation musulmane semble être en déclin et l'influence européenne en hausse.

Les islamistes se remémorent avec nostalgie ce qu'ils considèrent comme l'âge d'or de l'islam, notamment le règne des quatre premiers successeurs du Prophète, marqué par une extension remarquable de l'empire islamique. Ils déplorent la perte de l'Andalousie qui fut sous domination islamique près de huit siècles. Autrement dit, l'histoire glorieuse et parfois sanglante des empires islamiques demeure gravée dans la mémoire collective des musulmans. Les islamistes veulent par l'application rigoureuse de la charia prendre leur revanche sur l'histoire, et ressusciter un passé mythifié et disparu depuis longtemps.

Racines non religieuses de l'islamisme

Les six racines religieuses de l'islam radical que nous venons de passer en revue nourrissent l'idéologie islamiste lorsqu'elles sont acceptées sans examen critique. Les versets coraniques et les récits prophétiques sont pris au pied de la lettre, sans tenir compte de leur contexte historique. La théologie et la tradition islamiques sont interprétées comme si le monde dans lequel nous vivons n'avait pas changé depuis mille quatre cents ans. S'appuyant sur le modèle prophétique et s'inspirant de ce que les musulmans eux-mêmes appellent « les conquêtes islamiques », grâce auxquelles l'islam a occupé de vastes territoires, les islamistes rêvent de restaurer le califat dans un monde islamique plus que jamais divisé. Cette lecture atemporelle du patrimoine islamique est favorisée voire dictée par le contexte dans lequel vivent les musulmans de nos jours. Ce contexte international, régional et national peut expliquer que l'idéologie islamiste continue de séduire un certain nombre de musulmans ordinaires, en particulier les jeunes. Ce contexte représente les racines non religieuses de l'islam radical et il nous faut maintenant essayer de le comprendre.

Protestation politique

L'islamisme représente d'abord une protestation contre la domination politique subie par les musulmans depuis plusieurs siècles. Entre les deux guerres mondiales, tous les pays musulmans étaient contrôlés par des puissances étrangères, en particulier la Grande-Bretagne, la France, l'Italie et les Pays-Bas. Toutes ces puissances européennes étaient de tradition chrétienne. Il n'y avait que trois pays musulmans qui étaient restés indépendants : l'Arabie, la Turquie et l'Afghanistan. Cette hégémonie politique signifiait aussi, dans nombre de pays, l'oppression intermittente de la population locale et l'exploitation des ressources naturelles des pays concernés.

Les régimes au pouvoir dans la plupart des pays islamiques sont autoritaires. Cela favorise directement ou indirectement l'éclosion d'un islam radical, dans la mesure où la mosquée devient le seul lieu d'expression libre et d'opposition. Parmi les opposants religieux au pouvoir, certains s'engagent dans le terrorisme et ils sont souvent emprisonnés, torturés et même assassinés. D'autres quittent leur pays et cherchent souvent à se réfugier dans un pays occidental. Le statut de réfugié leur laisse la liberté d'opinion et d'expression dont certains usent (et abusent). Cela leur permet de poursuivre leur engagement idéologique qui se trouve parfois renforcé en réaction à tout ce qui, dans les sociétés occidentales, est perçu comme allant à l'encontre des valeurs islamiques. Le cas le plus connu à cet égard est celui de l'ayatollah Khomeiny qui, après s'être réfugié en Irak, fut expulsé par Saddam Hussein avant de venir en France. Depuis sa résidence à Neauphle-le-Château, il poursuivit sa lutte contre le régime oppressif du chah jusqu'à son retour triomphal en Iran en 1979, suivi par l'établissement de la République Islamique d'Iran.

La décolonisation entamée au lendemain de la Seconde Guerre n'a pas totalement rompu les liens entre les pays européens et leurs anciennes colonies. Cela déplaît fortement aux islamistes qui évoquent un nouveau colonialisme, d'ordre économique et militaire, plus subtil que le colonialisme politique, mais non moins nuisible. Les groupes djihadistes opérant dans les pays subsahariens, tels que l'AQMI (Al-Qaïda dans le Maghreb Islamique), en veulent à mort à la France qu'ils combattent de toutes leurs forces à cause de son rôle de protecteur néocolonial de ces pays laïcs d'Afrique de l'Ouest. Ils n'ont pas trop de mal à recruter des combattants au sein d'une jeunesse désœuvrée. Certains jeunes se sentant impuissants à déterminer le cours de leur vie sont attirés par la puissance militaire attachée à l'idéologie djihadiste, d'autres finissent par céder à la tentation d'aller chercher un avenir meilleur en Europe de l'Ouest en bravant la mort par la traversée du Sahara et de la Méditerranée.

Les islamistes sont aussi très critiques des régimes en place dans les pays musulmans dont beaucoup sont corrompus et répressifs. Le GIA (Groupe Islamique Armé) est né en réaction au gouvernement algérien après qu'il eut pris la décision d'interrompre le processus démocratique, s'étant aperçu que les partis islamistes allaient remporter les élections de 1992. Le résultat fut une guerre civile pendant toute une décennie appelée la « décennie noire » (les années 1990).

La révolution iranienne de 1979 fut une réaction contre le régime dictatorial du chah soutenu par les pays occidentaux, les États-Unis en tête. Le chah lui-même fut porté au pouvoir en 1953 à la suite d'un coup d'État fomenté par la CIA et le MI6 (service d'intelligence britannique) qui a renversé le gouvernement démocratiquement élu de Mohamed Mossadegh.

L'Arabie Saoudite et les Émirats du golfe arabo-persique n'échappent pas aux critiques des islamistes. Le pays que beaucoup considèrent, non sans raison, comme le pays musulman le plus conservateur et le plus corrompu, est le meilleur allié des États-Unis (après Israël) au Proche-Orient. À cause de sa richesse pétrolière, les pays occidentaux se montrent très indulgents vis-à-vis de ce régime, sans doute l'un des plus répressifs au monde. La raison en est tout simplement les enjeux économiques, notamment les ventes d'armes par les États-Unis, la France et la Grande-Bretagne en particulier.

Quand des islamistes occupèrent la Kaaba à La Mecque (1989) et menacèrent d'effondrement le régime saoudien, ce sont des unités d'élite de la gendarmerie française qui furent appelées à la rescousse. Lorsque l'armée de Saddam Hussein envahit le Koweït (1990), c'est une coalition internationale, menée par les États-Unis, qui protégea le régime saoudien et libéra le Koweït (1991). Ce qui était inimaginable pour les musulmans se produisit alors, à savoir l'occupation de fait de la terre sainte de l'islam par une « armée de mécréants ». Le régime de Saddam avait été soutenu militairement par les pays occidentaux dans sa guerre sans merci contre la République Islamique d'Iran qui venait de naître (1980-1988). Le soutien apporté par les États-Unis aux Moudjahidines d'Afghanistan dans leur lutte contre l'Armée Rouge dans les années 1980 eut de très graves conséquences. Nombre de jeunes Arabes, qu'on appelait les Arabes afghans, firent leurs premières armes en Afghanistan où ils étaient venus combattre l'armée soviétique aux côtés des Moudjahidines. Parmi eux, il y avait Oussama bin Laden et son organisation, al-Qaïda, qui ont bien profité du soutien des États-Unis avant de retourner leurs armes contre leur allié d'hier (parmi les dix-neuf terroristes du 11 septembre 2001, tous membres d'al-Qaïda, il y avait onze citoyens saoudiens).

Ce n'est pas un hasard si les mouvements islamistes se sont développés dans des pays où la population se sentait opprimée. C'est le cas de la Bosnie et du Kosovo au lendemain de l'effondrement de la Yougoslavie. Au début des années 1990, les dirigeants serbes ont alors tenté de mettre la main sur les autres républiques formant la Fédération yougoslave, dont la Bosnie-Herzégovine, habitée par un grand nombre de musulmans.

Au Liban, les musulmans chiites ont créé le Hezbollah afin de libérer le Sud-Liban de l'occupation israélienne (1978-2000).

L'État islamique, Daech, fut fondé par d'anciens prisonniers de l'armée américaine en Irak, des djihadistes qui se sont alliés à d'anciens membres de l'armée irakienne, démantelée après l'invasion de l'Irak en 2003.

En Égypte, le mouvement des Frères musulmans, très influent dans le monde arabo-musulman, fut créé en 1928 pour résister à la colonisation britannique. C'est un membre d'un groupe islamiste issu de ce mouvement qui assassina en 1981 le président Sadate, qui avait signé un traité de paix avec Israël en 1979. En 2012, un leader des Frères musulmans, Mohamed Morsi, fut démocratiquement élu président de la République à la suite du « printemps arabe ». Cette élection intervint en réaction au régime dictatorial du président Hosni Moubarak (1981-2012), lui-même ancien chef militaire. La présidence de Morsi n'a duré qu'un an, car il fut renversé par son ministre de la Défense, Abdel Fattah al-Sissi, l'actuel président.

Les mouvements djihadistes palestiniens (p. ex. Hamas, Jihad islamique) se sont renforcés au lendemain de l'échec des négociations entre Israël et l'OLP (Organisation de Libération de la Palestine), qui visaient à appliquer les accords de paix d'Oslo (1993). La Cisjordanie est toujours sous occupation israélienne malgré la présence quasiment symbolique de l'Autorité Palestinienne. La bande de Gaza, évacuée par l'armée israélienne en 2005, subit un blocus israélien drastique (terrestre, aérien et maritime).

La plupart des musulmans (et beaucoup de chrétiens arabes) éprouvent une très grande solidarité envers le peuple palestinien. Plusieurs pays furent obligés par la force militaire de se conformer aux résolutions de l'ONU (Irak, Serbie, Indonésie). Israël, en revanche, n'a jamais été contraint d'appliquer les résolutions de l'ONU, en particulier la résolution 242 l'appelant à se retirer des territoires qu'il a occupés durant la guerre de 1967. Israël continue de jouir du soutien quasiment inconditionnel de la communauté internationale. Rien d'étonnant à ce que la politique des pays occidentaux soit perçue par de nombreux Arabes et musulmans comme une politique de deux poids deux mesures. Cette politique protège l'État juif et lui évite des sanctions comme celles qui furent imposées à l'Afrique du Sud au temps où ce pays était gouverné par un régime de ségrégation raciale.

Malgré la terreur que peuvent engendrer des attentats terroristes, le terrorisme est en réalité l'arme des faibles. La plupart de ses victimes sont des musulmans vivant dans des pays musulmans. L'hégémonie des pays occidentaux (et d'Israël) n'est pas simplement politique, elle est d'ordre économique, militaire, scientifique et culturel. Le terrorisme est donc une protestation contre une réalité que de nombreux musulmans ressentent amèrement, et qui montre à leurs yeux que « la raison du plus fort est toujours la meilleure ».

Protection identitaire

L'islam radical représente également une protestation d'ordre culturel. La mondialisation n'épargne aucun pays dans le monde. Ce phénomène en renforce un autre, la sécularisation, qui lui aussi est un marqueur de notre siècle. Les pays qui ont une influence certaine sur ces deux phénomènes, qu'ils soient asiatiques (Chine, Japon, Corée du Sud) ou occidentaux (États-Unis et pays européens), ne sont pas des pays islamiques. Par conséquent, ces derniers subissent de près ou de loin une civilisation mondiale de plus en plus sécularisée.

Beaucoup de musulmans se sentent menacés dans leur identité même et ont peur pour l'avenir de leurs enfants. En effet, la culture véhiculée par la civilisation du XXIe siècle est marquée par l'athéisme (ou l'agnosticisme), le matérialisme, l'individualisme, le règne des multinationales, le relativisme moral et religieux, etc. Tout cela va à l'encontre des valeurs islamiques et met en péril les sociétés musulmanes qui demeurent profondément conservatrices et imprégnées par la religion, le sens de la communauté, les valeurs morales, etc.

L'islamisme représente une protestation contre la sécularisation perçue comme une force antireligieuse qui met en danger l'identité et la foi musulmanes. Cela n'empêche évidemment pas des islamistes bien formés en informatique et autres moyens de communication de mettre au service de leur cause les instruments technologiques les plus sophistiqués (internet, réseaux sociaux, système bancaire international).

Le groupe Boko Haram sévit en particulier dans la partie nord-est du Nigeria, à majorité musulmane, qui est négligée sur le plan économique par un pouvoir central gangrené par la corruption. Comme son nom l'indique, « l'éducation est interdite », ce groupe a pour objectif d'interdire l'éducation occidentale dans le pays, qui par ailleurs est très riche en ressources naturelles (pétrole et gaz en particulier).

Les musulmans vivant dans des pays occidentaux subissent de plein fouet le choc culturel et le conflit entre leurs valeurs traditionnelles et les valeurs de leur pays d'adoption. Ils font partie d'une minorité dans une société de liberté qui semble ne plus avoir de repères religieux et moraux. Certains musulmans abandonnent la religion et s'affranchissent de toute contrainte. Parmi eux, on trouve des jeunes qui finissent par verser dans la délinquance sous une forme ou une autre, le trafic de drogue en particulier. D'autres, au contraire, se raidissent et trouvent dans la religion le meilleur moyen de résister à une société libertaire. La tentation est alors forte d'adopter une version extrémiste de l'islam. Nombreux sont les musulmans établis en France qui m'ont dit : « Je ne sais pas si je suis français ou algérien (ou…), ce que je sais, c'est que je suis musulman. »

Marginalisation socioéconomique

Les régimes autoritaires sont aussi atteints, entre autres maux, par la corruption, le népotisme et l'incompétence. Ces maux expliquent en bonne partie que la plupart des pays islamiques ont des problèmes économiques très sérieux malgré la richesse en ressources naturelles de certains. L'Algérie et le Nigéria sont des exemples particulièrement éloquents. Ces problèmes économiques engendrent d'autres problèmes au niveau de l'éducation, du logement et de l'emploi. Cela explique que parmi les immigrés (dont la plupart viennent d'anciennes colonies) on trouve des réfugiés politiques, mais aussi beaucoup d'immigrés économiques ou même climatiques.

Les immigrés cherchent à vivre dans des lieux où ils peuvent compter sur le soutien d'autres immigrés. En général, ces quartiers sont moins chers que d'autres et les seuls Français qui y vivent le font le plus souvent en raison de leurs moyens financiers limités. Les islamistes ont un sens profond de la solidarité. Ils sont engagés dans des œuvres sociales d'entraide. Aussi, nombre de ces jeunes immigrés se convertissent à l'islam ou bien deviennent des musulmans plus engagés. La radicalisation de ces jeunes se trouve ainsi grandement facilitée.

Les musulmans gagnés par l'islam radical ne sont pas tous des immigrés, loin de là. Beaucoup sont nés en France. Toutefois, ils ont grandi dans un milieu plutôt défavorisé à cause de l'origine étrangère de leurs parents, de leurs grands-parents ou de leurs arrière-grands-parents. Ils ont rencontré des difficultés à l'école, ce qui a rendu plus difficile leur accès à l'emploi et donc leur intégration dans la société. En plus, certains ont subi la discrimination à un moment donné de leur vie. L'échec scolaire conduit souvent à la marginalisation sociale créant dans la personne un profond sentiment d'injustice et de frustration. Là encore, pour certains, la délinquance devient une issue de secours, comme en témoigne le fait que le pourcentage des personnes étrangères ou d'origine étrangère dans la population carcérale est nettement supérieur à la moyenne. Pour d'autres, c'est la religion dans sa version extrémiste qui offre une bouée de sauvetage.

La marginalisation touche des immigrés aussi bien que des personnes vivant dans la précarité, y compris des citoyens français de souche. Aussi, on constate parmi les jeunes musulmans nombre de convertis. Certains, animés par le zèle du nouveau converti, finissent par adopter l'idéologie islamiste et s'engagent dans le terrorisme. Il semble bien que les convertis français ayant rejoint les rangs de Daech soient surreprésentés parmi les jeunes musulmans qui se sont rendus en Syrie.

La marginalisation socioéconomique est aggravée par la marginalisation politique dans certains pays. Aux Philippines, seul grand pays à majorité chrétienne dans toute l'Asie, le gouvernement a fait face pendant de longues années à un mouvement séparatiste et violent dans le sud du pays. En janvier 2019, un processus de paix entamé en 2014 a été mené à terme. L'accord entre Manille et le Front Moro Islamique de Libération a établi une région autonome dans la partie de Mindanao qui est à majorité musulmane.

En Afghanistan, la guerre contre les Talibans (littéralement « étudiants » de la charia) a duré plus de vingt ans. Pendant toute cette période, on a dépensé bien plus d'argent à combattre militairement ce groupe qu'à soutenir des projets de développement qui auraient permis à une partie de la population de sortir de la pauvreté. Le 15 août 2021 les Talibans sont revenus au pouvoir d'où ils furent chassés en 2001 par une coalition internationale dirigée par les États-Unis. La victoire des Talibans montre que la puissance militaire est incapable de résoudre les défis économiques, politiques et sociaux d'un pays. Le nouveau régime est à son tour mis à l'épreuve : parvenue au pouvoir, l'idéologie islamiste sera-t-elle en mesure d'offrir au peuple afghan un avenir meilleur en lui assurant la prospérité économique, la justice sociale et la stabilité politique ? Les Afghans sont parmi les demandeurs d'asile les plus nombreux en Europe.

Accomplissement personnel

La sécularisation est en partie la réaction à l'abus de pouvoir de l'Église et de son cléricalisme. Les sociétés occidentales, ayant jeté le bébé avec l'eau du bain, se trouvent dans un vide spirituel qui favorise la croissance des sectes et le développement de certaines religions, par exemple l'islam, le bouddhisme, l'hindouisme. L'homme est par nature un être spirituel qui ne peut vivre sans une certaine foi. Cela conduit certains à s'investir complètement dans certaines activités humaines légitimes (p. ex. travail, loisir, sport, art) qui finissent par devenir de vraies idoles. La religion peut aussi devenir une idole quand elle est instrumentalisée pour servir nos propres intérêts au lieu de nous inciter à nous mettre humblement au service de Dieu et de notre prochain le plus nécessiteux.

On a évoqué la tentation de recourir à la religion comme un bouclier de protection contre ce qui est perçu ou vécu dans la société occidentale par certains comme une menace de son identité, de sa foi et de sa culture. Dans certains cas, la délinquance est une issue de secours provisoire, qui peut mener indirectement à la religion comme voie d'accomplissement personnel. Nombre d'islamistes sont passés par la prison où ils ont été convertis à l'islam radical par des codétenus. Pour eux, l'islam est une voie de rédemption qui leur offre la promesse d'une nouvelle vie libre d'un passé lourd à porter. La communauté musulmane leur offre un lieu d'accueil chaleureux où ils sont reconnus à part entière, respectés, et même admirés s'ils viennent d'un arrière-plan non musulman ou s'ils ont un casier judiciaire bien rempli.

L'idéologie islamiste attire donc un certain nombre de personnes en mal de spiritualité, à la recherche d'un sens à leur vie et d'une cause noble à servir. Manquant de sens critique ou d'une éducation religieuse adéquate, certains se laissent facilement entraîner dans la voie de la violence. De plus, l'islam offre à ses fidèles une vision eschatologique susceptible de fasciner des jeunes cherchant une mort rédemptrice que seul le martyre leur paraît pouvoir offrir. Selon l'eschatologie islamique, la fin des temps sera marquée par une bataille cosmique entre le bien et le mal, la bataille de « Gog et Magog » comme elle est appelée dans le Coran (18.94 ; 21.96), dans la Bible (Ez 38.2 ; Ap 20.8) et dans des récits de la Tradition prophétique. Quand il reviendra sur terre, Jésus-Christ lui-même participera au combat apocalyptique contre l'Antéchrist, *al-masih al-dajjal* (littéralement « le messie trompeur »). Certains récits situent cette bataille à Dabiq (nom du périodique de l'État islamique) dans le nord de la Syrie (non loin de la ville d'Alep)[10].

Les gens animés d'un esprit aventurier, pour peu qu'ils soient influençables, sont aisément embrigadés pour participer à cette bataille mondiale de la fin

---

10. Muslim, *fitan* (épreuves) 9. Dans ce récit, il est question de la bataille eschatologique qui verra la prise de Constantinople par l'armée musulmane, et de la venue de l'Antéchrist qui sera vaincu par Jésus-Christ lui-même quand il reviendra. Pour un aperçu de l'eschatologie musulmane dans sa version sunnite, voir le chapitre bien documenté de Pierre LORY « Les signes de la fin des temps dans les traditions musulmanes sunnites », dans Emma AUBIN-BOLTANSKI et Claudine GAUTHIER, sous dir., *Penser la fin du monde*, Paris, CNRS Éditions, 2014, p. 269-280.

des temps. Leur engagement sacrificiel donne un sens à leur vie dans une société qui leur a laissé un goût amer et un profond sentiment de désillusion et d'insatisfaction. Le fait que Daech prétendait avoir restauré le califat islamique a pu persuader des jeunes souffrant d'un mal-être existentiel. Pour eux, la communauté musulmane était sur le point de retrouver son passé glorieux et de mettre fin à son humiliation séculaire. Daech a donné un certain crédit à ce discours triomphaliste grâce à des vidéos mettant en scène la bravoure de certains héros de l'histoire islamique. Les croisés, malgré leurs succès du début, ont finalement été vaincus par des musulmans déterminés. Saladin est l'une de ces figures légendaires qui représente, pour de nombreux Arabes et musulmans, le prototype du leader musulman rebelle et courageux qui, comme le Prophète, a triomphalement vaincu ses ennemis.

L'islam radical se nourrit ainsi de sources islamiques comprises, peut-être mal comprises, à la lumière du contexte national et international. L'attentat suicide comme arme de combat ne fait pas partie de l'enseignement islamique traditionnel. Pourtant, c'est une arme régulièrement employée par les djihadistes dans leurs opérations de combat. Les terroristes qui s'engagent dans des opérations suicides se considèrent comme des martyrs et sont perçus comme tels par ceux qui partagent leur idéologie. Cependant, pour la grande majorité des savants musulmans, les vrais martyrs sont ceux qui sont tués par l'ennemi, qu'ils soient ou non des soldats. Traditionnellement, le suicide a été assimilé à un meurtre commis contre soi-même, lequel est sévèrement sanctionné par l'islam puisque l'enfer attend les meurtriers. Dieu est décrit dans le Coran comme le seul qui donne la vie et qui la reprend (2.258 ; 3.156 ; 10.56 ; 40.68). Les attentats suicides montrent à quel point les musulmans extrémistes sont éloignés de l'islam traditionnel.

Perspective chrétienne sur la violence

Si l'on veut évaluer l'islamisme et le djihadisme à la lumière de la Bible, il faut s'efforcer d'être équitable (cf. Dt 1.17), surtout envers une religion qui n'est pas la nôtre. En tant que disciples du Christ, nous devons aussi être prêts à porter un regard critique sur nous-mêmes, sur notre propre histoire, voire sur nos Écritures (Mt 7.3-5).

La violence est hélas un phénomène qui existe partout, dans les religions, dans les idéologies athées et dans toutes les sociétés. Le problème avec l'islam, c'est que le Coran et la Tradition prophétique semblent justifier l'usage de la force quand c'est fait au nom de Dieu. Passer de la force à la violence n'est pas difficile quand ce sont des hommes pécheurs qui se croient chargés d'exécuter la volonté divine et lorsque les circonstances s'y prêtent.

Les musulmans nous rappellent souvent que la guerre sainte existe bel et bien dans la Bible, plus précisément dans l'Ancien Testament. Les Israélites ont conquis la Terre promise au fil de l'épée (cf. Dt 7.1-5). L'extermination des Cananéens fut un jugement divin exécuté à leur encontre en raison de leur péché, lorsque celui-ci « avait atteint son comble » (Gn 15.16). Le grand roi David conquit la ville de Jérusalem et en fit la capitale de son royaume par la guerre (1 Ch 11.4-9). Toutefois, la carrière militaire de David est dénoncée sans ambages par Dieu lui-même. Lorsque le roi voulut bâtir un temple pour Dieu, son projet fut rejeté pour la raison suivante : « Tu ne bâtiras pas une Maison pour mon nom, car tu es un homme de guerre et tu as répandu le sang » (1 Ch 28.3). Le Dieu de paix ne voulait pas que son nom soit associé à celui d'un homme de guerre, fût-il un grand homme et un croyant sincère (1 S 13.14).

Avec la nouvelle alliance conclue par Dieu en Jésus-Christ, l'usage de la force a été totalement aboli, car la royauté du Christ n'est pas de ce monde. La seule guerre sainte légitime, d'un point de vue chrétien, est la guerre menée contre les forces du mal qui asservissent notre monde et nous asservissent (Ep 6.10-18). À la différence du Prophète de l'islam, Jésus a refusé à ses disciples tout usage de la force, même lorsqu'ils ont voulu le défendre (Mt 26.52). Il a pleinement assumé son choix de la non-violence, ce qui a permis à ses ennemis de le mettre à mort. Mais c'est de sa vie librement donnée sur la croix qu'a jailli le salut du monde[11].

En contradiction flagrante avec l'enseignement du Christ, les chrétiens n'ont pas toujours su résister à la violence. Le mouvement des croisades a été lancé et promu par des représentants autorisés de l'Église, le pape de l'époque en tête. Le seul roi de France qui soit canonisé est Louis IX, saint Louis, qui a été à la tête de deux croisades nonobstant sa piété légendaire.

Des théologiens chrétiens ont développé le concept de « guerre juste », qu'ils ont définie selon des critères très rigoureux. Tous les chrétiens n'acceptent pas ce concept, mais ils sont tous d'accord pour dire que même une guerre juste ne peut être une guerre sainte menée sous la bannière du Christ, contrairement au djihad armé dans l'islam.

Les conquêtes islamiques ne se sont pas toutes déroulées pacifiquement, loin de là. Mais on pourrait en dire autant de la conquête du Nouveau Monde, de

---

11. Certains musulmans pensent que Jésus n'a pas interdit l'usage de la force. Leur interprétation des textes évangéliques ne tient pas compte de l'enseignement général de Jésus ni de sa mort sur la croix. Elle fait un contresens des textes en ne prenant pas en compte le langage métaphorique de Jésus ou ses gestes symboliques (cf. Mt 10.34 ; Lc 22.36-38 ; Jn 2.15).

l'Australie et d'autres territoires dans le monde. Les conquérants ne menaient certes pas leurs entreprises coloniales au nom du Christ, mais beaucoup d'entre eux étaient des Européens chrétiens. C'est aussi en Europe, terre de tradition chrétienne, que les deux guerres mondiales ont eu lieu, bien que le motif religieux ait été absent dans ces guerres. Le colonialisme européen a été l'œuvre de nations à majorité chrétienne dans laquelle se sont engagés des hommes de toute obédience intellectuelle sous prétexte d'apporter la civilisation aux pays dits non civilisés. La guerre d'Irak (2003) a été conduite, sans l'autorisation des Nations Unies, par un président américain, G. W. Bush, et un premier ministre britannique, Tony Blair, deux dirigeants politiques de confession chrétienne assumée. Cette guerre a eu de très graves conséquences, notamment la déstabilisation de tout le Proche-Orient, et la réduction dramatique du nombre des chrétiens en Syrie et en Irak en particulier.

La violence existe dans toutes les sociétés. Dans les régimes autoritaires, elle est plus ou moins contrôlée par l'État qui, lui, n'hésite pas à employer la violence contre ses opposants. Dans les régimes démocratiques, c'est la violence ordinaire qui s'exprime sous forme de criminalité de toutes sortes. Aux États-Unis, porter des armes est un droit constitutionnel, et les assassinats de masse font régulièrement la une des journaux. La violence policière contre des Afro-Américains en particulier est systématique et a donné naissance en 2020 au mouvement « Black Lives Matter ». En tête des villes les plus violentes au monde se trouvent des villes d'Amérique latine, terre à majorité chrétienne. Ce paradoxe doit nous inciter à demeurer humbles et à ne pas porter de jugements hâtifs à l'encontre des sociétés musulmanes. De manière générale, les chrétiens ne se comportent pas de meilleure manière que les musulmans. Les films produits par Hollywood sont un miroir assez fidèle des sociétés occidentales et de la place qu'y occupent l'argent, le sexe et la violence. C'est le revers de la médaille dont s'enorgueillissent ces mêmes sociétés qui aiment à mettre en avant les valeurs de la liberté, de la démocratie et des droits de l'homme.

Il nous faut démasquer l'origine de la violence. La violence, avant d'être interdite, autorisée ou prescrite dans les livres saints, habite en tout homme. C'est l'une des manifestations du mal enraciné en chacun de nous. Une des façons de la combattre est de refuser de la sacraliser en invoquant des raisons d'ordre religieux. Il est tout aussi important pour les croyants, chrétiens et musulmans notamment, de garder une distance critique vis-à-vis des autorités politiques afin de pouvoir les critiquer plus librement lorsqu'elles prennent des décisions de nature à engendrer ou justifier la violence.

Tout acte terroriste est condamnable et inexcusable. Le terroriste, lui, demeure un être créé à l'image de Dieu et aimé de lui. Le mal défigure cette image, mais ne l'efface pas. Par conséquent, le terroriste conserve sa dignité d'homme. Le pardon et le salut de Dieu lui sont offerts, à lui aussi.

La civilisation occidentale est aussi éloignée du royaume de Dieu que la civilisation islamique. La première, marquée par le relativisme philosophique, religieux et moral, élève la liberté au rang d'une divinité suprême et incontestable. La seconde, caractérisée par la complaisance envers soi, l'autoritarisme et l'intolérance, sépare la vérité de l'amour. L'Évangile renvoie dos à dos ces deux modèles de civilisation. Il propose l'amour du prochain comme valeur suprême. L'amour a bien entendu le souci de la vérité. Il est aussi très attaché à la liberté d'autrui. Selon Jésus, seule la vérité nous rend libres (Jn 8.32). Celui qui aime est disposé à renoncer à sa liberté pour le bien de l'autre :

> Comportez-vous en hommes libres, sans utiliser la liberté comme un voile pour votre méchanceté, mais agissez en serviteurs de Dieu. Honorez tous les hommes, aimez vos frères, craignez Dieu, honorez le roi. (1 P 2.16-17 ; cf. 1 Co 10.23 ; Ga 5.1, 13)

Ainsi, le christianisme en tant que monothéisme de l'incarnation et de la rédemption se distingue du monothéisme de la pure transcendance du judaïsme et de l'islam, qui ne répond que partiellement à la quête spirituelle de l'homme. L'Évangile promet dès à présent la véritable vie, à la différence des idéologies matérialistes qui font miroiter à l'homme moderne des succès éphémères et des plaisirs trompeurs loin du vrai bonheur.

Celui qui aime ne cherche pas à imposer la vérité à laquelle il croit. Il reconnaît à tout homme le droit à l'erreur. C'est d'abord Dieu lui-même qui, d'une certaine façon, reconnaît provisoirement du moins ce droit à ses créatures humaines. Il suspend son jugement et donne aux hommes le temps de réfléchir à l'amour qu'il leur a manifesté en Jésus-Christ. Ce délai prendra fin avec la seconde venue du Christ. D'ici là, nous vivons dans « le temps des nations » (Lc 21.24), marqué par la patience de Dieu envers nous. Loin d'être indifférent au mal, dont la violence n'est qu'une manifestation, Dieu nous donne l'occasion de nous examiner et de considérer notre réponse à son amour pour nous. L'apôtre Paul invite ses lecteurs, avec un certain sens de l'urgence, à mettre à profit, avant qu'il ne soit trop tard, ce que l'apôtre Pierre appelle « la longue patience du Seigneur » (2 P 3.15) :

> Ou bien méprises-tu la richesse de sa bonté, de sa patience et de sa générosité, sans reconnaître que cette bonté te pousse à la conversion ? (Rm 2.4)

5

Islam

Questions d'actualité

Dans ce chapitre seront abordées des questions difficiles et délicates relatives à l'islam et à la communauté musulmane, en France et dans le monde. Certaines de ces questions sont générales, d'autres concernent la vie des musulmans dans des pays non islamiques, et le sort des chrétiens dans les pays à majorité musulmane. Parmi ces questions, il y en a qui sont d'une brûlante actualité et font l'objet de débats enflammés et de polémiques incessantes.

Islam et communautés chrétiennes

Les chrétiens et les musulmans ont vécu côte à côte depuis la naissance de l'islam en Arabie. L'islam accorde aux juifs et aux chrétiens le statut de minorités protégées. Dans son célèbre commentaire du Coran, Razi déclare ouvertement, à propos de la sourate 9 verset 29, que ce statut privilégié leur est accordé afin qu'ils reconnaissent sans trop tarder la supériorité de l'islam et se convertissent à cette religion.

Bon nombre de juifs et de chrétiens ont gardé leur religion. La présence de ces deux communautés monothéistes en marge de la *oumma* est perçue par de nombreux musulmans comme un défi permanent, voire un affront. La prospérité (relative) des communautés juive et chrétienne à l'échelle mondiale fait apparaître le judaïsme et le christianisme comme des religions concurrentes et accentue le ressentiment qu'éprouvent à leur égard un certain nombre de musulmans.

Pourquoi les djihadistes s'attaquent-ils aux chrétiens en particulier ?

Les attaques terroristes semblent viser les chrétiens en particulier. Ces attentats sont rarement reportés dans les médias non spécialisés des pays sécularisés. Voici quelques exceptions. Le dimanche 31 octobre 2010, un commando de l'État islamique prend pour cible la cathédrale syriaque-catholique de Bagdad et tue quarante-huit personnes. Le 15 février 2015, la même organisation met à mort vingt-deux ouvriers égyptiens coptes travaillant en Libye. Le 26 juillet 2016, deux terroristes assassinent le père Jacques Hamel dans l'église Saint-Étienne à St-Étienne-du-Rouvray. Le 21 avril 2019, dimanche de Pâques, au Sri Lanka, huit attaques islamistes prennent pour objectif, entre autres, trois églises. Le 29 octobre 2020, un jeune islamiste tue trois personnes à l'intérieur de la basilique de Nice. On peut multiplier ces exemples. Qu'est-ce qui pousse les djihadistes à s'attaquer aux chrétiens ?

Il y a plusieurs raisons à cela. Fondamentalement, pour les islamistes, les chrétiens sont non seulement des non-croyants, du fait qu'ils ne croient pas au Prophète de l'islam, mais ils sont aussi des mécréants, *kuffar* (terme coranique très péjoratif et chargé d'histoire), car leur foi est pervertie. Ils sont des ennemis qui se sont régulièrement opposés aux musulmans au cours de l'histoire.

Un des faits nouveaux régulièrement rapportés par les médias arabophones est le nombre croissant de musulmans qui se convertissent au christianisme, en Occident aussi bien que dans les pays musulmans. Le christianisme est ainsi perçu comme un sérieux concurrent, voire un adversaire de l'islam.

Les chrétiens sont aussi incriminés de complicité avec les gouvernements occidentaux, considérés comme des gouvernements chrétiens par beaucoup de musulmans, même aujourd'hui[1]. Ces gouvernements sont accusés de se mêler des affaires qui ne les regardent pas dans les pays islamiques, de soutenir des régimes corrompus et d'exploiter sans vergogne les peuples musulmans. Les interventions occidentales en Syrie et en Irak au cours des deux dernières décennies ont été catastrophiques de ce point de vue.

Les communautés chrétiennes sont aussi une cible facile, car elles sont pour la plupart des petites communautés, incapables de se défendre et peu tentées par le recours à la violence. Les bâtiments d'églises sont un théâtre d'opérations idéal, car il est hautement improbable que les attaquants y rencontrent une opposition armée.

---

1. On ne peut pas totalement exclure que, dans de très rares cas, des services secrets étrangers aient pu utiliser comme agents des chrétiens, nationaux ou expatriés, souvent sans que les personnes concernées aient été conscientes d'avoir été manipulées.

Les Arabes chrétiens en particulier représentent un défi pour les islamistes dans la mesure où ils sont restés, malgré toutes les pressions qu'ils ont subies, fidèles à leur religion et ont su résister à la force d'attraction de l'islam. Leur présence en terre d'islam pose une question fondamentale que l'islam hégémonique a toujours trouvée problématique : l'altérité. Les islamistes cherchent à faire peur aux minorités chrétiennes et à les inciter à quitter leur pays.

Enfin, le fait de cibler explicitement des chrétiens garantit une couverture médiatique maximale à l'échelle mondiale, or c'est précisément ce que cherchent les djihadistes.

Les attentats terroristes expliquent, en partie seulement, pourquoi les chrétiens des pays islamiques quittent leur pays proportionnellement en plus grand nombre que leurs concitoyens musulmans. Des problèmes d'ordre économique et politique sont également à l'origine de cette émigration qui réduit considérablement le nombre des chrétiens dans les pays du Proche-Orient comme l'Irak, la Syrie, la Palestine et l'Égypte.

Le sort peu enviable des chrétiens dans nombre de pays islamiques pose la question de l'attitude chrétienne face à la discrimination et à la persécution. Jésus avertit ses disciples qu'il n'est pas facile de le suivre : « Si quelqu'un veut venir à ma suite, qu'il se renie lui-même et prenne sa croix, et qu'il me suive. » (Mt 16.24) Suivre le Christ implique la souffrance sous une forme ou une autre, et exige la résilience et la persévérance (Mt 5.11-12 ; cf. 1 P 3.8-18).

La communauté chrétienne internationale doit montrer une plus grande solidarité avec les chrétiens et les autres communautés persécutées. Cela ne signifie pas nécessairement les aider à sortir de leur pays. Tous les responsables chrétiens dans les pays islamiques veulent que les membres de leurs communautés restent dans leur patrie aussi longtemps que cela est raisonnablement possible. Ils considèrent que les chrétiens ont un témoignage à rendre en pays d'islam. Les leaders chrétiens partout dans le monde doivent plaider la cause de tous les persécutés (chrétiens, musulmans, etc.). Dans toute la mesure du possible, il leur appartient de contacter les représentants politiques et religieux de leur propre pays afin de faire entendre la voix de ceux qui sont généralement ignorés dans les médias et les institutions politiques.

Dans les pays musulmans, les chrétiens ne jouissent pas pleinement de la liberté de culte ; ne devrions-nous pas en retour restreindre la liberté religieuse des musulmans dans notre pays ?

Si l'on excepte quelques pays (p. ex. Algérie, Arabie saoudite, Iran), les communautés chrétiennes ne sont pas ouvertement persécutées dans les pays musulmans, en tout cas pas à une grande échelle. Il est vrai que, dans beaucoup de pays, ils sont soumis à des restrictions sévères et des ennuis divers qui sont souvent le fait de la population locale plus que du gouvernement. Dans de rares cas (p. ex. Abu Dhabi), les communautés chrétiennes ont reçu gratuitement des autorités politiques locales un terrain sur lequel elles ont construit des églises pour célébrer le culte.

Restreindre la liberté religieuse des musulmans de France reviendrait à les tenir pour responsables de la politique des pays islamiques. Ce serait profondément injuste, car les musulmans de France n'ont pas une grande marge de manœuvre pour influencer la politique des pays islamiques coupables de discrimination à l'encontre de leurs minorités religieuses.

Les chrétiens ont reçu une consigne claire de leur Seigneur, à savoir traiter les autres comme ils aimeraient être traités : « Tout ce que vous voulez que les hommes fassent pour vous, faites-le vous-mêmes pour eux : c'est la Loi et les Prophètes » (Mt 7.12). Le principe de réciprocité, compris dans le sens de faire dépendre notre action de la volonté de l'autre de s'engager dans la même direction, n'est donc pas un principe chrétien, pas plus que la loi du talion. Si on reconnaît aux musulmans leurs droits dans notre pays, on sera d'autant plus crédible pour demander aux pays musulmans de respecter les droits de leurs minorités religieuses ou ethniques.

En juillet 2020, la basilique Sainte-Sophie à Istanbul, convertie d'abord en mosquée, puis en musée, fut reconvertie en mosquée. Qu'en pensez-vous ?

La basilique Sainte-Sophie, construite sur les ruines d'un ancien temple païen, a connu une histoire très mouvementée depuis qu'elle fut construite au quatrième siècle et reconstruite par l'empereur byzantin Justinien au sixième siècle. Pendant des siècles, elle a été le siège du Patriarcat orthodoxe de Constantinople. Durant la 4ᵉ croisade, qui a vu le sac de Constantinople, l'église fut pillée par les croisés et devint le siège du Patriarche latin de Constantinople (1204-1261).

Après la conquête ottomane de la ville en 1453, Constantinople fut renommée Istanbul et devint la capitale de l'empire. Le sultan Mehmet II décida alors de transformer Sainte-Sophie en une mosquée, *ayasofya*. Kemal Atatürk, fondateur laïc de la République turque, fit de la mosquée un musée en 1934.

Le président turc actuel Recep Tayyip Erdogan, un islamo-nationaliste, cherche à accroître sa popularité déclinante dans son propre pays et les pays musulmans alentour. Il fait aussi face à une communauté internationale qui lui est de plus en plus défavorable en raison de sa politique autoritaire, nationaliste, islamiste et agressive. Il avait une carte à jouer, celle de redonner *ayasofia* au culte musulman, ce qu'il fit en juillet 2020.

La décision du président turc est donc d'abord une décision d'ordre politique visant à redorer son blason, même si le motif religieux ne peut être exclu, s'agissant d'un leader qui affiche souvent sa foi. Il n'empêche qu'elle n'est pas de nature à apaiser les tensions dans les rapports tendus entre la Turquie et ses voisins européens, notamment la Grèce, ni entre les musulmans et les chrétiens en général. La Turquie avait pour ambition de rejoindre l'Union européenne jusqu'au jour où elle s'est aperçue que plusieurs pays européens étaient farouchement opposés à ce projet.

Pour regrettable qu'elle soit, la reconversion de Sainte-Sophie en mosquée n'est pas sans précédent. Au cours de l'histoire, beaucoup d'églises ont été converties en mosquées et (en moindre nombre) des mosquées en églises. Sainte-Sophie possède cependant une valeur hautement symbolique. La décision du président turc, pour malencontreuse qu'elle soit, n'est pas d'une extrême importance. Sainte-Sophie est certes un très beau bâtiment, très évocateur sur le plan historique et chrétien, mais qu'elle reste un musée ou qu'elle redevienne une mosquée n'a pas de conséquences majeures pour les parties concernées. Pour ce qui est des chrétiens, le secret de la vitalité de l'Église se trouve ailleurs, notamment dans le dynamisme de sa mission et la fidélité de ses membres à l'enseignement du Maître.

Que doit-on penser des mariages mixtes entre musulmans et chrétiens ?

Le mariage est bien plus qu'un contrat juridique entre un homme et une femme. Selon les Écritures, c'est une union spirituelle, scellée par l'union corporelle. Cette union est comme une parabole (ou un signe) de l'amour qui lie le Christ à l'Église (Ep 5.32). Le mariage entre deux personnes dont une seule est chrétienne perd une bonne partie de sa signification.

Le mariage entre un homme musulman et une femme chrétienne est autorisé par la charia. Dans le Nouveau Testament, il n'y a aucun texte qui se rapporte explicitement au mariage d'un chrétien avec une personne non chrétienne. Toutefois, l'apôtre Paul s'est clairement prononcé contre le mariage d'un chrétien veuf avec un non-chrétien (1 Co 7.39). Il n'existe donc pas d'interdiction formelle et absolue à ce qu'un chrétien se choisisse un conjoint musulman. Mais dans ce cas, les époux peuvent-ils vivre pleinement leur foi dans le cadre de leur mariage ? Il est permis d'en douter.

Comment les deux époux pourraient-ils s'unir dans la prière et l'adoration de Dieu sans que leur foi soit réduite au plus petit dénominateur commun ? La prière chrétienne par excellence est le Notre Père, or un musulman ne connaît pas Dieu comme Père et ne peut donc pas se joindre à cette prière en toute sincérité. Jésus-Christ est un grand prophète pour les musulmans, mais d'un rang inférieur à celui de Muhammad, le dernier et le plus grand des prophètes. Pour les chrétiens, c'est le Fils de Dieu incarné, le Seigneur de l'univers et le Sauveur des hommes. La prière musulmane est nourrie de textes coraniques dont beaucoup sont difficilement conciliables avec l'Évangile.

Si l'une des tâches importantes des parents est de transmettre la foi à leurs enfants, la question se posera tôt ou tard : quelle foi nourrira ces enfants ? Une foi générale en un Dieu abstrait, ou une foi qui donnera un sens concret à leur vie et qui leur permettra de trouver leur place dans la communauté des croyants[2] ? Le mariage est déjà soumis à de rudes épreuves de nos jours, y compris pour les couples chrétiens. Il serait très risqué de s'engager pour toute une vie dans une relation humaine, sans doute la plus intime entre toutes, lorsqu'il est plus que probable que cette relation les engage sur une voie semée d'embûches.

Ces mêmes raisons théologiques rendent pratiquement impossible pour des chrétiens et des musulmans de s'unir sincèrement dans un acte de culte entrepris en commun. Ce serait jeter la confusion dans les esprits et faire comme si les différences entre le christianisme et l'islam étaient superficielles. Cela n'interdit pas aux deux communautés, chrétienne et musulmane, de prier *chacune selon sa tradition*, dans un même endroit, pour célébrer un événement d'intérêt général ou pour invoquer la bénédiction divine.

À part ces deux lignes rouges (mariage et culte), les chrétiens et les musulmans ont tout intérêt à s'engager dans des actions communes en faveur du bien commun. Ils partagent suffisamment de croyances et de valeurs (comme le montre le dernier chapitre) pour qu'ils cherchent à relever main dans la main les nombreux défis auxquels la société fait face.

Les musulmans en France

Le nombre de musulmans en France avoisine les six millions (dix pour cent de la population). La plupart sont de la deuxième, troisième et quatrième génération d'immigrés. Au départ, beaucoup sont venus des pays d'Afrique du Nord en réponse à l'appel du gouvernement ou des entreprises françaises. Ils ont participé à la reconstruction de l'économie française, qui a été dévastée par

---

2. Il faut aussi prendre en considération le fait que selon la charia les enfants doivent toujours suivre la religion de leur père (musulman). Ceci a des conséquences juridiques en cas de divorce, surtout si l'acte de mariage a aussi été conclu devant une autorité musulmane.

la Seconde Guerre mondiale. La politique de regroupement familial a augmenté considérablement leur nombre. Les crises économiques dans les anciennes colonies françaises, y compris les pays du Sahel, ont maintenu constant le flux migratoire.

La population musulmane représente désormais une minorité significative qui fait partie intégrante du tissu national. Beaucoup de musulmans, devenus citoyens français à part entière, revendiquent leurs droits de citoyens. La question de leur intégration dans la société n'est pas aussi problématique qu'on le dit souvent, même s'il ne faut en aucun cas nier les problèmes rencontrés dans certains quartiers de banlieue. Il est donc impératif que les musulmans se sentent chez eux en France, faisant partie de la communauté nationale.

Les musulmans radicaux et les djihadistes veulent créer un fossé entre les musulmans de France et les Français. Il est du devoir du gouvernement de lutter contre les ghettos et les séparatismes communautaires par des lois justes, mais aussi et surtout par des projets socioéconomiques et éducatifs qui s'attaquent à la racine de la ghettoïsation.

Que peut raisonnablement attendre le gouvernement français des citoyens musulmans ?

Le gouvernement est en droit d'attendre de tous les citoyens (qu'ils soient français ou non) qu'ils soient loyaux envers le pays où ils habitent. Il peut exiger de tous qu'ils respectent les lois du pays, notamment celles qui sont de nature à préserver la cohésion sociale et assurer la sécurité nationale. Si des citoyens ne sont pas d'accord, ils ont évidemment le droit de manifester leurs opinions par tous les moyens permis par la loi.

En revanche, le gouvernement ne peut pas demander aux musulmans (ni aux chrétiens) de considérer les lois de la République supérieures à ce qu'ils considèrent comme des lois divines. Pour tous les croyants monothéistes, une telle demande consistant à placer une autorité humaine au-dessus de Dieu est de l'idolâtrie, ni plus ni moins. Cela dit, dans un pays démocratique (de tradition chrétienne) comme la France, on ne voit pas bien quelles lois républicaines pourraient être contraires aux lois islamiques. Si une telle situation se présente (p. ex. pratiquer une IVG), il y a toujours la possibilité de faire jouer la clause d'objection de conscience, voire la désobéissance civile.

Les musulmans de France peuvent également faire appel aux ressources de la jurisprudence islamique qui comprend le principe de *'urf*, c'est-à-dire la loi coutumière. Celle-ci permet aux musulmans vivant dans des pays non musulmans de respecter les lois locales tout en demeurant fidèles à leurs convictions. Le

Coran lui-même admet qu'il est des circonstances où les musulmans ne sont pas tenus de respecter la charia, notamment là où la vie humaine est en jeu. Le code sur les interdits alimentaires (p. ex. interdiction de consommer le porc, le sang, une bête morte) peut être suspendu en cas de nécessité, par exemple pour sauver des vies (2.173 ; 5.3 ; 6.145 ; 16.115).

Plutôt que de subir leur statut de minoritaires, les musulmans pourraient considérer leur situation comme une occasion qui leur est offerte de porter un regard neuf sur leur patrimoine religieux. C'est aussi une occasion que beaucoup d'entre eux mettent à profit pour partager leur foi et gagner à l'islam de nouveaux convertis. C'est leur droit le plus strict. Il faut qu'ils reconnaissent, cependant, que dans le débat d'idées en France on doit pouvoir critiquer l'islam (respectueusement, de préférence) sans que l'on soit tout de suite accusé d'islamophobie. Parmi les critiques de cette religion, il y a sûrement des islamophobes, des gens hostiles aux musulmans qui prennent leur désaccord avec l'islam comme prétexte pour justifier leur hostilité. Critiquer l'islam, ce n'est pas nécessairement être islamophobe, même si le danger n'est pas très loin.

Le gouvernement serait mal avisé de faire des lois qui visent, même implicitement, uniquement les musulmans. Le principe d'égalité doit s'appliquer à tous les citoyens, abstraction faite de leur religion. Si ce principe est acquis, on ne voit pas comment on interdirait les abattoirs de viande halal dès lors qu'il existe des abattoirs de viande casher. On ne peut davantage interdire les prêches en arabe (ou en d'autres langues) dès lors que cela est pratiqué et accepté dans certaines églises, ni d'avoir des imams étrangers alors qu'il y a de nombreux prêtres et pasteurs étrangers en France. En revanche, le gouvernement est en droit de s'assurer, par des moyens qu'il lui appartient de mettre en place, que les messages délivrés dans les mosquées, notamment par des prédicateurs étrangers, sont en conformité avec les lois de République. Il est aussi de sa responsabilité de contrôler et de réglementer le financement des associations en général.

Le gouvernement est aussi en droit de définir ses règles en matière d'immigration et de droit d'asile. Il devra néanmoins rester fidèle à ses propres valeurs, en matière des droits de l'homme notamment, et respecter les conventions internationales auxquelles il a souscrit. Le gouvernement français, comme d'autres gouvernements, est en droit d'exiger des nouveaux immigrés et des demandeurs d'asile qu'ils fassent un effort pour apprendre le français, le cas échéant, qu'ils se familiarisent avec l'histoire et la culture françaises, et qu'ils manifestent leur accord de principe avec les lois de la République concernant, par exemple, le mariage, le divorce, la laïcité, la liberté religieuse, l'égalité des femmes, la monogamie, l'excision.

Il est tout à fait compréhensible que le gouvernement adopte une attitude de prudence dans sa politique d'immigration. On sait que des terroristes se sont infiltrés parmi les immigrés au cours de la dernière décennie. Il ne faudrait pas pour autant avoir une politique systématique de méfiance vis-à-vis des immigrés.

On entend parfois que le principe de dissimulation, *taqiyya*, est admis dans l'islam, ce qui autoriserait les musulmans à mentir en toute bonne conscience, surtout dans le contexte d'une société non musulmane. En réalité, historiquement, ce principe a d'abord été élaboré par certains jurisconsultes pour permettre à des musulmans persécutés (notamment les chiites sous le règne des trois premiers califes) de sauver leur vie en niant leur appartenance religieuse à tel ou tel groupe jugé hérétique. Selon A. Amir-Moezzi, ce principe (qui repose sur une interprétation invraisemblable de rares versets coraniques) a été appliqué dans deux contextes très différents, l'un politique et l'autre religieux. Il a été utilisé par des groupes de musulmans minoritaires (kharijites, chiites, druzes, etc.) cherchant à se protéger dans un environnement qui leur était très hostile. Il a aussi servi à justifier la non-divulgation d'enseignements ésotériques, des « secrets » réservés à une élite religieuse, qui caractérisent l'islam chiite ainsi que certains groupes soufis[3]. On est donc très loin du droit au mensonge qui serait soi-disant accordé aux musulmans par leur religion. Toutefois, il est vrai que certains musulmans mal informés font feu de tout bois et invoquent le principe de dissimulation pour excuser des comportements inavouables condamnés par la doctrine islamique[4]. Il convient que les autorités musulmanes se prononcent publiquement sur ce que le principe de dissimulation veut réellement dire.

Le gouvernement peut ne pas vouloir traiter les musulmans en tant que communauté, mais seulement comme des citoyens faisant partie de la communauté nationale, la seule communauté reconnue par la République. En revanche, il ne peut pas interdire aux musulmans de se considérer comme une communauté, la *oumma*, distincte de la communauté nationale. La *oumma* rassemble des croyants et des croyantes de tous pays. Comme l'Église pour les chrétiens, elle est une communauté transnationale qui ne connaît pas de frontière politique, géographique ou ethnique.

---

3. M. A. Amir-Moezzi, « Dissimulation », dans J. D. McAuliffe, sous dir., *Encyclopaedia of the Qur'an*, vol. 1, p. 540-542 ; voir aussi M.-T. Urvoy, « Dissimulation », dans M. A. Amir-Moezzi, sous dir., *Dictionnaire du Coran*, p. 222-223.
4. Selon un dire prophétique, mentir est autorisé seulement dans trois cas : lorsque le mari veut plaire à sa femme (peut-être en lui faisant des compliments exagérés), dans un contexte de guerre et dans le but de réconcilier des gens qui ne se parlent pas ; voir Tirmidhi, *birr* (piété) 26.

Répondant au souhait du gouvernement, le CFCM (Conseil Français du Culte Musulman) a approuvé le 16 janvier 2021 une « Charte des principes pour l'Islam de France ». Les signataires de cette charte, composée de dix articles, s'engagent « à ne pas criminaliser un renoncement à l'islam, ni à le qualifier d'"apostasie" (*ridda*), encore moins de stigmatiser ou d'appeler, de manière directe ou indirecte, à attenter à l'intégrité physique ou morale de celles ou de ceux qui renoncent à une religion » (article 3). Les articles 3, 4 et 5 sont (intentionnellement sans doute) intitulés respectivement « Liberté, Égalité, Fraternité ». L'article 6 rejette ouvertement l'islam politique et l'instrumentalisation de la religion à des fins politiques. Il critique nommément le salafisme (wahhabisme) et l'idéologie des Frères musulmans. L'article 8 est consacré à « l'attachement à la laïcité et aux services publics ». La charte affirme « le principe de l'égalité hommes-femmes », rejette l'ingérence des pays étrangers dans les affaires de l'islam de France et assure la compatibilité de la foi musulmane avec les lois de la République. Bien que le CFCM ne représente pas l'ensemble des musulmans de France[5], cette charte marque une avancée très significative dans les relations des musulmans avec l'État français[6].

Que peuvent raisonnablement attendre les musulmans de France du gouvernement ?

Les musulmans de France sont en droit d'attendre du gouvernement qu'il respecte le principe de laïcité, et donc qu'il ne s'immisce pas dans l'organisation interne de leur religion. Le gouvernement peut vouloir avoir un interlocuteur autorisé, plus ou moins représentatif des musulmans, mais il ne peut pas leur imposer ses préférences quant au choix de cet interlocuteur.

Les musulmans sont aussi en droit d'attendre que la laïcité ne soit pas remplacée par le laïcisme qui serait utilisé subrepticement pour priver les musulmans de leurs droits de citoyens. Il n'appartient pas au gouvernement de décider si le voile est une obligation religieuse ou un signe culturel. Il peut être l'un et (ou) l'autre, et de toute façon la femme musulmane a le droit de le porter dans l'espace public, même si le gouvernement peut juger opportun que le port

---

5. Le 5 février 2022 fut lancé à Paris, en présence du ministre de l'Intérieur, le Forif (Forum de l'islam de France). Ce nouvel organisme, qui a pris le relai du CFCM, est appelé à mieux représenter les musulmans de France et à servir d'instance de dialogue nationale avec le gouvernement.
6. Le texte de cette charte est disponible sur le site de la Grande Mosquée de Paris : https://www.mosqueedeparis.net/charte-des-principes-pour-lislam-de-france/.

de signes ostentatoires d'appartenance ethnique ou religieuse ne soit pas permis dans des lieux spécifiques (p. ex. école publique, administration).

Le port du voile sur la tête n'est en aucune manière la preuve que les musulmans ne veulent pas de la laïcité ou qu'ils refusent de s'intégrer dans la société française. La question du port du voile intégral (*niqab*, *burqa*) est différente dans la mesure où ce voile pose la question de la sécurité. Par ailleurs, le visage étant le moyen de communication non verbal par excellence, et afin de préserver un minimum de marques d'identité culturelle, il n'est pas inadmissible que ce genre de voile soit banni. Il est très regrettable que certaines femmes soient forcées par leur mari, leur frère ou leur père de porter le voile, mais il n'est pas sûr que de nouvelles lois soient le moyen le plus efficace pour lutter contre ce genre de phénomène. Le remède serait dans ce cas pire que le mal.

Des sociétés multiculturelles peuvent aussi vouloir préserver leur cohésion en consentant à faire des « accommodements raisonnables ». Pourquoi offrirait-on des repas végétariens dans les cantines scolaires et ne pourrait-on pas offrir des repas sans porc ? Dans de telles sociétés, des questions épineuses ne cesseront pas de se poser (p. ex. sur la possibilité d'avoir des plages horaires réservées aux femmes dans certaines piscines). Il faut traiter ces questions au cas par cas et au niveau local tout en s'assurant qu'aucune décision ne soit imposée d'en haut sans consultation des personnes concernées.

L'islam dans le monde

Dès le départ, l'islam s'est voulu une religion missionnaire et universelle. L'islam est désormais une religion mondiale, présente sur tous les continents et non seulement en Asie et en Afrique où vivent la majorité des musulmans. C'est aussi la deuxième religion en Europe. La communauté musulmane est particulièrement active dans des pays européens tels que l'Allemagne, l'Espagne, la France, l'Italie et le Royaume-Uni. La mondialisation de l'islam soulève des questions particulières dans l'esprit des Européens qui connaissent très peu cette religion.

Dans les pages qui suivent, nous aborderons certaines de ces questions. Nous nous intéresserons aussi à certaines questions que se posent les musulmans eux-mêmes concernant notamment la civilisation occidentale et le traitement spécial dont semble jouir l'État d'Israël auprès des gouvernements occidentaux et de certains chrétiens.

Quelles sont les raisons du succès de l'islam dans le monde ?

La croissance numérique de l'islam a de multiples raisons. Aux premiers temps de l'histoire islamique, la prédication a joué un rôle déterminant dans la propagation de l'islam. À La Mecque, Muhammad était un simple prédicateur. À Médine, le Prophète fut confronté à l'opposition des tribus juives et il a fini par recourir à la force pour les combattre. Ainsi, la prédication et la force ont été des éléments clés dans l'expansion de l'islam. Le commerce aussi a contribué d'une façon non négligeable à la propagation de la religion au-delà des frontières connues de l'empire, dans l'Asie du Sud-Est en particulier.

Le fait que l'islam a conservé ses conquêtes territoriales partout où il s'est implanté, sauf en Espagne, démontre que cette religion possède une force intrinsèque. Cette force a d'abord été la force de la loi puisque, dans les pays conquis, l'islam est devenu rapidement une religion d'État. Cet avantage politique explique les conversions d'un certain nombre de citoyens qui avaient tout intérêt à faire partie de la même religion que le pouvoir en place.

La force d'attraction de l'islam est aussi d'ordre intellectuel, car cette religion représente un système de pensée cohérent. L'islam offre une réponse séduisante à la quête spirituelle de l'homme. La foi islamique en un Dieu unique est accessible à l'intelligence humaine, contrairement au christianisme et à ses mystères. Cette foi fait appel à l'homme qui, par ses efforts, est capable de mériter le paradis qui lui est promis, à la différence de l'Évangile qui promet le salut non comme une récompense, mais comme une grâce imméritée.

La mystique musulmane, véhiculée par les confréries soufies, offre une autre alternative aux cœurs insatisfaits par l'islam légaliste ou la théologie rationnelle. La mystique islamique a un profil très bas, mais elle joue un rôle non négligeable dans la mission et elle attire un certain nombre d'Occidentaux.

L'islam a su aussi se contextualiser en épousant les cultures des contrées où il s'est répandu. Dans bien des endroits, le culte des ancêtres a été remplacé par le culte des saints. La polygamie a été réduite mais non abolie, ce qui a aussi favorisé la multiplication de la communauté.

La communauté musulmane se multiplie principalement grâce au taux élevé de natalité de ses membres, tout comme la communauté chrétienne. Le nombre de nouveaux convertis est relativement faible, sauf peut-être en Afrique parmi les gens de religions traditionnelles. Les communautés musulmane et chrétienne ont leur centre de gravité dans les pays en voie de développement. Toutes les deux sont confrontées au phénomène de sécularisation qui pénètre de plus en plus ces pays.

Les convertis musulmans d'arrière-plan chrétien sont mis en avant, bien plus que les convertis chrétiens d'arrière-plan musulman. Le nombre de ces derniers n'a cessé d'augmenter pendant ces trois dernières décennies. Le taux de croissance des deux communautés est très comparable. Certains apologètes musulmans font valoir que parmi toutes les religions l'islam est la religion qui croît le plus rapidement.

L'islam est-il un danger pour la civilisation occidentale ? Les musulmans veulent-ils convertir à l'islam les sociétés occidentales ?

Il n'y a aucun doute que certains musulmans ont un très fort zèle missionnaire, il en est de même de certains chrétiens. Ces musulmans travaillent à la conversion des Occidentaux et rencontrent un certain succès dans des sociétés désenchantées par le culte de l'argent, la performance et le plaisir. Les musulmans (peu nombreux) qui croient que Rome deviendra prochainement la capitale européenne d'un nouvel empire islamique prennent leur désir pour une réalité. Il est permis de douter que des conversions en masse à l'islam puissent se produire dans les sociétés démocratiques. Il y a d'une part la pensée critique qui caractérise l'élite intellectuelle, et, d'autre part, le terrorisme qui repousse plus qu'il n'attire les gens vers l'islam. Cela dit, les civilisations du passé ne se sont pas toujours effondrées en raison d'attaques venues de l'extérieur, mais aussi à cause de maux qui les ont gangrenées de l'intérieur. En tant que chrétiens, nous ne devons pas baisser la garde. Il nous faut prendre au sérieux notre rôle de sentinelles, « sel de la terre et lumière du monde » (Mt 5.13, 14).

Quels conseils donneriez-vous aux non-musulmans désireux de vivre en paix avec les musulmans ?

On doit adopter une attitude juste envers l'islam et les musulmans, une attitude que l'on pourrait résumer par ces mots : ni hostilité ni naïveté. Cette double attitude fait écho à l'injonction donnée par le Christ à ses disciples : « Soyez donc rusés comme les serpents et candides comme les colombes » (Mt 10.16). Il faut savoir critiquer l'islam sans tomber dans l'islamophobie. Les musulmans ne doivent pas être stigmatisés ou marginalisés. Ils sont nos partenaires notamment dans la lutte contre l'idéologie islamiste. Celle-ci doit être combattue avec des armes appropriées. La réponse policière ou militaire ne suffit pas. Les armes les plus efficaces sur le long terme sont l'éducation, la promotion socioéconomique et le développement de l'esprit critique.

Les chrétiens doivent prendre toute leur part dans cette lutte. Les musulmans ne sont ni nos concurrents ni nos ennemis. Ils sont nos frères en humanité et nos cousins dans la foi. C'est à nous de leur montrer notre solidarité. Nous sommes passés par là où ils passent actuellement en termes de crise religieuse et culturelle. La modernité a mis à rude épreuve l'Église d'Occident. Elle s'en est sortie libérée du joug du pouvoir politique.

La laïcité peut aussi être une chance pour les communautés de foi. L'amour de Dieu, inconditionnel et universel tel qu'il est déployé en Jésus-Christ, est au centre de l'Évangile. C'est ce qui rend ce message unique par rapport à celui de l'islam qui se limite à souligner la bonté divine. L'amour est ce que cherchent tous les hommes au fond d'eux-mêmes. Les musulmans ne le trouvent pas vraiment dans leur religion. L'Évangile est un message pertinent pour eux aussi. Pour les convaincre de ce message, les arguments ne suffisent pas, il faut le vivre. Cela signifie les respecter inconditionnellement et éviter de les provoquer par des paroles ou des attitudes inappropriées.

Dans un sens, les musulmans sont des étrangers pour les chrétiens au sens religieux du terme. Ils le sont doublement dans les pays où ils sont des immigrés. La Torah précise que l'amour du prochain (Lv 19.18) comprend l'amour de l'étranger (Lv 19.33-34). Jésus a parfaitement lié ces deux commandements dans sa fameuse parabole du « Bon Samaritain » (Lc 10.25-37). Le moment venu, s'il plaît à Dieu, notre témoignage portera du fruit.

L'islam est-il une religion de paix ?

Dans la mesure où l'enseignement traditionnel de l'islam autorise et même ordonne l'usage de la force dans certaines conditions, on ne peut pas dire qu'il est juste une religion pacifique. Mais la violence débridée n'est pas permise et le djihad doit obéir à certaines règles que les djihadistes jettent par-dessus bord.

Dans un sens, l'islam n'existe pas, seuls les musulmans existent. Ils sont comme tout le monde, très différents les uns des autres. Beaucoup sont bienveillants, certains le sont moins. Leur attitude à notre égard dépend en partie de notre attitude à leur égard. Aussi, plutôt que de se demander si l'islam est une religion de paix, il serait peut-être plus utile de s'interroger pour savoir comment nous pouvons être des artisans de paix auprès d'eux. Dans un monde polarisé et potentiellement exposé au choc des civilisations, que des sirènes jugent inéluctable, chacun à son niveau doit assumer ses responsabilités afin que les prédictions alarmistes ne se réalisent pas.

La décadence morale de la civilisation occidentale ne prouve-t-elle pas l'échec du christianisme et de ses valeurs ?

Les valeurs chrétiennes sont celles du royaume de Dieu tel que les Évangiles nous le décrivent. Parmi ces valeurs, il y a celles-ci : justice, amour, vérité, humilité, paix, non-violence, non-discrimination, respect de la vie humaine, solidarité, attention portée aux personnes vulnérables, tout particulièrement aux enfants.

À bien des égards, les sociétés occidentales ont évolué au cours des dernières décennies dans un sens fort éloigné de l'enseignement de Jésus-Christ. En témoigne l'aggravation de symptômes tels que la désintégration de la cellule familiale, l'athéisme, l'individualisme, le matérialisme, l'hédonisme, l'avortement, le relativisme sexuel, la drogue, le suicide et la violence. Il apparaît ainsi que les sociétés occidentales ne sont plus (comme le croient nombre de musulmans) des sociétés chrétiennes. Ce sont des sociétés postchrétiennes marquées par un déclin démographique compensé en partie par l'arrivée de nouveaux migrants. Les gens qui se réclament du christianisme sont devenus minoritaires, et tous les chrétiens ne sont pas des chrétiens engagés. Ce qui est encore plus grave, c'est que l'enseignement ou le comportement de certains leaders chrétiens est en décalage très net par rapport à l'Évangile de Jésus-Christ.

La sécularisation de plus en plus marquée des sociétés occidentales explique en partie leur décadence morale. Cette situation n'est pas nécessairement pire qu'à l'époque où l'Église occupait une position très influente en Europe. On assistait alors à des guerres de religion, des persécutions de gens jugés hérétiques et des expéditions militaires menées au nom du christianisme, comme les croisades contre les musulmans du Proche-Orient et d'Afrique du Nord. La sécularisation permet à ceux dont la religion ne représente plus qu'un vernis culturel ou social de prendre plus facilement leurs distances par rapport à la foi. Elle peut aussi inciter les croyants dont la foi est personnelle à la vivre et à la partager avec ceux qui sont en quête d'un sens à donner à leur vie.

Jésus n'a pas mandaté ses disciples pour instaurer par la force une société chrétienne. Les chrétiens travaillent du mieux qu'ils peuvent à la transformation des individus et des communautés en faisant appel à la conscience de chacun. Il ne faut pas sous-estimer l'influence chrétienne dans les sociétés occidentales, ni dans le passé ni aujourd'hui. La contribution des chrétiens est tout à fait significative dans bien des domaines : l'éducation, l'accès aux soins médicaux, l'attention portée aux sans-abri, aux personnes âgées, aux personnes en situation de handicap, aux pauvres, dans la lutte pour l'abolition de l'esclavage (ancien et nouveau), et dans l'accueil des immigrés. Le pape François est souvent critiqué, y compris par certains catholiques, parce qu'à leurs yeux il insiste trop souvent sur le devoir de solidarité envers les pays pauvres dont sont issus beaucoup d'immigrés. Les chrétiens sont également présents dans le combat pour un commerce équitable, le respect de l'environnement, l'annulation des dettes du tiers-monde, la dénonciation de l'injustice, le combat contre la torture, la corruption, l'exploitation et la guerre.

Nous devons tenter d'être équitables dans le jugement que nous portons sur les sociétés occidentales et musulmanes. Les sociétés occidentales reflètent, dans une certaine mesure, les valeurs de l'enseignement chrétien (tolérance, droits de l'homme, liberté, solidarité, égalité, et démocratie). Certaines de ces valeurs sécularisées sont devenues folles, car elles ont été détachées de leur contexte biblique. Du coup se vérifie l'adage selon lequel « la corruption du meilleur engendre le pire ». La civilisation occidentale est donc ambivalente et notre appréciation dépend de l'angle sous lequel on la considère. On pourrait en dire autant de la civilisation islamique.

Qu'est-ce qui explique les rapports difficiles entre les juifs et les musulmans ?

Le conflit entre les musulmans et les juifs remonte aux origines de l'islam. La plupart des juifs arabophones, qui détenaient le pouvoir politique à Médine, n'ont pas accepté Muhammad comme prophète. Des polémiques religieuses virulentes s'en sont suivies entre les deux communautés (5.57-64). Mais ce sont surtout des enjeux politiques qui ont attisé le conflit et ont fini par donner une victoire nette aux musulmans. Cet arrière-plan religieux n'explique cependant pas tout, car de nombreuses communautés juives ont par la suite paisiblement vécu pendant de longs siècles dans les pays musulmans. Leur sort était généralement meilleur que dans la chrétienté d'Europe.

Le Premier congrès sioniste mondial réuni à Bâle en 1897 a été déterminant dans les événements du siècle dernier. Ce congrès s'est donné un programme dont l'objectif était ainsi défini : « Le sionisme vise à établir pour le Peuple juif une patrie reconnue publiquement et légalement en Palestine. » Il n'est pas déraisonnable de penser que le sionisme, une idéologie essentiellement nationaliste et séculière, s'est développé, au moins en partie, en réponse à la persécution multiséculaire des juifs en Europe.

Au début du siècle dernier, le gouvernement britannique comprenait des membres sympathisants de la cause sioniste. Parmi eux se trouvaient des hommes politiques très influencés par des chrétiens sionistes, eux-mêmes inspirés par la théologie dispensationaliste. Le 2 novembre 1917, Lord Arthur Balfour, secrétaire d'État britannique aux Affaires étrangères, adressa une lettre à Lord L. W. Rothschild, chef de la communauté juive britannique et financier du mouvement sioniste, dans laquelle il déclara que « le gouvernement de Sa Majesté regarde favorablement l'établissement d'un foyer national pour le peuple juif en Palestine et s'efforcera de faciliter la réalisation de cet objectif ».

La France et la Grande-Bretagne se partagèrent les pays du Proche-Orient au lendemain de la Grande Guerre qui vit s'effondrer l'Empire ottoman. La

Palestine passa ainsi sous mandat britannique, qui favorisa la colonisation des terres palestiniennes par des immigrés juifs. La Seconde Guerre mondiale a vu la persécution des juifs atteindre son paroxysme sous le régime nazi, ce qui sans doute accéléra la création de l'État d'Israël en 1948 sur une bonne partie de la Palestine. L'acte de création de l'État hébreu fut vite sanctionné par l'ONU, sans que les habitants de la Palestine puissent exercer leur droit à l'autodétermination, droit pourtant inscrit dans la charte des Nations Unies. Les Palestiniens ont été enragés par la tournure de ces événements qui les ont privés d'un État indépendant sur tout le territoire de la Palestine. Beaucoup ont trouvé refuge dans les pays voisins (Jordanie, Liban, Syrie, Égypte) tandis que d'autres ont émigré un peu partout dans le monde.

Les peuples arabes et musulmans continuent d'éprouver un fort sentiment de solidarité envers le peuple palestinien. Pour eux, les Palestiniens ont été injustement contraints de payer le prix fort de la persécution millénaire subie par les juifs en Europe, persécution à laquelle ils n'avaient nullement participé. En raison de leur échec, les négociations entre le gouvernement israélien et l'Organisation de Libération de la Palestine (dont l'idéologie est nationaliste et laïque) n'ont pas permis de donner au peuple palestinien une patrie digne de ce nom. Cela a pour conséquence la consolidation des idéologies djihadistes, en particulier parmi des groupes palestiniens jusqu'au-boutistes. Ces groupes réactivent des textes coraniques hostiles aux juifs et rappellent que Jérusalem (occupée dans sa totalité par Israël depuis la guerre des Six Jours en 1967) est le troisième lieu saint de l'islam, après La Mecque et Médine. Les Arabes et les musulmans continuent d'appeler Jérusalem *al-Qods*, « le lieu saint », car, selon la tradition islamique, le Prophète fit une nuit l'expérience (spirituelle) d'une ascension au ciel en passant par Jérusalem[7].

Tant que durera le conflit israélo-palestinien, le Proche-Orient restera une région instable, propre à alimenter les idéologies extrémistes. Toutefois, les intérêts politiques et économiques semblent de nos jours l'emporter sur toute autre considération dans la politique des pays arabes. En 2020, plusieurs pays ont décidé de normaliser leurs relations avec Israël : Bahreïn, E.A.U., le Soudan et le Maroc (près de 800 000 Juifs d'origine marocaine vivent aujourd'hui en Israël). L'Égypte et la Jordanie avaient déjà signé un traité de paix avec l'État juif, respectivement en 1979 et 1994. Cependant, les peuples arabes n'approuvent pas nécessairement la politique de leurs dirigeants, et les musulmans continuent

---

7. Le texte coranique fait une simple allusion à ce voyage nocturne (17.1) qui se trouve relaté en détail dans plusieurs récits du Hadith ; voir Bukhari, *manaqib al-ansar* (les fastes des *ansar*) 43.

d'éprouver une forte sympathie pour le peuple palestinien, victime à la fois de l'idéologie sioniste et de la politique biaisée des grandes puissances.

Pourquoi les chrétiens soutiennent-ils aveuglément l'oppression du peuple palestinien par l'État d'Israël ?

L'écrasante majorité des chrétiens ne soutient pas inconditionnellement la politique de l'État d'Israël. Ils ne confondent pas cet État avec l'Israël de la Bible. Ceux qui approuvent cette politique, « les chrétiens sionistes », sont souvent des chrétiens évangéliques, vivant surtout en Amérique et en Europe. Aujourd'hui, la plupart des chrétiens vivent dans les pays en voie de développement et non pas dans les pays occidentaux.

Les chrétiens occidentaux qui soutiennent Israël le font pour trois raisons principales. D'abord, ils éprouvent beaucoup de sympathie, et peut-être de culpabilité aussi, envers le peuple juif en raison de l'Holocauste de la Seconde Guerre mondiale pendant laquelle le régime nazi a fait disparaître près de six millions de juifs (ainsi que d'autres minorités). Ensuite, ils croient que Dieu a promis à Abraham de donner la terre de Canaan à ses descendants pour toujours lorsqu'il a conclu une alliance avec lui (Gn 15.18-21). Enfin, ils sont mal informés sur les événements historiques qui ont conduit à la création de l'État d'Israël et ils ignorent presque tout des souffrances endurées par le peuple palestinien depuis lors.

La théologie des chrétiens sionistes, qui s'appuie surtout sur des textes de l'Ancien Testament pour justifier leur soutien à Israël, est très éloignée de l'enseignement des quatre Évangiles. Jésus a prédit la destruction de Jérusalem et l'exil de ses habitants en raison de leur rejet du Messie, et il n'a fait aucune promesse quant à leur retour sur leur terre, encore moins quant à la restauration politique de leur nation (Lc 21.20-24). Dans l'Ancien Testament, les thèmes de la Terre promise, du Peuple élu et du Temple s'inscrivent dans le contexte historique particulier de l'Ancienne Alliance. Ils annoncent, par-delà eux-mêmes, la venue du Messie, Jésus-Christ, et la conclusion d'une nouvelle alliance qui accomplit toutes les promesses que Dieu avait faites à Israël (Mt 8.10-12 ; Mt 21.42-44 ; Lc 22.20 ; Jn 2.18-19 ; Ac 1.6-7).

Partout où la constitution d'un pays est étroitement associée à une religion ou une idéologie spécifique, ou à un groupe ethnique particulier, les minorités religieuses et ethniques souffrent. Au mieux, ces minorités sont l'objet de discrimination, et au pire, elles sont opprimées, voire persécutées. Cela fut le cas dans les nations dites chrétiennes pendant le Moyen Âge. Actuellement, le régime des nations européennes est laïc dans les faits, même dans les pays où il existe une Église établie ayant des liens formels avec l'État (p. ex. Royaume-Uni, Danemark). De nos jours, les minorités religieuses et ethniques continuent à être maltraitées dans nombre de pays (p. ex. les Républiques islamiques, Israël, Chine). Aussi, un véritable régime laïc libre de toute appartenance ethnique ou religieuse offre des conditions plus favorables à une véritable démocratie et à la protection des droits de l'homme.

Israël est perçu par de nombreux Occidentaux comme un État laïc et démocratique, mais la réalité est très différente, en tout cas pour les non-juifs. N'importe quel juif dans le monde a le droit d'émigrer en Israël tandis que les Palestiniens vivant à l'étranger dont les parents ou grands-parents sont nés en Palestine n'ont pas le droit de vivre sur cette terre. Le 19 juillet 2018, la Knesset (parlement israélien) a adopté une loi dite fondamentale qui fait d'Israël « l'État-nation du peuple juif ». Cette loi renforce chez les Palestiniens (musulmans et chrétiens) de nationalité israélienne (qui représentent environ 20 % de la population) le sentiment qu'ils sont traités comme des citoyens de seconde classe, comme s'ils étaient des étrangers sur la terre où ils sont nés.

Quels que soient leurs sentiments ou leurs convictions concernant Israël, les chrétiens doivent rechercher la justice et la paix partout où il y a des conflits. Cela signifie se montrer solidaires du peuple palestinien à qui les dirigeants israéliens continuent de nier le droit à une vraie patrie. La politique israélienne n'est-elle pas paradoxale quand on sait combien le peuple juif a lutté pour avoir une patrie qui soit la sienne ? Les Palestiniens sont le peuple réfugié et apatride le plus nombreux au monde. Les chrétiens doivent aussi se montrer sensibles à la souffrance des civils israéliens visés par des attaques terroristes. Les paroles de Jésus sont sans ambiguïté dans leur condamnation de la violence : « Tous ceux qui prennent l'épée périront par l'épée » (Mt 26.52).

Les prophètes juifs étaient les premiers à critiquer les membres de leur peuple lorsqu'ils s'éloignaient de l'enseignement de la Torah, notamment en opprimant les étrangers qui vivaient parmi eux (Jr 22.3 ; Ml 3.5). Aujourd'hui, beaucoup de juifs courageux s'élèvent contre l'occupation des terres palestiniennes et l'oppression par Israël des Palestiniens qui ont le tort de demander que soient respectés leurs droits.

Parmi les organisations israéliennes très critiques vis-à-vis de la politique d'Israël on trouve B'Tselem, « le Centre d'information israélien sur les droits de l'homme dans les Territoires Occupés »[8]. Le 12 janvier 2021, B'Tselem a publié un

---

8. Ce Centre, fondé en 1989, explique sur son site internet que son nom, qui signifie « à l'image de », fut choisi par son fondateur juif, alors membre de la Knesset, en référence directe au texte de Genèse 1.27 (« Dieu créa l'homme à son image, à l'image de Dieu il le

rapport très documenté intitulé « Un régime de suprématie juive depuis le fleuve du Jourdain jusqu'à la Méditerranée. C'est de l'apartheid ». Ce rapport rappelle la signification, selon les conventions internationales, du mot « apartheid », à savoir « le principe organisateur d'un régime consistant à promouvoir systématiquement la domination d'un groupe par un autre et à travailler à la consolider ». Examinant à la loupe la réalité contrastée que vivent les Israéliens d'un côté et les Palestiniens de l'autre, il souligne le caractère institutionnel de la discrimination entre les deux peuples. Le rapport conclut que « la barre permettant de qualifier d'apartheid le régime israélien a été franchie[9] ». Des organisations comme B'Tselem font honneur au remarquable héritage qu'Israël a reçu dans la Bible et qui doit faire réfléchir tous ceux qui se réclament de cet héritage.

Ceux qui soutiennent aveuglément Israël ne contribuent pas à un règlement juste et pacifique du conflit entre ces deux peuples. On entend parfois que l'antisémitisme et l'antisionisme sont en réalité une seule et même chose. Cet argument vise évidemment à protéger Israël de toute critique, même légitime, de sa politique envers les Palestiniens. L'antisémitisme est la haine des juifs, comme l'islamophobie est la haine des musulmans. En revanche, l'antisionisme est l'opposition politique à l'idéologie sioniste, hégémonique et expansionniste, de l'État hébreu. Les deux termes ne se confondent pas et il est faux de prétendre qu'ils sont interchangeables. Reconnaissons, toutefois, que le danger est bien réel de passer du débat d'idées à l'hostilité envers les personnes dont on combat l'idéologie.

La violence nourrit toujours la violence et augmente la souffrance de tous. C'est hélas le cas dans le conflit israélo-arabe qui continue de faire de nombreuses victimes des deux côtés. Fort heureusement, de plus en plus d'Israéliens et de Palestiniens s'engagent dans des actions non violentes en faveur d'un règlement juste et pacifique du conflit. Ils ont vraiment besoin de notre soutien pour qu'un jour les Juifs et les Palestiniens puissent jouir des mêmes droits sur la même terre.

---

créa »), afin d'exprimer l'impératif moral juif et universel de respecter et de soutenir les droits humains pour tous. Voir sur le site du Centre le texte du rapport en question (onglet « Publications ») : https://www.btselem.org/about_btselem.

9. Les deux citations se trouvent ici : https://www.btselem.org/publications/fulltext/202101_this_is_apartheid/, sous la section « No to Apartheid: That Is Our Struggle ». Selon le dernier Rapport Mondial d'Amnesty International (publié le 2 février 2022), « Israël impose un régime d'oppression et de domination aux Palestinien·ne·s dans toutes les zones sous son contrôle, en Israël et dans les TPO [Territoires Palestiniens Occupés], ainsi qu'aux personnes réfugiées palestiniennes, au profit de la population juive israélienne. Ce régime s'apparente à un apartheid, interdit par le droit international ». Human Rights Watch aboutit aux mêmes conclusions dans son propre rapport (voir amnesty.org et hrw.org).

Pourquoi la plupart des pays islamiques sont-ils pauvres, sous-développés et soumis à des pouvoirs autoritaires ?

Les pays islamiques ne sont pas tous pauvres, sous-développés et gouvernés par des régimes autoritaires. Certains sont très riches et développés (p. ex. la Malaisie, les pays du golfe arabo-persique). La solidarité islamique voudrait que ces pays investissent leurs pétrodollars dans les pays islamiques en voie de développement plutôt que dans des banques occidentales et de grands groupes internationaux. S'ils le faisaient, ils contribueraient de façon significative à l'amélioration de la vie de nombreuses populations musulmanes.

Il n'est pas toujours pertinent d'associer pauvreté et sous-développement à certaines religions ou à des pratiques religieuses spécifiques à tel ou tel contexte. Beaucoup de pays pauvres ou en voie de développement ne sont pas des pays islamiques. En fait, un certain nombre de pays à forte majorité chrétienne sont confrontés aux mêmes problèmes socioéconomiques (p. ex. Haïti, les Philippines, la Centrafrique).

La pauvreté matérielle n'est pas un mal en soi. Beaucoup de gens pauvres sont en réalité plus heureux et meilleurs que les gens riches. La richesse n'est en soi ni bonne ni mauvaise. La question que l'on doit se poser est : « Comment est-on devenu riche et que fait-on de sa richesse ? » La pauvreté et la richesse nous exposent à des tentations différentes : corruption, exploitation, sentiment d'autosuffisance, de puissance et d'invulnérabilité, vol, orgueil, mépris des autres, etc. Aussi trouvons-nous dans le livre des Proverbes cette belle prière :

> Je t'ai demandé [Seigneur] deux choses, ne me les refuse pas avant que je meure :
> Éloigne de moi fausseté et mensonge, ne me donne ni indigence ni richesse ;
> dispense-moi seulement ma part de nourriture,
> car, trop bien nourri, je pourrais te renier en disant : « Qui est le SEIGNEUR ? »
> ou, dans la misère, je pourrais voler, profanant ainsi le nom de mon Dieu. (Pr 30.7-9)

Un certain nombre de pays musulmans sont pauvres parce qu'ils ont peu de ressources naturelles (Mali, Mauritanie, Niger). Leur climat chaud et sec et la désertification croissante rendent l'agriculture difficile et ne favorisent pas le développement du tourisme. Par conséquent, il n'est pas surprenant que ces pays aient plus de mal que d'autres à sortir leur population du seuil de pauvreté. Tous les défis, en particulier les défis économiques auxquels les pays musulmans doivent faire face, ont des causes internes variées (mauvaise gouvernance, corruption) aussi bien que des causes externes. Parmi ces dernières, il y a le fait que les pays occidentaux et les grandes multinationales imposent souvent leurs règles à l'économie mondiale. Par exemple, le prix du café est fixé non pas par les pays producteurs (p. ex. Côte d'Ivoire, Ethiopie, Brésil, Yémen) mais par des compagnies multinationales.

Il peut y avoir une certaine corrélation entre difficultés économiques et croyances religieuses là où des musulmans ou des chrétiens donnent de mauvaises interprétations à leurs Écritures. Les musulmans sont fortement imprégnés de l'idée de la souveraineté de Dieu, ce qui en conduit certains à adopter une mentalité fataliste qui minimise la responsabilité personnelle. Comme toute religion, l'islam a connu tour à tour des périodes de réforme et de stagnation. La pensée islamique s'est progressivement fossilisée pour de multiples raisons.

La civilisation musulmane a été prospère et florissante à une époque où l'Europe l'était beaucoup moins (entre le VIIIe et le XIVe siècle). L'islam a suscité d'illustres savants dans plusieurs domaines, tels que les mathématiques, la médecine, l'astronomie, l'historiographie, la sociologie et la philosophie. Parmi les savants musulmans qui ont exercé une grande influence sur le développement de la science en Europe, on trouve le mathématicien al-Khwarizmi (235/850), le médecin Ibn Sina, connu en Occident sous le nom d'Avicenne (428/1037), le physicien Ibn al-Haytham, dit Alhazen (430/1039), le philosophe Ibn Rushd, connu sous le nom d'Averroès (595/1198) et le sociologue Ibn Khaldun (808/1406). On traduisait beaucoup de leurs ouvrages en latin pour les étudier ensuite dans les universités européennes. Un grand nombre de travaux philosophiques et scientifiques en langue grecque ont d'abord été traduits en arabe, puis en latin avant d'atteindre l'Europe médiévale. L'Espagne musulmane a joué un rôle décisif dans la transmission de ce riche patrimoine, grâce à la collaboration harmonieuse et fructueuse de savants juifs, chrétiens et musulmans.

L'épanouissement de l'homme ne se mesure pas seulement à l'aune de ses progrès technologiques et scientifiques. La civilisation ne se réduit pas à la liberté, aux droits de l'homme et à la démocratie. L'épanouissement spirituel et le développement personnel font partie intégrante de la plénitude de la vie humaine. Les valeurs morales sont inséparables de l'activité humaine. La civilisation occidentale peut certes se prévaloir de succès incontestables dans beaucoup de domaines, d'une efficacité impressionnante et d'une grande prospérité économique. Mais elle est aussi marquée par le naufrage de ses valeurs morales et spirituelles. Pris dans son ensemble, comme nous l'avons déjà indiqué, son bilan est plutôt mitigé.

Deuxième partie

Islam et christianisme

6

La falsification de la Bible

Mythe ou réalité ?

La deuxième partie de ce livre examinera des questions théologiques clés qui font débat entre les chrétiens et les musulmans depuis les origines de l'islam jusqu'à nos jours. Les deux religions sont fondées sur deux livres saints tenus pour révélés, la Bible et le Coran, et considérés comme la Parole de Dieu respectivement par les chrétiens et les musulmans.

La théologie musulmane met en doute la fiabilité du texte biblique. Il faut donc commencer par examiner le bien-fondé de ces critiques. En effet, cette crédibilité est un préalable à toute bonne discussion sur la personne de Jésus-Christ et sa mission (ch. 7) ainsi que sur les deux versions du monothéisme que nous offrent les traditions biblique et coranique : monothéisme trinitaire d'un côté, monothéisme unitaire de l'autre (ch. 8). Le salut de l'homme grâce au pardon des péchés est au centre de l'Évangile (Lc 24.47). Quelles conceptions du salut trouvons-nous dans les deux Écritures et sur quels attributs divins se fondent-elles ? Le chapitre 9 tentera de répondre à ces questions dans l'islam et le christianisme.

Le dernier chapitre de ce livre insistera sur le fait que, malgré les divergences théologiques importantes entre le christianisme et l'islam, il existe entre eux de nombreuses convergences en termes de croyances religieuses et de principes éthiques. Ces convergences forment une solide base pour une coopération islamo-chrétienne visant à apporter une contribution significative au bien-être de la société dans laquelle nous vivons.

« Le Peuple du Livre »

Pour l'islam, le judaïsme et le christianisme sont deux religions révélées, toutes deux fondées sur une Écriture sainte, respectivement la Torah, donnée à Moïse, et l'Évangile, attribué à Jésus. Le Coran mentionne également le *zabour* de David, probablement le livre des Psaumes. Les expressions « Ancien Testament » et « Nouveau Testament » sont donc étrangères au Coran ainsi qu'à la grande majorité des musulmans. Ces derniers sont familiers des histoires bibliques dont parle le Coran. Celui-ci mentionne nommément une trentaine de personnages et de prophètes bibliques bien que les récits les concernant ne reprennent pas tels quels le texte biblique. En fait, on ne trouve dans le Coran aucune citation littérale de la Bible, à une seule exception près[1].

Les histoires bibliques sont reprises dans le Coran sous une forme raccourcie et dans une perspective islamique. Ainsi est écarté tout élément qui ne semble pas s'accorder avec la foi islamique, en particulier le monothéisme. La mission du Prophète se trouve intégrée dans l'histoire biblique de la révélation. Ainsi, les deux récits coraniques de l'Annonciation faite à Marie (3.45-48 ; 19.16-21) attestent la conception virginale de Jésus, mais sans le décrire comme « Fils du Très-Haut » comme le fait l'Évangile de Luc (Lc 1.26-38). De même, Abraham, en tant que croyant monothéiste est le père des musulmans, selon le Coran (22.78). Il n'était ni juif ni chrétien, car il a vécu avant Moïse, fondateur du judaïsme, et bien sûr longtemps avant le Christ. En réalité, il était musulman avant l'heure et ses plus dignes héritiers sont le Prophète et les membres de sa communauté (2.65-68).

Pour l'islam, les deux fils d'Abraham, Ismaël et Isaac, étaient tous les deux des prophètes. De l'aîné est issu le peuple arabe et du cadet le peuple juif. Jésus a été le dernier prophète juif envoyé aux Juifs, et Muhammad le dernier prophète arabe envoyé aux Arabes. Abraham, avec l'aide de son fils Ismaël, a construit le temple de La Mecque. Tous les deux ont demandé à Dieu d'envoyer à leur postérité un messager pour instruire leurs descendants dans la vérité. Pour les musulmans, la venue de Muhammad représente l'exaucement de cette prière :

> Notre Seigneur ! Envoie-leur un Apôtre issu d'eux, qui leur récitera
> Tes versets et leur enseignera l'Écriture et la Sagesse et les purifiera.
> En vérité, Tu es le Tout-Puissant, le Sage. (2.129)

---

1. Le verset 105 de la sourate 21 dit : « Avant cela, Nous (Dieu) avons écrit dans les Psaumes après le Rappel : "Mes serviteurs justes auront la terre en héritage." » Ce verset cite sans doute Psaume 37 versets 11 et 29, repris par Jésus dans l'une des Béatitudes : « Heureux les doux : ils auront la terre en partage. » (Mt 5.5) Quant au « Rappel », *dhikr*, il s'agit probablement de la Torah de Moïse.

L'origine divine de la Bible (Ancien et Nouveau Testament) est donc reconnue par l'islam, du moins en théorie. En fait, les auteurs musulmans mettent en doute la fiabilité des textes bibliques, et ce pour une raison très simple : les enseignements du judaïsme et du christianisme contredisent la doctrine de l'islam sur des points très importants. Comment peut-on expliquer ces contradictions ? C'est précisément le rôle assigné par les théologiens musulmans à la théorie de la falsification de la Bible. Les chrétiens n'ont pas de difficulté à expliquer ces contradictions puisque pour eux le Coran ne constitue pas une révélation divine, Dieu ayant couronné sa révélation par l'incarnation de son Fils (Hé 1.1-3)[2].

Muhammad a-t-il été annoncé dans la Bible ?

Historiquement, le premier sujet de conflit entre la communauté musulmane et les deux autres communautés monothéistes a été l'apostolat de Muhammad : était-il réellement envoyé par Dieu ? Selon le Coran, Muhammad était annoncé dans les deux parties de la Bible :

> Je (Dieu) prescrirai Ma bonté… pour tous ceux qui suivent l'Apôtre, le Prophète, *ummi*[3], illettré qu'ils trouvent annoncé chez eux dans la Torah et l'Évangile. (7.157)

Jésus lui-même aurait aussi prédit la venue de Muhammad :

> Ô Fils d'Israël ! Je suis l'Apôtre de Dieu envoyé vers vous, pour confirmer la Torah et pour vous annoncer un Apôtre qui viendra après moi et dont le nom sera Ahmad[4]. (61.6)

---

2. Le lecteur souhaitant approfondir la question de la falsification de la Bible selon l'enseignement islamique est invité à lire les chapitres 2 à 5 et 20 de mon livre *La foi à l'épreuve. L'islam et le christianisme vus par un Arabe chrétien*, 2e éd., Charols, Excelsis, 2014.
3. Le mot *ummi* est compris par la plupart des auteurs musulmans dans le sens d'une personne analphabète ou illettrée, ne sachant ni lire ni écrire. Le même mot se retrouve dans d'autres textes coraniques où il est clairement question d'un illettrisme religieux, c'est-à-dire une ignorance des saintes Écritures. Cette ignorance caractérisait le peuple arabe qui, à la différence du peuple d'Israël, n'avait pas d'Écriture sainte antérieure au Coran (3.20, 75 ; 62.2). L'adjectif est aussi appliqué à certains juifs qui méconnaissent le sens de leurs propres Écritures (2.78). Muhammad Hamidullah est parmi les rares exégètes musulmans qui comprennent l'illettrisme de Muhammad dans un sens religieux. Aussi sa traduction des versets 7.157-158 porte « le prophète gentil », appartenant aux Gentils, c'est-à-dire les « Nations », ou les « païens » (voir Rm 1.16 ; 15.8-9). Dans ce sens Paul se considérait, comme le rappelle M. Hamidullah, « l'apôtre des Gentils » (Rm 15.15-18 ; Ga 2.8).
4. Le nom « Ahmad » est une variante de « Muhammad ». Les deux noms signifient « celui qui est digne de louange ».

La communauté musulmane s'attendait donc à ce que les gens du Livre reconnaissent en Muhammad un prophète envoyé par Dieu, or il n'en fut rien. Les juifs et les chrétiens n'ont trouvé dans leurs Écritures respectives aucune prédiction concernant la venue d'un prophète arabe. Notons que les deux textes qu'on vient de citer n'invoquent à l'appui de leurs allégations aucun texte biblique qui ferait mention de près ou de loin de la mission de Muhammad. La réponse des théologiens musulmans aux juifs et aux chrétiens fut très simple : « Vous ne trouvez dans vos Écritures aucune mention de notre prophète ? Si c'est vraiment le cas, cela montre que vos Écritures ont été falsifiées. »

Les théologiens musulmans ont par la suite cherché dans le Coran des textes qui pourraient soutenir leur accusation mettant en doute l'authenticité des Écritures. Ils y ont trouvé une vingtaine de versets qui reprochent au Peuple du Livre la manière dont ils traitent les Écritures[5]. Ces textes visent les juifs plutôt que les chrétiens. En effet, après sa migration à Médine, la communauté musulmane s'est trouvée en conflit ouvert avec les juifs de cette ville.

Les plus significatifs de ces textes sont les quatre versets qui font usage du verbe « falsifier », *harrafa* (2.75 ; 4.46 ; 5.13, 44). Aucun de ces versets ne mentionne explicitement le texte biblique. Dans un seul verset, il est question de « la Parole de Dieu » (2.75), ce qui pourrait désigner la Torah, l'Évangile ou même le Coran, comme le fait remarquer Tabari, un grand exégète. Dans le cas où il serait question du Coran, hypothèse plausible, cela voudrait dire que les juifs déformaient la Parole de Dieu prêchée par le Prophète pour mieux le discréditer.

À supposer que c'est bien du texte biblique dont il est question, plusieurs interrogations demeurent. En effet, ces textes ne nous renseignent guère sur le temps où la falsification se serait produite ni sur le comment de la falsification. Ils sont aussi obscurs par rapport aux acteurs de la falsification, à son objet et à son motif. Les auteurs musulmans ont tenté de donner des précisions sur tous ces points qui sont par ailleurs liés les uns aux autres.

Deux théories sur la falsification de la Bible

Très rares sont les musulmans qui savent qu'il existe deux théories au sujet de la falsification, car les théologiens musulmans ne sont pas unanimes quant au sens de la falsification. Un premier groupe considère que la falsification porte sur le texte biblique lui-même, ce qu'il est convenu d'appeler « la falsification textuelle (ou littérale) ». Selon un second groupe, la falsification concerne le sens du texte, ce qui ne met pas en doute son authenticité. Ainsi, « la falsification du sens »

---

5. Voir Coran 2.12, 59, 79, 135, 144-146, 174 ; 3.65-67, 71, 78, 187 ; 5.15 ; 6.91.

serait le résultat de mauvaises interprétations données par les autorités juives et chrétiennes à leurs livres saints. Les théologiens partisans de la falsification textuelle comptent parmi eux Ibn Hazm, Juwayni et, dans une certaine mesure, Ibn Taymiyya. Maurice Bucaille, un médecin français converti à l'islam, a propagé leurs idées dans un livre qui a connu un très grand succès après sa publication en 1979 (voir bibliographie). La liste des penseurs qui croient à la falsification du sens comprend des auteurs illustres, entre autres Razi, Baqillani, Avicenne, Ghazali, et plus près de nous, Muhammad 'Abduh.

Falsification du texte

Beaucoup d'auteurs musulmans font remonter la falsification de la Torah à l'invasion et à la destruction de Jérusalem (en 587 avant notre ère) par Nabuchodonosor, roi de Babylone (cf. 2 R 24-25). Selon eux, cet événement tragique a entraîné la destruction du Temple et des manuscrits de la Torah. À leur retour d'exil, les juifs ont tenté de reconstituer de mémoire leur Écriture. Esdras, qui était l'agent principal de cette reconstitution, n'était pas prophète ; par conséquent, son travail était défectueux. Cela expliquerait son manque de fiabilité et les nombreuses incohérences internes de la Torah, notamment ses contradictions avec l'histoire, la géographie, et surtout avec l'enseignement du Coran[6]. Le défaut majeur de la Torah reconstituée résiderait dans le fait que les textes annonçant la venue de Muhammad ont presque tous disparu.

Selon la majorité des adeptes de la falsification littérale, le texte biblique n'a pas été changé délibérément, ce sont plutôt les circonstances historiques qui expliquent son altération. Cependant, certains soutiennent que les textes bibliques ont été modifiés intentionnellement pour y faire disparaître les passages où il était question de la venue de Muhammad. Cette opération aurait donc eu lieu du temps du Prophète afin de justifier son rejet par les juifs.

Selon les partisans de la falsification textuelle, la preuve que l'Évangile est altéré est évidente. Le Coran atteste que Dieu a révélé à Jésus un (seul) Évangile, or selon les chrétiens il en existe quatre dont aucun n'est attribué à Jésus. Ces livres ont été rédigés des dizaines d'années après l'ascension de Jésus au ciel. De plus, ils ont été écrits en grec alors que la langue de Jésus était l'araméen.

---

6. Ces contradictions incluent la durée du séjour des juifs en Égypte (Gn 15.13 ; Ex 12.40), l'inexistence des deux premiers fleuves des quatre fleuves d'Eden (Gn 2.10-14), l'âge des patriarches (qui n'est pas le même dans le texte hébreu et le texte grec de la Septante), et même la création d'Adam à l'image de Dieu (Gn 1.26-27), car selon le Coran rien dans la création ne ressemble à Dieu, pas même les êtres humains (42.11).

Cela expliquerait amplement l'altération des évangiles et les nombreuses contradictions qu'ils contiennent[7].

Aujourd'hui, certains musulmans prétendent que le véritable évangile est « l'Évangile de Barnabé » qui, malgré son titre, n'a rien à voir avec l'un des compagnons de l'apôtre Paul (cf. Ac 13-14). L'auteur, qui s'attribue explicitement la paternité de cet écrit, se nomme Barnabé et remplace Thomas dans la liste des douze apôtres. Cet Évangile confirme la doctrine islamique sur de nombreux points, notamment en rapportant une prédiction de Jésus plusieurs fois répétée concernant la venue d'un prophète qui aura pour nom « Muhammad ».

Muhammad est décrit dans « l'Évangile de Barnabé » comme le « Messie », contrairement au Coran qui réserve ce titre à Jésus. Les savants qui ont étudié de près cet écrit sont tous d'accord pour dire qu'il s'agit d'un faux, vraisemblablement rédigé au seizième siècle par un Italien converti à l'islam. Le seul manuscrit dont nous disposons de ce pseudo-évangile est en italien et se trouve conservé dans une bibliothèque de Vienne. Par ailleurs, le fait qu'aucun des théologiens musulmans de l'époque ancienne ne mentionne cet écrit confirme qu'il remonte à une date relativement récente.

Les autres livres du Nouveau Testament (Actes, Épîtres et Apocalypse) n'ont tout simplement pas leur place dans la Parole de Dieu, aux yeux des musulmans, car leurs auteurs n'étaient pas prophètes. N'étant pas divinement inspirés, leurs écrits ne sont pas dignes de confiance.

Nombre de musulmans considèrent que le véritable fondateur du christianisme n'est pas Jésus, mais Paul, l'auteur d'une bonne partie du Nouveau Testament ; or Paul ne faisait pas partie des douze apôtres de Jésus. C'est lui qui aurait transformé le christianisme d'une religion monothéiste sémitique en une religion trithéiste fortement influencée par la pensée grecque. C'est aussi lui qui aurait inventé la doctrine du salut par la foi en la mort expiatoire de Jésus.

Les tenants de la falsification textuelle soulignent la multiplicité des manuscrits bibliques ainsi que les différences, énormes à leurs yeux, que l'on trouve entre les différentes traductions. Certains font aussi remarquer que certaines Bibles comptent soixante-six livres tandis que d'autres en comptent huit de plus. Il s'agit pour eux d'une preuve irréfutable que les Écritures ont été corrompues.

---

7. Les textes invoqués à l'appui de la falsification textuelle comprennent les deux généalogies de Jésus (Mt 1.1-17 ; Lc 3.23-38), le jour exact où Jésus a chassé les marchands du Temple (Mc 11.15-17 ; Jn 2.13-17), l'attitude des deux larrons crucifiés à côté de Jésus (Mt 27.39-44 ; Lc 23.39-43), la déclaration de Jésus selon laquelle il n'est pas venu abolir la loi de Moïse (Mt 5.17) alors qu'il a interdit le divorce et annulé la loi du talion (Mt 5.31-32, 38-48).

Les partisans de la falsification littérale font peu de cas des textes coraniques qui semblent faire confiance au texte biblique. Par exemple, le Coran affirme qu'il confirme la Torah et l'Évangile (2.89, 91, 97, 101 ; 3.3, 81 ; 5.48 ; 6.92 ; 35.31). Comment pourrait-il confirmer ces Écritures si elles ont été falsifiées ? Il décrit la Torah et l'Évangile comme « une lumière et une direction » divines (5.46). Peut-on décrire en ces termes des Écritures qui ont été corrompues ? Selon le Coran, les musulmans sont tenus de croire aux Écritures judéo-chrétiennes (3.84, 119 ; 4.136). Les juifs et les chrétiens ont l'obligation de se conformer aux jugements de leurs Écritures (5.43, 45, 47) et de suivre leurs enseignements (5.66, 68). Curieuse façon de parler des Écritures si elles étaient falsifiées !

Falsification du sens

Des théologiens musulmans de renom contestent la théorie de la falsification textuelle et lui préfèrent celle de la falsification du sens. Ils font valoir des arguments théologiques et rationnels. Les partisans de la falsification du sens soulignent que la Parole de Dieu doit refléter le caractère de son divin auteur. Comme Dieu est véridique, sa Parole doit l'être aussi, elle doit donc être digne de confiance. Ils font remarquer que la théorie de la falsification textuelle porte atteinte à la véracité divine. Selon le Coran, Dieu se porte garant de la véracité de sa Parole : « Il n'y a personne qui puisse modifier les Paroles de Dieu » (6.34 ; cf. 10.64 ; 15.9 ; 18.27).

Si Dieu ne veille pas sur sa Parole pour la préserver de toute corruption, s'interroge Razi, qu'est-ce qui nous garantit que le Coran n'a pas été lui-même altéré en raison des vicissitudes de l'histoire ? Parmi les arguments rationnels, 'Abduh fait remarquer qu'il est hautement improbable qu'une communauté religieuse manipule ses propres textes sacrés. De plus, les juifs et les chrétiens étaient hostiles les uns aux autres, et si les uns avaient touché à leurs Écritures ils auraient tout de suite été dénoncés par les autres.

Enfin, on fait remarquer que les textes de la Torah et de l'Évangile étaient largement disséminés dans tout le bassin méditerranéen. Même si les deux communautés avaient voulu modifier leurs Écritures pour en supprimer les textes concernant la venue de Muhammad, ils n'auraient pas pu le faire ne serait-ce que pour des raisons pratiques. Un autre argument majeur est avancé par les partisans de l'altération par mauvaise interprétation : sans l'engagement de Dieu à préserver sa Parole de toute corruption, sa décision de révéler cette Parole n'aurait aucun sens, serait absurde et mettrait en doute sa véracité.

Les tenants de la falsification textuelle n'affirment pas que le texte biblique a été modifié dans sa totalité. Ils considèrent que de larges portions de ce texte sont restées inchangées, y compris des passages prophétiques concernant la venue de Muhammad. À l'inverse, les partisans de la falsification par mauvaise interprétation n'excluent pas entièrement qu'un nombre très limité de textes bibliques aient été modifiés, par exemple les prédictions concernant la venue de Muhammad.

Tous les théologiens musulmans cherchent à interpréter les textes bibliques de façon à les faire concorder avec le message coranique. Ils ont recours à des interprétations tantôt métaphoriques tantôt rationnelles pour nier la divinité du Christ et la Trinité divine. Quant à la mission annoncée de Muhammad, la prophétie du Deutéronome concernant le « Nouveau Moïse » est souvent citée (Dt 18.15-18). Dans cette prophétie, Dieu dit à Moïse qu'il enverra aux Israélites « du milieu de leurs frères » un prophète « comme [lui] ». On affirme que les Arabes et les Juifs sont des frères puisque leurs ancêtres respectifs (Ismaël et Isaac) étaient des frères. Par ailleurs, Muhammad ressemble à Moïse bien plus que Jésus : tous les deux sont nés d'une façon ordinaire et sont morts naturellement, tous les deux étaient à la fois des législateurs, des prophètes et des chefs politiques.

Les chrétiens admettent que certains traits sont communs à Moïse et Muhammad. Toutefois, la mission de Moïse a préfiguré celle de Jésus sur plusieurs points. Le premier a libéré son peuple de l'esclavage en Égypte, le second a libéré le sien d'un plus grand esclavage, celui du péché et de la mort. Le premier était le porte-parole de Dieu, le second était en sa personne la Parole de Dieu. Dans le contexte du Deutéronome, les frères des Israélites sont d'autres Israélites, par opposition aux étrangers (cf. Dt 17.14-15). Jésus savait qu'il était le prophète annoncé par Moïse (Jn 5.46). Ses disciples aussi le savaient, notamment Pierre qui a cité dans un de ses discours le chapitre 18 du Deutéronome (Jn 1.45 ; Ac 3.20-22).

Les textes du Nouveau Testament constamment cités en faveur de la venue de Muhammad concernent « le Paraclet », le Consolateur, le Conseiller, le Défenseur, Celui qui viendra en aide aux disciples de Jésus après son départ (Jn 14.16, 26 ; 15.26 ; 16.7). Les auteurs musulmans, notamment M. Bucaille, avancent que le mot grec *parakleetos* a très bien pu remplacer (par inadvertance ou intentionnellement) un autre mot similaire et de consonance très voisine en grec, *periklytos*, lequel, traduit en arabe, signifierait « celui qui est digne de louange », autrement dit Muhammad. Il se trouve qu'aucun manuscrit de l'Évangile de Jean ne porte *periklytos*. Par ailleurs, Jésus désigne clairement « le Paraclet » dans les textes en question comme « l'Esprit de vérité » et « le Saint-Esprit ». Il a aussi demandé à ses disciples de ne pas quitter Jérusalem, car la promesse qu'il leur avait faite se réaliserait « d'ici quelques jours » (Ac 1.5 ; cf. Lc 24.49). De fait, elle se réalisa dix jours après l'ascension de Jésus au ciel (Ac 2.1-4).

La section suivante se penchera sur une question particulière qui illustre la différence entre la théologie chrétienne et la théologie musulmane quant à leurs façons de comprendre le sens de la fiabilité de la révélation divine dans les Écritures.

Les prophètes sont-ils sans péché ?

Pour l'ensemble des théologiens musulmans, les textes bibliques rapportant des péchés attribués à certains prophètes posent un sérieux problème. Selon la doctrine islamique, dans la mesure où les prophètes sont des messagers de Dieu, ils doivent être irréprochables, voire infaillibles. Ils jouissent de ce qu'il est convenu d'appeler « l'impeccabilité prophétique ». Ils se discréditeraient s'ils commettaient des péchés et porteraient gravement atteinte à la gloire de Celui qui les a envoyés. Les prophètes sont aussi les leaders spirituels de leur communauté ; à ce titre, ils sont des modèles pour leur peuple et doivent donner l'exemple par leur conduite aussi bien que par leurs paroles. Par conséquent, ils ne commettent pas de péché sérieux, en tous cas pas après leur entrée dans le ministère prophétique.

La Bible rapporte de nombreux récits qui mettent en lumière le comportement immoral de grands hommes de Dieu dans certaines circonstances : l'ivresse de Noé (Gn 9.20-21), le mensonge d'Abraham au sujet de sa femme Sara (Gn 12.11-13), la proposition faite par Lot à ses concitoyens de mettre ses filles à leur disposition afin de protéger ses hôtes (Gn 19.8), le traitement déshonorant de ce même Lot par ses filles (Gn 19.31-35), l'attitude outrageusement immorale de Juda envers Tamar, sa belle-fille (Gn 38.11-26), le meurtre d'un Égyptien par Moïse (Ex 2.11-12), l'adultère et le meurtre commis par David (2 S 11)[8]. Le miracle opéré par Jésus aux noces de Cana (Jn 2.1-11) est inconcevable pour les musulmans (étant donné que l'islam interdit la consommation d'alcool) ainsi que son attitude apparemment peu charitable vis-à-vis de la femme syro-cananéenne (Mt 15.26). En effet, selon le Coran et à la différence des autres prophètes, Jésus fut sans péché depuis sa naissance jusqu'à la fin de sa vie sur terre (19.19).

On retrouve certains de ces récits dans le Coran. Les textes coraniques mentionnant les péchés commis par les prophètes sont interprétés par les auteurs

---

8. Curieusement, la conduite du roi Salomon, dont les épouses et les concubines se comptaient par centaines (1 R 11.2-4), et qui s'était éloigné du Seigneur à la fin de sa vie, ne semble pas avoir retenu l'attention des auteurs musulmans.

musulmans de façon à protéger leur honorabilité. Ainsi, Moïse n'avait pas encore reçu l'appel prophétique quand il tua l'Égyptien (28.15-16), ni Adam lorsqu'il désobéit au commandement divin (7.23). Abraham n'a pas menti en disant au Pharaon que Sara était sa sœur, car elle était sa sœur dans la foi. Lot invita ses concitoyens à se marier à des femmes célibataires appartenant à leur peuple. Il les appela « mes filles » métaphoriquement, car en tant que prophète il était comme un père pour elles (11.78). Le péché de Noé (différent de celui mentionné dans la Genèse) était sans importance (11.41-47), comme celui commis par Muhammad, qui lui a pourtant valu une réprimande de la part de Dieu (80.1-10). Quant à David, le Coran jette un voile pudique sur son péché et le présente plutôt comme une simple mise à l'épreuve (38.21-24).

Le Coran (et les commentateurs musulmans) exonère donc les prophètes à la différence du texte biblique, ce qui, aux yeux des théologiens musulmans, montre que celui-ci n'est pas fiable, ou du moins est mal compris. Pour eux, le Coran a été révélé pour rétablir la véracité de la Bible et corriger les mauvaises interprétations qu'on lui a données.

Les réinterprétations proposées par les auteurs musulmans passent à côté de la manière dont le texte biblique montre sa fiabilité. Pourquoi l'auteur juif du premier livre de Samuel aurait-il rapporté des faits qui déshonorent le plus grand roi d'Israël ? N'aurait-il pas été bien plus avantageux pour lui et pour son peuple de préserver l'honneur de David en dissimulant ces faits ? Le chauvinisme n'aurait-il pas dû l'amener à passer sous silence les méfaits du grand roi ? Le fait que l'auteur rapporte ce sombre épisode de la vie de David indique a contrario que son récit est véridique. Cela montre que l'auteur ne se soucie guère de la réputation d'un homme, aussi célèbre soit-il, son seul souci étant de dire la vérité, quand bien même elle serait très dure à entendre. L'intention de ce récit est de nous mettre en garde contre toute tentation et de nous inciter à nous repentir lorsque nous commettons le péché, en suivant l'exemple de David, qui a écrit l'un des plus beaux psaumes de la Bible sur le repentir (Ps 51).

Il aurait peut-être été rationnellement souhaitable que les prophètes soient sans péché afin de ne discréditer en aucune façon leur message. Cependant, le fait même qu'ils ne l'étaient pas témoigne de la réalité de la condition humaine et atteste ce que la révélation biblique nous apprend, à savoir que les humains ne sont pas seulement des pécheurs en raison de leurs actes, mais des pécheurs par leur nature. Il y a comme une influence réciproque entre les actes et la nature. Notre misère spirituelle doit nous porter à placer tout notre espoir dans la miséricorde divine. Jésus est le seul prophète à avoir été sans péché. Son entretien avec la femme syro-cananéenne, lorsqu'il est étudié avec attention, montre à quel point il était compatissant et même admiratif vis-à-vis de cette femme étrangère.

Par ailleurs, ce n'est pas la consommation de vin mais l'ivresse qui est condamnée dans la Bible (Ps 104.15 ; Ep 5.18).

Deux conceptions très différentes de la révélation

L'examen attentif des deux théories islamiques sur l'altération de la Bible montre clairement qu'elles sont fondées sur une méconnaissance de la notion chrétienne de révélation. Les auteurs musulmans appliquent à la Bible la conception coranique de la révélation, qui est très différente de la conception chrétienne. Pour les musulmans, le Coran arabe est la Parole de Dieu mot à mot, d'où la révérence extrême qu'ils portent à ce livre. À tel point que le Coran, qui n'est Parole de Dieu qu'en langue arabe, n'est pas divisé en paragraphes, n'a pas de sous-titres, ni de signes de ponctuation, ni de notes de bas de page, etc., afin de ne rien ajouter d'humain à la parole divine.

En revanche, pour les chrétiens, la Bible est la Parole de Dieu transmise à travers le prisme de ses rédacteurs humains. Dieu est l'auteur ultime du texte biblique (2 Tm 3.16), ce qui assure son authenticité. Le texte biblique n'a pas été dicté par un ange (comme c'est le cas du Coran), il a été inspiré par l'Esprit de Dieu. Cela signifie que, loin de court-circuiter les hommes, Dieu a mis à profit leur personnalité, leur intelligence, leur sensibilité, leurs émotions, etc. Il a aussi tenu compte du milieu culturel qui était le leur ainsi que du contexte historique de leurs destinataires.

Les diverses langues utilisées dans la Bible peuvent nous aider à comprendre la conception chrétienne de la révélation. L'Ancien Testament est en hébreu, car il a été écrit par des juifs à destination du peuple d'Israël[9]. Il a été traduit en grec par des juifs résidant en Égypte lorsque le grec a commencé à se répandre autour de la Méditerranée quelques siècles avant notre ère. Cette traduction, connue comme la Septante (LXX) à cause du nombre (approximatif) de ses traducteurs, comprend huit livres qui ne se trouvent pas dans la Bible hébraïque[10]. Le Nouveau Testament est en grec, car l'Évangile est un message universel, et le grec était

---

9. Certaines parties de l'Ancien Testament sont en araméen, car elles ont été rédigées après le retour des juifs de leur exil à Babylone, où ils ont commencé à parler l'araméen.
10. Les traductions catholiques de la Bible comprennent ces huit livres. La Traduction Œcuménique de la Bible (TOB) et la Bible en Français Courant (BFC) les incluent aussi, tout en les distinguant des soixante-six autres livres. Les huit livres en question appartiennent tous à l'Ancien Testament et sont dits « deutérocanoniques ». Les Bibles protestantes ne retiennent que les soixante-six livres dits « canoniques » de la Bible hébraïque, les huit autres étant considérés comme « apocryphes » (non authentiques).

la langue la plus répandue lorsque les Évangiles ont été écrits au premier siècle de notre ère.

Il apparaît ainsi que les langues bibliques ne sont pas des langues sacrées. Elles ne jouent pas du tout le même rôle que la langue arabe du Coran. L'arabe coranique fait partie intégrante de la révélation et sa qualité surnaturelle constitue pour les musulmans l'une des principales preuves de l'origine divine du Livre. C'est ce que l'on appelle « le miracle coranique », qui est d'autant plus éloquent aux yeux des musulmans que le Prophète était analphabète. Les langues bibliques ne sont que le véhicule de la révélation. Ce qui compte le plus, c'est le message véhiculé, qui a pour objet ultime la révélation de Dieu dans le Christ : « Le témoignage de Jésus, c'est l'esprit de la prophétie » (Ap 19.10). L'Ancien Testament annonce la venue du Christ et le Nouveau Testament déclare l'accomplissement de cette annonce[11].

Alors que Muhammad est rarement mentionné dans le Coran (son nom y apparaît quatre fois seulement), nous rencontrons le Christ à chaque page d'évangile, car le Christ est au cœur de l'Évangile. L'unité et la diversité de la révélation biblique se trouvent illustrées par la dualité de l'*Évangile*, comme l'unique message prêché par le Christ, et des *Évangiles*, à savoir les quatre écrits qui rendent témoignage à Jésus-Christ, son identité et sa mission. La notion chrétienne d'inspiration est telle que l'on peut parler de l'Évangile *selon* Matthieu, Marc, Luc et Jean aussi bien que de l'Évangile *de* Matthieu, Marc, Luc et Jean. Les Évangiles nous livrent quatre portraits de Jésus, différents et complémentaires, que l'on peut présenter à grands traits de la façon suivante : Jésus est le Messie d'Israël promis par les prophètes (Matthieu), le Serviteur inlassable venu secourir les nécessiteux (Marc), le fils de l'homme solidaire de tous les hommes et des plus pauvres en particulier (Luc), et le Fils de Dieu qui se donne par amour pour le salut de l'humanité (Jean).

Les quatre portraits du Christ s'inspirent de sa vie, de son enseignement et de ses actes. La réalité des faits et des paroles rapportés est importante, tout autant que la manière dont chaque Évangéliste les rapporte et les interprète. Les Évangiles ne sont donc pas des récits historiques au sens moderne du terme, ils sont des témoignages de foi dont l'intention théologique l'emporte sur l'exactitude historique (au sens moderne du terme). Le lecteur des Évangiles cherchera donc avant tout à découvrir le visage du Christ et son message.

Selon la tradition chrétienne, des quatre Évangélistes deux étaient parmi les douze apôtres de Jésus (Matthieu et Jean), un troisième était un de ses disciples

---

11. Voir Mi 5.2 et Mt 2.1-6 ; Es 61.1-2 et Lc 4.16-21 ; Es 52.13-53.12 et Ac 8.29-35 ; Ps 16.8-11, Ps 110.1 et Ac 2.22-36.

(Marc), très proche d'un apôtre (Pierre), et le dernier (Luc) ouvre son Évangile en soulignant que son récit est fondé sur des témoins oculaires dignes de confiance (Lc 1.1-4).

L'importance centrale du Christ dans les Écritures est telle que les chrétiens ne sont pas tant « le Peuple de l'Écriture » (comme le Coran les appelle) que le Peuple de la Parole, c'est-à-dire de la Parole éternelle de Dieu faite homme dans la personne de Jésus-Christ (Jn 1.1-2, 14). C'est pourquoi les disciples du Christ ont volontiers accepté qu'on les appelle « chrétiens » (Ac 11.26) tandis que les musulmans n'apprécient guère qu'on les appelle (comme on le faisait jadis) des « mahométans »[12].

Les premiers musulmans proches du Prophète sont appelés des « compagnons », et ceux qui ont consigné son message par écrit ne sont nullement considérés comme des prophètes comme lui. Il en va tout autrement des disciples du Christ chargés par lui d'annoncer l'Évangile (Mt 28.18-20 ; Lc 24.44-48). Les disciples ont annoncé ce message oralement et certains l'ont aussi mis par écrit dans les quatre Évangiles.

Après son ascension au ciel et son intronisation auprès de Dieu, le Christ a choisi un persécuteur de ses disciples pour en faire un apôtre, Saul de Tarse, devenu l'apôtre Paul. Jésus est apparu à Paul alors que ce dernier se rendait à Damas pour arrêter les chefs de l'Église dans cette ville et les amener à Jérusalem pour être jugés par les autorités juives. Paul a été chargé d'annoncer le Christ, en particulier aux non-juifs (Ac 9.1-16). Dieu n'a-t-il pas le droit d'appeler à travers son Fils qui il veut pour en faire son messager ? N'est-il pas souverain dans ses décisions ? L'apôtre Paul a bel et bien été l'un des apôtres du Christ, car il a vu le Christ ressuscité sur le chemin de Damas et il a reçu son appel directement de lui (Ac 22.6-16 ; 26.12-18) et, plus tard, dans ses visions (2 Co 12.2-4). Avec ses coéquipiers, il a fondé plusieurs Églises autour de la Méditerranée. Ses treize lettres envoyées à certaines de ces Églises et à ses collaborateurs font partie du Nouveau Testament. L'enseignement développé dans ces lettres est en parfait accord avec l'enseignement fondateur de Jésus dans les quatre Évangiles. C'est à l'un de ses compagnons, l'Évangéliste Luc, que l'on doit le livre des Actes des apôtres qui rapporte le récit de la naissance de l'Église et de son expansion au premier siècle de notre ère. Le Nouveau Testament (composé en tout de vingt-

---

12. Le Coran et la plupart des musulmans arabophones désignent les chrétiens comme *nasaara*, terme d'origine obscure qui pourrait être lié à la ville de Nazareth, *nasira*, où Jésus a grandi, ou à une secte chrétienne appelée les Nazaréens, aujourd'hui disparue, ou encore à ceux qui ont soutenu, *nasara*, Jésus lorsqu'il a été confronté à l'hostilité de ses ennemis (cf. 3.52).

sept livres) contient d'autres livres écrits par des apôtres et des disciples du Christ.

Pourquoi la Bible n'a pas été falsifiée

Les musulmans peuvent à juste titre nous poser la question : qu'est-ce qui nous assure que c'est bien Dieu qui a inspiré tous les auteurs du Nouveau Testament (et de la Bible en général) ? À cette question légitime, la réponse est simple et cohérente. À partir du moment où Dieu décide de se révéler à travers sa Parole éternelle (le Christ), ne devons-nous pas nous attendre à ce qu'il révèle aussi sa Parole sous forme d'Écriture sainte (le Nouveau Testament) de façon à ce que les hommes puissent reconnaître sa révélation et la comprendre ? Sinon, sa décision initiale de se révéler serait absurde et sans effet. C'est donc Dieu qui a révélé sa Parole aux hommes de son choix, et qui a fait en sorte qu'elle soit reconnue comme telle par les responsables de l'Église des premiers siècles. C'est du reste un raisonnement analogue qui conduit les musulmans à croire à la préservation du texte coranique.

La théorie de la falsification textuelle soulève une question théologique que n'ont pas manqué de relever les théologiens adeptes de la falsification du sens. Nous pouvons reprendre leur argument à notre compte : si Dieu est véridique, sa Parole, qui reflète son caractère, doit l'être aussi et le demeurer. La promesse du Coran concernant le soin que Dieu prend à préserver sa Parole a son équivalent dans la Bible. Jésus ne craint pas d'assimiler sa propre parole à la Parole de Dieu lorsqu'il déclare : « Le ciel et la terre passeront, *mes* paroles ne passeront pas » (Mt 24.35 ; italiques ajoutés ; cf. Ps 119.89-90 ; 1 P 1.24-25). À la véridicité de Dieu, il faut ajouter sa fidélité à sa Parole et à son peuple (Dt 7.9). S'il laissait sa Parole se corrompre, il ne serait fidèle ni à sa Parole ni à son peuple qui aurait inévitablement été induit en erreur. À moins de penser que Dieu n'est pas en mesure de protéger sa Parole, ce qui serait complètement absurde pour les chrétiens comme pour les musulmans.

On a déjà relevé que selon certains auteurs musulmans il était impossible, ne serait-ce que pour des raisons pratiques, de procéder délibérément à la falsification des textes bibliques. Les manuscrits étaient largement répandus et donc les rassembler tous et se mettre d'accord sur ce qu'il fallait modifier et comment le faire aurait été une tâche impossible à réaliser. À cela s'ajoute le fait que les Évangiles (et d'autres parties du Nouveau Testament) ont été traduits dès les premiers siècles de notre ère en de nombreuses langues (p. ex. syriaque, copte, éthiopien, arménien, latin), ce qui aurait voué à un échec total toute tentative de falsification.

Nous ne possédons plus les manuscrits originaux de la Bible ni du Coran. Les manuscrits de textes de l'Ancien Testament les plus anciens, découverts en 1947 dans les grottes de Qumran près de la mer Morte, datent pour la plupart du premier siècle de notre ère. Le seul manuscrit complet, le premier d'Ésaïe (1 QIs^a), est même daté d'environ 125 avant notre ère. Les plus vieux manuscrits de textes d'Évangiles remontent au deuxième siècle. Nous avons à notre disposition des centaines, voire des milliers de manuscrits bibliques plus ou moins anciens. Ce n'est pas le cas des manuscrits coraniques, car, d'après les sources islamiques, les manuscrits jugés non authentiques furent détruits très tôt par les autorités de l'époque.

Paradoxalement, la multiplicité des manuscrits bibliques augmente les chances de retrouver le texte original. Certains manuscrits grecs de la Bible (Ancien et Nouveau Testaments) sont antérieurs à l'islam. Le *Codex Sinaïticus* (conservé au British Museum de Londres) et le *Codex Vaticanus* (gardé à la Bibliothèque du Vatican) sont du quatrième siècle. Le *Codex Alexandrinus* (conservé aussi au British Museum) date du cinquième siècle. Comparés à des manuscrits plus tardifs, ces manuscrits montrent que le texte de la Bible n'a subi aucune modification. Le fait que les juifs et les chrétiens n'ont pas accepté Muhammad comme prophète n'a eu aucune incidence sur les textes bibliques. Abstraction faite de leurs convictions religieuses, les experts qui ont examiné les manuscrits bibliques ont conclu que la Bible avait été transmise avec une exactitude exceptionnelle.

Les variantes textuelles, nombreuses, mais d'une importance toute relative, ne sont pas de nature à mettre en question l'intégrité des manuscrits bibliques ni leur message. Le fait que des passages entiers ne se trouvent pas dans tous les manuscrits (p. ex. Mc 16.9-20 ; Jn 7.53-8.11 ; Jn 21) ne met nullement en cause la fiabilité des Évangiles dans leur ensemble ou la clarté de leur message.

Le fait que la Bible est la Parole de Dieu transmise dans des langues et des paroles humaines rend sa traduction possible et même hautement souhaitable, puisque son message s'adresse à tous les hommes. Aujourd'hui, la Bible (en tout ou partie) est disponible dans 3 495 langues[13]. Les bonnes traductions de la Bible sont considérées par les chrétiens comme la Parole de Dieu, à la différence du Coran qui n'est Parole de Dieu qu'en arabe, ce qui soulève une double question : son accessibilité à des non-arabophones, et l'universalité de son message. Les traductions contemporaines de la Bible sont basées sur les mêmes manuscrits,

---

13. D'après des statistiques datant d'octobre 2021, la Bible dans sa totalité est disponible dans 717 langues. En plus, le Nouveau Testament est disponible en 1 582 langues, et des portions de la Bible en 1 160 langues. Voir https://www.wycliffe.net/resources/statistics/.

hébreux (et araméen) pour l'Ancien Testament, grecs pour le Nouveau. Les différences dans les traductions sont dues non pas tant aux manuscrits qu'à la particularité de chaque traduction, selon qu'elle est plutôt littéraire ou plutôt littérale, faite dans un langage simple ou recherché, etc. Comme les langues humaines évoluent, il est normal que les traductions évoluent aussi.

Une autre différence capitale distingue la révélation biblique de la révélation coranique. La première s'est étendue sur une période très longue, plus de mille ans, et les hommes qui l'ont reçue ont été nombreux, une quarantaine environ. La seconde s'est faite sur une période de vingt-trois ans (610-632) et a été reçue par un seul homme (Muhammad). Par conséquent, il n'est pas étonnant qu'on trouve dans la Bible des genres littéraires très divers (p. ex. narratif, parabolique, législatif, poétique, sapientiel, historique, apocalyptique, et même romantique). Nous trouvons ces genres dans les sourates coraniques aussi, mais à un bien moindre degré. Cette différence peut expliquer que l'unité du Coran paraît plus grande que celle de la Bible. En revanche, la cohérence interne de la Bible, malgré sa diversité littéraire et la multiplicité de ses auteurs, est de nature à mettre davantage en évidence sa véracité.

Comment interpréter la Bible ?

Nous venons de voir que la Bible en tant que parole révélée de Dieu est significativement différente du Coran concernant la manière dont elle fut révélée, par inspiration et non par dictée, la durée de sa révélation, la multitude de ses auteurs humains, ses nombreux genres littéraires, le rôle des langues bibliques comme simple véhicule de la révélation, et, enfin, son objectif principal qui consiste à pointer vers la révélation ultime de Dieu, à savoir Jésus-Christ. Lorsque tout cela est pris en compte, on peut dire que le texte biblique n'a pas été corrompu d'aucune façon. Cependant, la fiabilité des textes bibliques ne garantit pas leur juste interprétation. Encore faut-il savoir respecter quelques règles élémentaires pour bien comprendre l'enseignement de ces textes.

Jésus lui-même fit un jour remarquer à ses contradicteurs juifs que leur lecture de la Torah était inadéquate : « Vous scrutez les Écritures parce que vous pensez acquérir par elles la vie éternelle : ce sont elles qui rendent témoignage à mon sujet. Et vous ne voulez pas venir à moi pour avoir la vie éternelle » (Jn 5.39-40). Jésus n'accuse pas ses interlocuteurs de falsifier le texte de la Torah, il ne l'a jamais fait. Il leur reproche simplement leur attachement servile au texte, ce qui les empêche de voir la personne vers qui pointe ce texte, à savoir lui-même. Il s'agit donc, quand on lit la Bible, de ne pas perdre de vue que c'est Dieu en personne qui nous est révélé à travers sa Parole, et que cette révélation atteint son sommet dans la vie et la mission de Jésus-Christ.

Le seul interprète vraiment qualifié de la parole de Dieu, c'est le Saint-Esprit qui a conduit les hommes à la mettre par écrit (2 P 1.20-21). Aussi, il est très important de toujours rechercher son secours dans nos efforts pour comprendre le texte biblique. Nous avons besoin d'être divinement guidés dans cette activité plus que dans nos autres activités humaines. Sinon, nous commettrions facilement des contresens qui pourraient avoir de graves conséquences.

Dans la mesure où la Torah et le Nouveau Testament constituent une révélation donnée par Dieu sur Dieu, il va de soi que cette révélation dépasse l'entendement humain. Par conséquent, notre démarche ne doit pas être une démarche rationaliste qui écarterait tout ce qui est surnaturel. Nos facultés intellectuelles sont limitées et nous ne pouvons pas tout expliquer. En revanche, puisque la Bible est aussi une parole humaine, il est nécessaire que nous respections certaines règles d'interprétation chaque fois que nous voulons comprendre un texte donné, d'autant plus que la Bible est un texte très ancien rédigé dans un milieu socioculturel très différent du nôtre.

Il faut placer chaque texte dans son contexte historique sans réduire sa signification à ce contexte. La longueur des cheveux et le port du voile à Corinthe avaient un sens particulier qu'ils n'ont pas gardé dans notre société (cf. 1 Co 11.4-16). Aussi, ces manifestations socioculturelles ont perdu leur sens dans la société contemporaine. En revanche, il est important que les chrétiens (hommes et femmes) aient une tenue vestimentaire qui ne choque pas inutilement les autres. Pratiquer la décence vestimentaire n'est pas aussi simple qu'il n'y paraît dans une société multiethnique et multiculturelle. Un autre exemple concerne l'esclavage qui était accepté dans l'Antiquité dans beaucoup de sociétés. Ni la Bible ni le Coran ne dénoncent ouvertement cette pratique. Cela ne veut pas dire que la Bible approuvait ou justifiait cette institution. Comme la polygamie, l'esclavage était toléré et des instructions précises étaient données aux maîtres et aux esclaves qui devaient se rappeler qu'ils avaient tous un seul maître, Jésus-Christ (Ep 6.5-9). La traite des esclaves est condamnée sans ambiguïté dans au moins un texte du Nouveau Testament (1 Tm 1.10). Interrogeons-nous sur les nouvelles formes d'esclavages, plus subtiles, mais non moins réelles, qui concernent bon nombre de nos contemporains.

Il faut aussi tenir compte du genre littéraire du texte que nous étudions. On ne prendra pas à la lettre un texte apocalyptique. Le livre de l'Apocalypse est parsemé de symboles et de chiffres qu'il nous appartient de décoder. De même, on ne prendra pas au pied de la lettre un récit poétique ; par exemple, ce livre parle des « quatre coins de la terre [et] des quatre vents de la terre » (Ap 7.1 ; cf. Ap 20.8). Évidemment, ce langage n'est pas à interpréter littéralement.

Un texte narratif n'est pas forcément normatif, autrement dit il ne nous présente pas un modèle à suivre. Les textes rapportant le péché de certains prophètes ne les excusent pas, bien au contraire. Ces textes nous apprennent que le péché est enraciné dans le cœur de tout homme, il nous faut donc veiller à ne pas le laisser nous dominer. Les psaumes dits imprécatoires, qui appellent Dieu à punir sévèrement les ennemis, expriment fidèlement les sentiments de leur auteur sans jouir nécessairement de la sanction divine (p. ex. Ps 109.6-15 ; Ps 137.8-9).

D'une manière générale, c'est le sens naturel d'un texte qu'il faut retenir, sans chercher, lorsqu'il nous dérange, à détourner le texte de son sens par une interprétation métaphorique ou allégorique. Ce serait là une façon de le falsifier ! Malheureusement, bien des auteurs musulmans tombent dans ce piège dans leur interprétation des textes du Nouveau Testament qui concernent, par exemple, la filiation divine de Jésus-Christ.

La lecture de la Bible doit aussi tenir compte du fait que Jésus-Christ a apporté un changement radical en faisant progresser la révélation divine jusqu'à son ultime aboutissement. Par conséquent, il nous faut lire l'Ancien Testament à la lumière du Nouveau, comme l'ont fait Jésus et ses apôtres. Par exemple, la notion de « Terre promise » (à Israël) est dépassée, et la seule référence implicite à cette terre dans le Nouveau Testament se trouve dans les Béatitudes : « Heureux les doux : ils auront la terre en partage » (Mt 5.5 ; cf. Ac 15.15-17). Il en va de même du Temple de Jérusalem, remplacé par le Christ ressuscité : « Détruisez ce temple et, en trois jours, je le relèverai » (Jn 2.19). Parmi d'autres concepts et pratiques rendus caducs par la venue du Christ, se trouvent la notion de « Peuple élu » (Israël) à l'exclusion de tous les autres (Ga 3.28-29), le code alimentaire (Mc 7.19), la polygamie (Mt 19.4-6), la circoncision (Ga 6.12) ainsi que le code pénal de la loi mosaïque, notamment en matière d'adultère (Lv 20.10 ; Jn 8.1-11) et d'apostasie (Dt 13.6-10).

La Bible possède une cohérence interne fondée sur l'unité de son divin auteur. Les textes bibliques sont à la fois divers et concordants. Par conséquent, il convient d'interpréter la Bible par la Bible, autant que faire se peut. Ainsi, on évitera d'interpréter le texte biblique à la lumière des sciences modernes, car la Bible n'est pas d'abord un livre scientifique. Cela n'interdit évidemment pas de chercher des correspondances entre le texte biblique et des données appartenant à d'autres textes religieux, à l'histoire extrabiblique, aux sciences humaines, à l'archéologie, etc.

On cherchera à comprendre les textes les plus difficiles à la lumière de textes plus faciles à comprendre traitant du même sujet. Les textes fondamentaux doivent aussi nous servir de points de repère sur tous les sujets épineux. Parmi ces textes figure le récit de la Genèse au sujet de la création de l'homme et de la femme à l'image de Dieu (Gn 1.27). Ce texte représente un fondement solide pour des vérités fondamentales, telles que l'égalité entre l'homme et la femme, une égale dignité dont jouissent tous les êtres humains quels qu'ils soient, et la différenciation sexuelle.

Pour bien comprendre un texte, il faut l'aborder dans un esprit ouvert. On cherchera à discerner l'intention de l'auteur derrière des expressions imagées voire maladroites. Plutôt que de trouver à tout prix des contradictions (comme le font les adeptes de la falsification textuelle), il convient d'harmoniser les textes entre eux dans toute la mesure du possible. Une souplesse d'interprétation permettrait de résoudre bien des difficultés. Le séjour des Israélites en Égypte pendant 400 ans (Gn 15.13) ou 430 ans (Ex 12.40) ne représente pas une réelle contradiction, pas plus que certaines discordances (notamment chronologiques) dans les récits évangéliques, pour qui sait garder une attitude bienveillante et humble envers le texte biblique. N'oublions pas que les auteurs des Évangiles, et de la Bible en général, ne prétendent pas que leurs écrits suivent un ordre chronologique strict. De même, les chiffres qu'ils citent sont approximatifs comme on peut le voir à partir des « milliers » souvent cités dans le Nouveau Testament (Mt 14.13 ; 15.29 ; 18.24 ; Lc 12.1 ; Ac 21.20 ; Hé 12.22 ; Jd 1.14 ; Ap 5.11).

Nos efforts d'interprétation n'élimineront pas toutes les difficultés de compréhension des textes bibliques. Celles-ci sont dues en partie à nos connaissances limitées et en partie aux manuscrits eux-mêmes. Ces manuscrits sont obscurs par endroits, car l'inspiration divine dont ont bénéficié les auteurs bibliques ne s'étend pas aux copistes, même si ces derniers ont recopié les manuscrits avec un sérieux et une attention remarquables. Les études des manuscrits bibliques par les savants (croyants et non-croyants) ont montré que l'intégrité du texte biblique n'est pas mise en cause par ses variantes textuelles.

Pour les croyants, la clarté du message biblique ne fait pas de doute, car, une fois de plus, à quoi servirait pour Dieu de nous confier une révélation dont le message essentiel serait hors de notre portée ? Aussi, malgré les doctrines particulières qui distinguent les différentes Églises (catholique, orthodoxe, protestante), celles-ci souscrivent toutes aux premières confessions de foi chrétiennes, notamment « le Symbole des Apôtres ». Quelqu'un a très justement observé : « Mon problème ne concerne pas tant les textes relativement peu nombreux que je ne comprends pas, il concerne les textes que je n'ai pas du mal à comprendre, mais que j'ai beaucoup de mal à mettre en pratique. » Ne laissons donc pas les difficultés textuelles obscurcir la clarté de l'Évangile à nos yeux, ni nous décourager dans notre lecture de la Bible. L'arbre ne doit pas cacher la forêt !

> Comme descend la pluie
> ou la neige, du haut des cieux,
> et comme elle ne retourne pas là-haut
> sans avoir saturé la terre,
> sans l'avoir fait enfanter et bourgeonner,
> sans avoir donné semence au semeur
> et nourriture à celui qui mange,
> ainsi se comporte ma parole
> du moment qu'elle sort de ma bouche :
> elle ne retourne pas vers moi sans résultat,
> sans avoir exécuté ce qui me plaît
> et fait aboutir ce pour quoi je l'avais envoyée.
> (Es 55.10-11)

7

Jésus-Christ

Il est question de Jésus dans une centaine de versets coraniques éparpillés dans de nombreuses sourates. Les principales sourates qui parlent de Jésus sont au nombre de trois :

- Sourate 3 « la Famille de 'Imran » (nom donné au père de Marie, la mère de Jésus), versets 35-55. Le récit commence par raconter l'histoire de la naissance de Marie, dont les parents étaient sans enfant. L'enfant, consacrée par sa mère à Dieu, grandit dans le Temple de Jérusalem sous la protection de Zacharie (v. 35-37). Puis vient le récit de la naissance miraculeuse de Jean-Baptiste, *Yahya* (v. 38-41), suivi par le récit de la naissance de Jésus, non seulement miraculeuse, mais unique puisqu'il est né d'une femme vierge (v. 42-47). La mission de Jésus et ses miracles sont racontés dans les versets 48-55.
- Sourate 5 « La Table », versets 110-117. La sourate tire son titre du miracle opéré par Jésus en réponse à la demande de ses disciples qui voulaient que Dieu fasse descendre du ciel une table et de la nourriture afin que leur soit confirmée l'origine divine de sa mission (5.112-115).
- Sourate 19 « Maryam » (Marie), du nom de la mère de Jésus, la seule femme nommée dans tout le Coran. Elle commence, comme la sourate 3, par le récit concernant la naissance de Jean (v. 2-15) puis de Jésus (v. 16-34). Jésus prend la parole dans le berceau pour défendre l'honneur de sa mère, accusée d'avoir commis l'adultère. Le Coran ne fait aucune mention de Joseph, l'époux légal de Marie et le père nourricier de Jésus[1].

---

1. Pour une étude plus approfondie de la place de Jésus dans l'islam, le lecteur voudra bien se reporter à mon livre *La foi à l'épreuve*, chapitres 10 à 17.

Nous commencerons ce chapitre en passant en revue les noms de Jésus et ses titres, puis nous considérerons sa vie sans péché, ses miracles et ses revendications avant de nous attarder sur sa mission. La fin du chapitre examinera la version islamique de la fin de la vie de Jésus sur terre ainsi que les objections que les auteurs musulmans font valoir à l'encontre de l'historicité de la mort de Jésus et sa valeur rédemptrice.

1. Ses noms

Dans le Coran Jésus a pour nom *'Isa*. La dérivation de ce nom est incertaine et sa signification est inconnue. Les exégètes musulmans nous disent simplement que c'est l'équivalent arabe du nom de Jésus en hébreu. Comme il n'est pas question de Joseph dans le Coran, Jésus est souvent appelé « Jésus, fils de Marie »[2] alors que dans la société arabe on désigne les enfants par rapport à leur père. On trouve dans le Coran deux récits relatifs à la conception virginale de Jésus (3.42-48 ; 19.16-21). Ces récits sont à la fois similaires et différents des récits évangéliques (Lc 1.26-38 ; Mt 1.18-25). Dans les deux récits, Marie est bouleversée par ce qu'elle vient d'entendre de la bouche de l'ange : « Comment aurais-je un garçon alors qu'aucun homme ne m'a touchée et que je ne suis pas une prostituée ? » (19.20 ; cf. 3.47). Par conséquent, l'ensemble des musulmans croient à la naissance miraculeuse de Jésus, ils prennent au sérieux ce que dit leur livre saint.

Dans les Bibles arabes, Jésus a pour nom *Yasu'*, mot qui vient directement de l'hébreu *Yeshoua* via le grec *Yesous*. Ce nom a été donné par Dieu lui-même et renvoie à la mission spécifique de Jésus. Lorsque l'ange est apparu à Joseph, il lui a annoncé la naissance de Jésus en ces termes : « Elle (Marie) enfantera un fils auquel tu donneras le nom de Jésus, car c'est lui qui sauvera son peuple de ses péchés » (Mt 1.21 ; cf. Lc 1.31).

Al-Masih est un autre nom donné à Jésus dans le Coran, c'est en fait un titre devenu un nom. Le mot vient de l'hébreu *Mashiah*, « Messie ». Ce mot fut traduit en grec par *Christos*, « Christ ». Le Coran n'explique pas la signification de ce nom. Aucun prophète ne reçoit ce nom ni dans la Bible ni dans le Coran.

Les auteurs musulmans ont reconnu le sens premier du mot, à savoir « l'oint » et ont proposé une dizaine d'explications (p. ex. le pur, le véridique, le roi). Dans la Bible, ce mot signifie « celui que Dieu a choisi » et renvoie au roi désigné par Dieu pour accomplir une mission spécifique : établir le royaume de Dieu sur terre,

---

2. Jésus est appelé « fils de Marie » une seule fois dans les Évangiles (Mc 6.3).

un royaume universel et éternel. Voici comment la mission de Jésus est décrite par l'ange Gabriel dans l'annonce de sa naissance à Marie :

> Il sera grand et sera appelé Fils du Très-Haut. Le Seigneur Dieu lui donnera le trône de David son père ; il régnera pour toujours sur la famille de Jacob, et son règne n'aura pas de fin. (Lc 1.32-33)

Paradoxalement, ce roi est aussi dépeint par le prophète Ésaïe comme « un homme de douleur, familier de la souffrance » (Es 53.3) dans le quatrième chant du « Serviteur du Seigneur ». Jésus a expliqué à ses disciples qu'il accomplirait sa mission messianique à travers sa souffrance et sa victoire sur la mort : « À partir de ce moment, Jésus Christ commença à montrer à ses disciples qu'il lui *fallait* s'en aller à Jérusalem, souffrir beaucoup de la part des anciens, des grands prêtres et des scribes, être mis à mort et, le troisième jour, ressusciter. » (Mt 16.21 ; italiques ajoutés)

2. Ses titres

Le Coran attribue de nombreux titres prestigieux à Jésus. Parmi les plus significatifs se trouvent les quatre suivants :

- *Prophète et Apôtre* (5.75, 110). Jésus fut le dernier messager envoyé aux enfants d'Israël. Selon les théologiens musulmans, un prophète délivre un message oral à son peuple tandis qu'un apôtre laisse une Écriture sainte après lui. Parmi tous les prophètes, il n'y a que quatre apôtres : Moïse, David, Jésus et Muhammad.

- *Parole de Dieu*. Jésus est une parole provenant de Dieu (3.39, 45) et une parole de Dieu (4.171). Le Coran ne donne pas d'explication à ce titre qui n'est décerné à aucun autre prophète. Les auteurs musulmans ont proposé plusieurs interprétations à ce titre qui minimisent sa portée. Jésus est la parole de Dieu, car, comme Adam, il a été créé directement par la parole divine qui l'a fait venir à l'être (cf. Coran 3.59) ; ou bien parce que sa naissance a réalisé l'annonce divine portée par l'ange à Marie ; ou encore parce qu'en tant que prophète il était le porte-parole de Dieu ; enfin, en raison de sa mission qui a accompli les prophéties anciennes à son sujet.

    Pourquoi, dans ces deux derniers cas, Muhammad n'est-il pas appelé la parole de Dieu, lui qui est le dernier et le plus grand prophète aux yeux des musulmans ? Pourquoi, dans le premier cas, Adam n'est-il pas appelé parole de Dieu ?

Jésus est décrit dans l'Évangile de Jean comme la Parole de Dieu qui fut incarnée dans un homme (Jn 1.1-2, 14). Jusqu'à un certain point, on peut comparer Jésus, comme parole éternelle révélée sous une forme humaine, au Coran. Pour les musulmans sunnites, le Coran est la parole éternelle et incréée de Dieu révélée sous la forme d'un Livre, en l'occurrence la Torah, l'Évangile et ultimement le Coran. Pour les chrétiens, Jésus est la manifestation de Dieu, pleine et parfaite, tandis que pour les musulmans le Coran ne donne à connaître que la volonté de Dieu ainsi que ses noms.

- *Esprit de Dieu*. Jésus est un esprit provenant de Dieu (4.171). Faute d'explications coraniques, les exégètes musulmans ont fait plusieurs suggestions qui reviennent toutes à prendre ce titre au sens métaphorique, faisant appel à la pureté de Jésus, à son message divinement inspiré et empreint de bonté, et à la façon miraculeuse dont il fut créé.

  Toutes ces explications ont un point en commun : elles honorent Jésus, qui est le seul prophète à recevoir ce titre. Dans le contexte biblique, le Christ ressuscité est désigné comme un esprit donnant la vie à une nouvelle humanité avec laquelle il partage sa victoire sur la mort : « C'est ainsi qu'il est écrit : le premier *homme* Adam *fut un être animal doué de vie*, le dernier Adam [le Christ] est un être spirituel donnant la vie » (1 Co 15.45 ; cf. Gn 2.7).

- *Serviteur de Dieu*. En dépit de tous les titres que lui réserve le Coran, Jésus n'en demeure pas moins un simple être humain : « Il (Jésus) n'est qu'un serviteur que Nous avons comblé de bienfaits et que nous avons désigné comme exemple aux Fils d'Israël » (43.59). Sa naissance unique en son genre ne signifie nullement qu'il est d'origine divine. Il est essentiellement un être humain, comme tous les prophètes, bien que sa venue à l'existence fût miraculeuse comme celle d'Adam : « Il en va de Jésus comme d'Adam auprès de Dieu. Il l'a créé de poussière puis Il dit à son propos : "Sois !" et il fut » (3.59 ; cf. 15.29 ; 32.9 ; 38.72).

  Dans la Bible, Jésus aussi se présente comme le serviteur de Dieu. Loin de dédaigner ce statut de serviteur (cf. Coran 4.172), Jésus se l'approprie sans réserve : « Le Fils de l'homme est venu non pour être servi, mais pour *servir* et donner sa vie en rançon pour la multitude » (Mc 10.45 ; italiques ajoutés). Il est le Serviteur par excellence, qui a parfaitement servi Dieu en donnant sa vie pour les hommes. Il l'est non seulement dans le sens qu'il est pleinement humain, mais dans le sens du Serviteur qui a accompli la volonté divine de sauver l'humanité par son « sacrifice de réparation » (Es 53.10).

3. Sa vie sans péché

Le Coran ne dissimule pas le fait que la vie des prophètes n'était pas toujours exemplaire. S'agissant du Prophète de l'islam, Dieu lui reprocha un jour son attitude peu charitable et discriminatoire vis-à-vis d'un musulman aveugle qui s'approcha de lui et lui demanda de l'instruire dans la foi. Le Prophète, tout occupé à gagner à la foi des chefs mecquois non croyants, repoussa sèchement le pauvre homme (80.1-10). Aussi le Prophète est-il encouragé dans plusieurs textes coraniques à invoquer la miséricorde divine : « Implore le pardon pour ton péché » (40.55), « pour ton péché et celui des croyants et des croyantes » (47.19). Dieu est disposé à pardonner au Prophète « ses péchés passés et futurs » (48.2), il lui faut simplement « solliciter la mansuétude » de son Seigneur (110.3). Selon la tradition islamique, le Prophète était pleinement conscient de ses manquements au point que lorsque ses compagnons lui posèrent une question concernant ses mérites, il n'hésita pas à reconnaître son besoin profond de la miséricorde divine :

- J'ai entendu l'Envoyé de Dieu s'exprimer ainsi : « Les actes d'un homme ne suffiront pas à le faire entrer dans le paradis. »
- On lui objecta : « Pas même toi, ô Envoyé de Dieu ? »
- Il rétorqua : « Non, pas même moi, à moins que Dieu ne m'enveloppe de Sa faveur et de Sa clémence[3]. »

Les exégètes musulmans s'efforcent de minimiser les péchés de Muhammad. Ils nous expliquent que son irritation à l'égard du musulman aveugle était compréhensible, même s'il aurait pu adopter un meilleur comportement. Les péchés dont il est question dans les autres textes coraniques sont soit ses propres péchés, et dans ce cas des péchés tout à fait mineurs (p. ex. inadvertance, péché par omission), soit les péchés de la communauté musulmane qui sont reportés sur lui parce qu'il est son chef et donc son représentant.

Les récits du Hadith contiennent de nombreuses prières dans lesquelles le Prophète supplie Dieu ardemment de lui pardonner des péchés de toutes sortes :

Ô Dieu ! Lave mes péchés avec l'eau de la grêle et de la neige. Purifie mon cœur des péchés comme Tu purifies l'habit blanc de la saleté. Éloigne de moi mes péchés comme Tu as éloigné l'est de l'ouest[4].

---

3. Bukhari, *marda* (malades) 19.
4. Muslim, *dhikr* (prières d'invocation) 14. Les prières du Prophète renfermant louange aussi bien que repentir, appels au secours et imploration du pardon divin, se trouvent dans la plupart des recueils de la Tradition prophétique ; à titre d'exemple : Bukhari, *tawhid* (monothéisme) 8 ; *da'awat* (prières non rituelles) 9 ; Muslim, *musafirin* (voyageurs) 16, 26 ; Tirmidhi, *da'awat* (prières non rituelles) 29, 39, 78 ; Nasa'i, *isti'adha* (chercher refuge auprès de Dieu) 62 ; *tahara* (pureté rituelle) 4 ; Ibn Majah, *du'a'* (prière non rituelle) 2 ; Abu Dawud, *witr* (prières rituelles avec un nombre impair de génuflexions) 25, 26.

Il semblerait que la doctrine selon laquelle Muhammad était sans péché est une construction théologique ultérieure visant avant tout à honorer le Prophète de l'islam. Il serait plus judicieux de reconnaître que Muhammad et tous les prophètes étaient des hommes pécheurs comme nous tous et qu'ils avaient besoin comme nous de la miséricorde divine.

Le Coran ne fait aucun reproche à Jésus. L'ange décrit l'enfant qui naîtra de Marie comme « un garçon pur » (19.19). La Tradition prophétique confirme l'enseignement coranique. Un propos attribué au Prophète met Jésus et sa mère à une place unique parmi tous les humains : « Il ne naît pas un seul fils d'Adam sans qu'un démon ne le touche au moment de sa naissance. Celui que le démon touche ainsi pousse un cri. Il n'y a eu d'exceptions que pour Marie et son fils[5]. » Il y a dans ce propos comme un indice de ce que les chrétiens appellent « le péché originel » dont Jésus fut préservé (ainsi que sa mère).

Dès l'âge de douze ans, Jésus a manifesté qu'il entretenait une relation spéciale avec Dieu, « son Père » (Lc 2.49). Plus tard, il a mis au défi ses détracteurs : « Qui de vous me convaincra de péché ? » (Jn 8.46 ; cf. 2 Co 5.21 ; 1 Jn 2.1-2 ; Hé 2.17-18 ; 7.26 ; 9.14). Toutefois, Jésus est venu sauver les pécheurs, et c'est pourquoi, dès le début de sa mission, il a voulu s'identifier aux pécheurs en recevant de Jean-Baptiste le baptême du repentir (ou de la conversion). Jean refusa de baptiser Jésus, car il savait que Jésus était sans péché et n'avait donc pas besoin de se faire baptiser. Jésus insista et Jean finit par céder (Mt 3.13-15).

Quelques auteurs musulmans, ne connaissant apparemment pas l'enseignement de leurs propres Écritures, prétendent que Jésus n'était pas sans péché. Ils invoquent à ce propos une partie de la prière qu'il a lui-même enseignée à ses disciples : « Pardonne-nous nos offenses comme nous pardonnons aussi à ceux qui nous ont offensés » (Mt 6.12). Jésus donna cette prière à ses disciples en réponse à leur demande : « Seigneur, apprends-nous à prier. » Il leur répondit : « Quand *vous* priez, dites… » (Lc 11.1-2 ; italiques ajoutés). Même si on devait concéder que Jésus s'inclut dans cette prière, on devrait comprendre que c'est par solidarité avec nous qu'il le fait, car il n'y a aucun texte ni biblique ni coranique qui laisse penser que Jésus ait commis le moindre péché. C'est précisément le fait qu'il était sans péché qui le qualifiait pour offrir sa vie pour nous autres pécheurs, « pour le pardon de [nos] péchés » (Mt 26.28).

---

5. Bukhari, *anbiya'* (prophètes) 44.

4. Ses miracles

L'islam enseigne que Dieu accorde à ses envoyés le pouvoir d'opérer des miracles afin de confirmer aux yeux de leur peuple l'origine divine de leur mission. C'est pourquoi les récits coraniques mentionnent de nombreux miracles opérés par Jésus. Certains se trouvent dans les quatre Évangiles (guérison de lépreux et d'aveugles, résurrection des morts). D'autres miracles sont rapportés dans des Évangiles dits « apocryphes », dont la véracité n'est pas du tout certaine et qui ont été rédigés bien après les quatre Évangiles canoniques.

Parmi les miracles qui ont le plus retenu l'attention des auteurs musulmans, les mystiques en particulier, se trouvent la création d'oiseaux à partir de l'argile et la résurrection des morts (3.49 ; 5.110). Le récit concernant la création d'oiseaux utilise le verbe « créer », *khalaqa*, le même verbe employé pour Dieu quand il a créé le monde. Autrement dit, Jésus se distingue de tous les prophètes par cet attribut divin qui lui a permis de poser un acte qui relève exclusivement du pouvoir divin. La résurrection des morts est aussi un miracle très particulier puisque c'est Dieu qui « donne la vie et qui la reprend » (57.2). Il est vrai que la Bible nous rapporte plusieurs miracles de résurrection accomplis par des prophètes et des apôtres.

Les auteurs musulmans font remarquer que c'est grâce à la permission de Dieu que Jésus a pu opérer ces miracles. La question est de savoir la raison pour laquelle Dieu a voulu honorer Jésus en lui accordant cette autorisation à lui seul, à l'exclusion de tous les autres prophètes. Cela ne signifie-t-il pas que Jésus est un prophète exceptionnel ?

Dans le christianisme aussi les miracles sont un signe qui authentifie la mission divine d'un prophète. Dans le cas de Jésus, ce signe est bien plus significatif du fait que certains miracles portent un sens que Jésus a lui-même dévoilé par les déclarations qu'il a faites en lien avec ces miracles. Ainsi, après avoir donné à manger à une foule affamée, il a déclaré : « C'est moi qui suis le pain de vie ; celui qui vient à moi n'aura pas faim ; celui qui croit en moi jamais n'aura soif » (Jn 6.35). De même, avant de ressusciter son ami Lazare d'entre les morts, il a déclaré : « Je suis la résurrection et la vie : celui qui croit en moi, même s'il meurt, vivra ; et quiconque vit et croit en moi ne mourra jamais » (Jn 11.25-26). Avant de rendre la vue à un aveugle, il a déclaré : « Aussi longtemps que je suis dans le monde, je suis la lumière du monde » (Jn 9.5).

5. Ses revendications

Ces trois déclarations, qui commencent par les mots « Je suis », ont une portée insoupçonnable. En effet, elles font écho au nom même de Dieu révélé à

Moïse : « Je serai qui je serai », ou, selon une autre traduction possible, « Je suis qui je suis » (Ex 3.14 ; cf. Jn 8.28). Dans l'Évangile de Jean, Jésus fait d'autres déclarations qui commencent par les mêmes mots :

> En vérité, en vérité, je vous le dis, avant qu'Abraham fût, Je Suis. (Jn 8.58)

> Je suis la lumière du monde. Celui qui vient à ma suite ne marchera pas dans les ténèbres ; il aura la lumière qui conduit à la vie. (Jn 8.12)

> Je suis le bon berger, je connais mes brebis et mes brebis me connaissent. (Jn 10.14)

> Je suis le chemin et la vérité et la vie. Personne ne va au Père si ce n'est par moi. (Jn 14.6)

Il y a dans les Évangiles de nombreux autres textes qui dévoilent l'identité divine de Jésus. Sa parole est éternelle et impérissable (Mt 24.35) ; son autorité personnelle est suprême et supérieure à la loi de Moïse (Mc 2.27-28) ; il est le nouveau temple où les hommes peuvent rencontrer et adorer Dieu (Mt 26.61 ; Jn 2.21) ; les éléments de la nature lui sont soumis (Mt 8.23-27) ainsi que les démons (Lc 11.26-39).

Très significatifs aussi sont les récits où Jésus pardonne aux hommes leurs péchés (Mc 2.1-12 ; Lc 7.36-50 ; Jn 8.1-11). Il le fait en son nom propre et non en demandant à Dieu de leur pardonner. On apporta un jour un homme paralysé à Jésus afin qu'il le guérisse. Contrairement à ce que l'on attendait de lui, Jésus dit au paralytique : « Mon fils, tes péchés sont pardonnés. » L'indignation des maîtres de la loi est à son comble : « Pourquoi cet homme parle-t-il ainsi ? Il blasphème. Qui peut pardonner les péchés sinon Dieu seul ? »

Dieu seul possède le droit de remettre aux hommes leurs fautes. C'est ce que croient les juifs et les chrétiens ainsi que les musulmans. Selon le Coran, pardonner est strictement une prérogative divine : « Qui pardonne les péchés sinon Dieu ? » (3.135.) Pour convaincre ses opposants qu'il a l'autorité de pardonner les péchés, Jésus se tourne vers l'homme handicapé et lui ordonne de se lever : « Lève-toi, prends ton brancard et marche. » L'homme s'exécute ! À la surprise générale, l'homme se lève, prend son brancard et s'en va (Mc 2.1-12). Dieu aurait-il donné à Jésus le pouvoir d'accomplir ce miracle s'il avait outrepassé ses droits en pardonnant ses péchés à l'homme atteint de paralysie ?

Jésus déclare qu'il jugera les hommes au Jour dernier. Le prophète Daniel avait annoncé la venue d'un roi dont la royauté serait universelle et éternelle. Ce roi reçoit le titre de « Fils d'Homme » (Dn 7.9-10, 13-14). Jésus s'approprie volontiers ce titre apparemment très banal, du fait qu'il peut s'appliquer à tous les êtres humains. Pour les personnes qui connaissaient bien les Écritures, ce titre renvoie au Juge suprême qui, au Jour de la résurrection, jugera tous les hommes :

> Quand le Fils de l'homme viendra dans sa gloire, accompagné de tous les anges, alors il siégera sur son trône de gloire. Devant lui seront rassemblées toutes les nations, et il séparera les hommes les uns des autres, comme le berger sépare les brebis des chèvres. Il placera les brebis à sa droite et les chèvres à sa gauche [...] Et ils s'en iront, ceux-ci au châtiment éternel, et les justes à la vie éternelle. (Mt 25.31-46 ; cf. Mt 7.21-23 ; Jn 5.24-27)

Les déclarations faites par Jésus sont extraordinaires dans la mesure où elles concernent sa personne qui est au centre de son message. Les autorités juives ont bien saisi la portée de ces revendications. Comme elles ne l'ont pas accepté comme le Messie promis, elles l'ont accusé de blasphème et l'ont condamné à mort sous ce chef d'accusation (Mc 14.61-64).

6. Sa mission

Selon le Coran, Jésus avait pour mission de prêcher le monothéisme à l'instar de tous les prophètes (3.50-51). Dieu lui confia une Écriture sainte, l'Évangile (en arabe, *injil*), pour qu'il le prêche au peuple d'Israël.

Les musulmans ne connaissent pas la signification du mot « évangile », *injil*, car ce mot est d'origine grecque. Son équivalent arabe serait *bushra* ou *bishara*, « bonne nouvelle ». En effet, le message central de Jésus concerne non pas la condamnation des hommes en raison de leurs péchés, mais leur salut grâce à l'amour inconditionnel de Dieu. Prenant le relais de Jean-Baptiste, Jésus a placé sa prédication sous le thème du royaume de Dieu désormais accessible par la conversion et la foi : « Après que Jean eut été livré, Jésus vint en Galilée. Il proclamait l'Évangile de Dieu et disait : "Le temps est accompli, et le Règne de Dieu s'est approché : convertissez-vous et croyez à l'Évangile" » (Mc 1.14-15).

La mission de Jésus ne consistait pas simplement à proclamer le royaume de Dieu, elle avait pour finalité d'ouvrir l'accès à ce royaume par sa mort et sa résurrection. Dès que les disciples ont reconnu en leur maître le Messie promis (Mt 16.16), Jésus a commencé à leur dévoiler l'aboutissement de sa mission :

> À partir de ce moment, Jésus Christ commença à montrer à ses disciples qu'il lui *fallait* s'en aller à Jérusalem, souffrir beaucoup de la part des anciens, des grands prêtres et des scribes, être mis à mort et, le troisième jour, ressusciter. (Mt 16.21 ; italiques ajoutés)

Les disciples n'étaient guère préparés à concevoir la mission du Messie en ces termes. Pour eux, cette mission devait aboutir à la libération d'Israël du joug de l'occupation romaine (cf. Lc 24.20-21 ; Ac 1.6). Ils n'avaient retenu des prophéties messianiques que la figure victorieuse du « lion de la tribu de Juda » (Ap 5.5 ; cf. Gn 49.9), qui triomphe de ses ennemis. La figure de « l'agneau traîné à l'abattoir » (Es 53.7) leur avait complètement échappé en dépit du fait que Jean-Baptiste avait désigné Jésus à la veille de sa mission en ces termes : « Voici l'agneau de Dieu qui enlève le péché du monde » (Jn 1.29) ! Un jour, Jésus a prédit la nécessité de sa mort prochaine, mais Pierre n'a rien voulu savoir des souffrances qui attendaient son Seigneur. Sa réaction fut vive et même osée :

> Pierre, le tirant à part, se mit à le réprimander, en disant : « Dieu t'en préserve, Seigneur ! Non, cela ne t'arrivera pas ! » (Mt 16.22)

Jésus a reconnu dans les paroles apparemment bienveillantes de son disciple rien de moins qu'une tentation diabolique visant à le détourner du chemin de la croix :

> Mais lui, se retournant, dit à Pierre : « Retire-toi ! Derrière moi, Satan ! Tu es pour moi occasion de chute, car tes vues ne sont pas celles de Dieu, mais celles des hommes. » (Mt 16.23)

Pour Jésus, le salut du monde passait obligatoirement par la croix, d'où l'impératif « il fallait » dans l'annonce de sa mort à ses disciples. Cette mise à mort était d'autant plus redoutable qu'elle n'était pas simplement le résultat d'une condamnation à mort. Elle était une démonstration d'un amour extrême (Jn 13.1) manifesté à travers le sacrifice expiatoire de sa vie pour le pardon de nos péchés (Mt 26.28). Jésus savait qu'il devait boire la coupe de jugement (Jn 18.11) et il ne dissimula pas son effroi devant la grande épreuve qui était devant lui. Au tout début de son agonie, il confessa : « À présent, je suis troublé. Que dirai-je ? Père, délivre-moi de cette heure ? Mais c'est précisément *pour cela* que je suis venu jusqu'à cette heure ! Père, manifeste ta gloire » (Jn 12.27-28, Bible du Semeur ; italiques ajoutés).

Alors que deux des Évangiles passent complètement sous silence la naissance miraculeuse de Jésus (Marc et Jean), tous les quatre consacrent une place disproportionnée à la dernière semaine de sa vie, depuis son entrée triomphale à Jérusalem jusqu'à son ascension au ciel en passant par sa crucifixion et sa résurrection, qui sont relatées avec beaucoup de détails. Parmi tous les apôtres, il n'y avait au pied de la croix que Jean, « le disciple que Jésus aimait », les autres ayant pris la fuite. Plusieurs femmes étaient aussi présentes, parmi lesquelles la mère de Jésus, la sœur de celle-ci, et Marie Madeleine. Avant de mourir, Jésus prit soin de confier sa mère à Jean (Jn 19.25-27).

Le troisième jour, Jésus ressuscita d'entre les morts à la grande surprise de tous ses disciples. Il leur apparut de nombreuses fois, individuellement et en groupe (Jn 20), il apparut aussi à une foule de cinq cents personnes (1 Co 15.5-8). Pendant quarante jours, Jésus poursuivit son enseignement au sujet du Royaume jusqu'au jour où il fut élevé au ciel auprès de Dieu (Ac 1.1-3). La résurrection de Jésus d'entre les morts a plusieurs significations. D'abord, par elle, Dieu donne la démonstration factuelle que Jésus a fidèlement rempli la mission qui lui avait été confiée. Ensuite, les déclarations inouïes qu'il avait faites au sujet de sa personne étaient toutes vraies. Enfin, tout ce qu'il avait fait était en parfait accord avec sa volonté.

Objections islamiques à la mort de Jésus

À la différence des Évangiles, les récits coraniques se concentrent sur la naissance miraculeuse de Jésus (3.42-48 ; 19.16-34). Il y a en tout et pour tout quatre textes courts qui concernent la mort de Jésus : deux parlent de sa mort comme s'il s'agissait d'une mort ordinaire (5.120 ; 19.33), un autre est diversement interprété (3.55), et un quatrième semble nier catégoriquement la réalité de la mort et de la crucifixion de Jésus (4.157-158). Ce dernier texte, relativement bref, est celui sur lequel se fonde la théologie islamique pour nier la mort de Jésus. C'est à la lumière de ce seul texte que les autres textes coraniques sont compris. Ce texte n'est pas un récit historique relatant les événements tels qu'ils se sont produits. Il fait partie d'une polémique anti-juive dont le but premier n'est pas de nier la crucifixion, mais de défendre Jésus contre les juifs qui, dans leur arrogance, déclarent ceci :

> Ils (les juifs) affirment : « Nous avons mis à mort le Messie, Jésus fils de Marie, [qui prétendait être] l'apôtre de Dieu. »
>
> Or, ils ne l'ont ni mis à mort, ni crucifié, mais ils ont été victimes d'une illusion. Ceux qui sont en désaccord à son sujet sont dans le doute à son endroit. Ils n'en ont pas de connaissance certaine. Ils ne l'ont sûrement pas mis à mort. Tout au contraire, Dieu l'a élevé vers lui. [En agissant ainsi], Il s'est montré Très-Puissant et Sage.
>
> Il n'est personne parmi le Peuple du Livre qui ne croira en lui avant sa mort. Au Jour de la Résurrection, il (Jésus) sera témoin contre eux. (4.157-159)

Ce texte fait suite à une série de critiques adressées aux juifs : ils ont rompu l'alliance de Dieu, proféré un mensonge infâme contre la chasteté de Marie, mis à mort de nombreux prophètes (4.155-156). Mettant le comble à leur arrogance, ils prétendent avoir mis à mort celui qui se disait le Messie, l'envoyé de Dieu. Ils pensent avoir ainsi prouvé que Jésus n'était pas vraiment le Messie, car, à leurs yeux, Dieu n'aurait pas permis que le Messie soit humilié et défait par sa mise à mort. Le texte coranique prend la défense de Jésus en affirmant qu'il était bel et bien le Messie et c'est pourquoi Dieu n'a pas laissé les juifs mettre à exécution leur plan meurtrier. Ils ont comploté contre Jésus et Dieu a comploté contre eux : « Ils (les juifs) ont rusé [contre Jésus] et Dieu aussi a rusé [contre eux] ; Dieu est le meilleur de ceux qui rusent » (3.54). C'est donc par une « ruse » que Dieu a déjoué le plan ignominieux des juifs.

Selon l'interprétation islamique traditionnelle de ce texte, Dieu est intervenu sur-le-champ pour arracher Jésus aux mains de ses ennemis. Il a transformé le visage d'un homme (certains récits identifient cet homme à Judas, le disciple qui a trahi Jésus) et l'a rendu semblable à celui de Jésus. Cet homme métamorphosé a donc été crucifié à la place de Jésus, lequel a été élevé au ciel où il se trouve actuellement. Les juifs, ne s'étant pas aperçus de la ruse divine, ont eu l'illusion d'avoir crucifié Jésus, alors qu'en réalité c'est un sosie qui a été crucifié à sa place. Les juifs n'ont pas été les seules victimes de cette énorme illusion. Tout le monde s'y est trompé, y compris les disciples de Jésus, à commencer par sa mère et son disciple bien-aimé qui étaient pourtant présents au pied de la croix !

Pourquoi Dieu a-t-il laissé les juifs mettre à mort plusieurs prophètes sans réagir alors qu'il est intervenu pour déjouer leur complot contre Jésus ? Le Coran ne répond pas à cette question, mais on peut émettre une hypothèse. Les prophètes tués par les juifs étaient des hommes anonymes, tandis que Jésus était un prophète exceptionnel.

Nous retrouvons ici le raisonnement de Pierre, qui l'a conduit à exclure la possibilité que le Messie puisse être humilié et subir une mort infâme. En réalité, c'est un raisonnement typiquement humain : qui d'entre nous serait disposé à admettre que son « héros » puisse être mis en échec, à plus forte raison si ce héros est un illustre envoyé de Dieu ? Jésus a bien dit à Pierre : « Tes vues ne sont pas celles de Dieu, mais celles des hommes. »

Le Coran (comme la Bible) maintient que Dieu reste fidèle à son peuple (cf. 22.40 ; 40.51 ; 47.7). La fidélité de Dieu à ses serviteurs et sa puissance auraient été mises en cause s'il avait laissé son fidèle serviteur subir le sort abject auquel l'avaient condamné ses ennemis. Les chrétiens sont d'accord avec les musulmans pour affirmer que Dieu est toujours fidèle à ses serviteurs et que sa puissance n'a pas de limites. Dieu a été fidèle à Jésus en le ressuscitant d'entre les morts et non pas en lui épargnant la mort, car celle-ci faisait partie de son dessein éternel annoncé par les prophètes (Ac 2.23 ; Mt 26.54). Ce dessein traduit l'amour sans limites que Dieu porte à l'humanité qu'il a créée et qu'il a décidé lui-même de sauver par le truchement de sa puissance infinie à travers le Christ.

Selon la pensée islamique, Jésus reviendra à la fin des temps pour achever sa mission (entamée il y a deux mille ans). Il combattra l'Antéchrist, *al-masih al-dajjal* (littéralement, le Messie trompeur), et triomphera de lui. Il instaurera la charia au nom de laquelle il gouvernera la terre entière. Justice et paix caractériseront son règne dont la durée varie selon les récits. Tous les hommes croiront alors en lui à la manière des musulmans. Les chrétiens se rendront compte qu'il n'est pas le Fils de Dieu, et les juifs s'apercevront qu'il est le Messie que Dieu leur avait promis. Jésus mourra de mort naturelle et sera honoré par tous les musulmans, qui l'enterreront à côté de Muhammad à Médine. La mort de Jésus donnera le signal du Jour dernier et de la résurrection générale (cf. 43.61)[6]. Ce jour-là, tous les êtres humains comparaîtront devant leur Créateur pour être jugés selon sa parfaite justice.

La version islamique de la fin terrestre de Jésus est sensiblement différente de la version chrétienne et ne paraît pas très plausible. Des exégètes renommés, tels que Razi, admettent qu'elle soulève de sérieuses difficultés. Elle revient à mettre en doute l'intégrité morale de Dieu qui aurait laissé croire à tous que Jésus a été crucifié alors qu'il n'en était rien ; or, souligne Razi, il est exclu de penser que Dieu (qui est véridique) puisse tromper les hommes, les croyants en particulier. Malgré cette difficulté insurmontable, Razi continue à croire que le texte coranique est inspiré et donc que l'on doit lui faire confiance, quoi qu'il en coûte ! Cependant, certains musulmans pensent que le texte en question (4.157-158) est obscur et l'interprétation traditionnelle (fondée essentiellement sur les récits de la Tradition prophétique) n'est pas forcément la bonne. Pour eux, Jésus a été crucifié et c'est son esprit qui a été élevé au ciel.

Comparé au texte biblique, qui rapporte dans le détail des faits transmis par des témoins oculaires, le texte coranique, rédigé six siècles après les événements, ne paraît guère convaincant. Le récit biblique souligne qu'après sa résurrection Jésus est apparu à ses disciples pendant quarante jours avant de monter au ciel (Ac 1.3). Aux disciples qui doutaient de sa résurrection, il a montré les marques de son crucifiement sur son corps (Jn 20.19-29).

Plus tard, des penseurs musulmans ont cherché à justifier le récit coranique et à réfuter le message de l'Évangile en faisant appel à trois arguments théologiques. Le premier consiste à dire que la mort expiatoire de Jésus n'était pas nécessaire,

---

6. Voir Bukhari, *anbiya'* (prophètes) 49 ; *fitan* (épreuves) 26.

car Dieu n'a pas besoin de sacrifice pour nous pardonner. Il nous pardonne par pure générosité et grâce à sa bonté. La Bible souligne que l'amour de Dieu est grand, mais en même temps elle affirme que sa justice absolue exige que le péché soit jugé. La deuxième sourate du Coran, intitulée « la Vache » (ou la Génisse), fait état du sacrifice prescrit dans la loi de Moïse (2.67-71 ; cf. Nb 19.1-10). Le texte biblique précise que la génisse doit être absolument « sans défaut » et que c'est « un sacrifice pour le péché » (Nb 19.9). Les sacrifices de l'Ancienne Alliance préfigurent le sacrifice du Christ grâce auquel Dieu peut pardonner nos péchés sans que sa justice soit bafouée (cf. Hé 9.22 ; 10.1-4, 10-12).

C'est ce pardon que célèbrent les juifs le Jour du Grand Pardon, le *Yom kippour*, et les chrétiens à Pâques. Les musulmans associent le pardon divin à « la fête du sacrifice », appelée la Grande Fête, pendant laquelle ils commémorent le sacrifice d'Abraham (37.100-111)[7]. En effet, Dieu racheta l'enfant du patriarche par « un grand sacrifice » (37.107). Un animal peut-il être décrit comme un grand sacrifice ? Ce sacrifice serait-il une annonce voilée d'un autre sacrifice, autrement plus grand que celui d'un agneau, à savoir celui du Christ en croix ?

Un deuxième argument contre la crucifixion de Jésus consiste à souligner la responsabilité individuelle de chacun par rapport à ses propres actes. Nous serons jugés selon nos œuvres, car le Coran déclare : « Personne ne portera le fardeau d'un autre » (6.164). Or, dire que notre salut dépend d'un sacrifice offert par une autre personne, en l'occurrence celui du Christ, revient à annuler ce principe. La Bible aussi affirme le principe de la responsabilité personnelle : « Celui qui pèche, c'est lui qui mourra ; le fils ne portera pas la faute du père ni le père la faute du fils ; la justice du juste sera sur lui et la méchanceté du méchant sera sur lui » (Ez 18.20).

La Bible soutient que nous ne devons avoir aucune illusion sur notre capacité à nous sauver par nos propres œuvres (cf. Es 64.5 ; Rm 3.11-18). Notre responsabilité est pleinement engagée dans la façon dont nous répondons à la révélation de Dieu en Jésus-Christ en général et au salut accompli par lui en

---

7. Le texte coranique ne nomme pas l'enfant. Les premiers commentateurs musulmans, connaissant le récit de la Genèse (Gn 22.1-18), pensaient qu'il s'agissait d'Isaac. Par la suite, les exégètes musulmans ont affirmé que c'est Ismaël dont il est question, et ce pour deux raisons. D'abord, le texte coranique mentionne Isaac tout de suite après le récit du sacrifice (37.112). Ensuite, dans le texte biblique, Dieu demande à Abraham de lui sacrifier son « fils unique », donc Isaac n'était pas encore né, pensent-ils. Toutefois, Ismaël ne vivait plus dans la maison de son père au moment du sacrifice (Gn 21.18-21), et Isaac nous est présenté dans le récit de la Genèse comme l'unique « fils de la promesse » (Gn 17.15-21). De nos jours, les musulmans croient tous que c'est Ismaël qui a été l'objet du sacrifice. Les textes bibliques et coraniques ont en commun que Dieu a éprouvé la foi d'Abraham par ce sacrifice et que le patriarche a fait preuve d'une foi obéissante exemplaire.

particulier. Par ailleurs, la doctrine sunnite enseigne que le Prophète intercédera au Jour du jugement en faveur des musulmans et beaucoup sortiront de l'enfer grâce à cette intercession fondée sur les mérites de Muhammad. Les mérites du Christ, notamment sa vie donnée en sacrifice pour nous, sont de nature à assurer le salut de quiconque se décide à le confesser comme son Sauveur. « Sauveur du monde » est l'un des titres les plus prestigieux donnés à Jésus dans l'Évangile de Jean (Jn 4.42 ; cf. 1 Jn 4.14).

Selon un troisième argument avancé par les théologiens musulmans contre la mort de Jésus sur la croix, il serait injuste voire immoral que Dieu accepte le sacrifice d'un homme innocent, à savoir Jésus-Christ, en faveur des pécheurs. Sauf que Dieu n'a pas imposé au Christ qu'il donne sa vie pour nous. C'est volontairement que le Christ a mis le comble à son amour en donnant sa vie en offrande pour nous. En fait, c'est Dieu lui-même au travers de son Fils qui nous a rendu cet extraordinaire service, indispensable à notre salut. Par son abaissement extrême, qui l'a conduit jusqu'à la croix, le Christ est devenu le parfait Serviteur-Sauveur. Aussi Dieu l'a-t-il exalté et lui a donné un nom au-dessus de tout nom afin « que toute langue confesse que le Seigneur, c'est Jésus Christ, à la gloire de Dieu le Père » (Ph 2.11).

L'examen des textes coraniques concernant Jésus montre qu'il est un prophète tout à fait à part en vertu de sa naissance miraculeuse, de ses noms exceptionnels, de ses titres prestigieux, de sa vie irréprochable, de ses miracles très significatifs et de ses revendications inouïes. Sa mission aussi a été sans pareil puisque Dieu est venu à son secours et n'a pas permis qu'il soit défait par ses ennemis. Il l'a élevé au ciel où il se trouve auprès de Dieu. Son retour attendu même par les musulmans confirme qu'il est un prophète exceptionnel.

Ce sont les Évangiles qui nous révèlent dans toute sa plénitude le mystère de Jésus. Ce prophète, unique parmi tous les messagers de Dieu, est en réalité beaucoup plus qu'un prophète. Il n'est pas simplement le porte-parole de Dieu, il est la Parole éternelle de Dieu, le Fils unique de Dieu qui nous donne à connaître le mystère de Dieu : Père, Fils et Saint-Esprit.

Le chapitre suivant examinera les objections que le Coran et la tradition islamique élèvent contre la pierre angulaire de la foi chrétienne, à savoir la Trinité divine et son corollaire, c'est-à-dire la divinité du Christ.

8

Un seul Dieu en trois personnes

Le chapitre précédent a montré que Jésus est un prophète singulier selon le Coran et encore plus selon les Évangiles. Sa singularité est un indice indiquant qu'il est en réalité bien plus qu'un homme. Jésus n'a pas laissé ses disciples dans le doute quant à sa personne. Il leur a dévoilé qu'il est le Fils éternel de Dieu et qu'il est uni à son Père par le Saint-Esprit.

Au seuil de sa mission, lorsque Jésus a été baptisé par Jean, le Père et l'Esprit lui ont publiquement rendu témoignage :

> Dès qu'il fut baptisé, Jésus sortit de l'eau. Voici que les cieux s'ouvrirent et il vit l'Esprit de Dieu descendre comme une colombe et venir sur lui. Et voici qu'une voix venant des cieux disait : "Celui-ci est mon Fils bien-aimé, celui qu'il m'a plu de choisir." (Mt 3.16-17)

Le Père et l'Esprit étaient pleinement engagés dans la mission de Jésus, car les trois sont intimement unis de toute éternité. Le Père a envoyé le Fils en mission sur terre et Jésus a été rempli de l'Esprit dans l'accomplissement de cette mission. À la fin de cette mission, Jésus a chargé ses apôtres d'annoncer l'Évangile à tous les peuples. Il leur a promis qu'il demeurerait avec eux, même après son ascension au ciel, grâce à l'Esprit Saint qu'il leur enverrait très peu de jours après :

> Allez donc : de toutes les nations faites des disciples, les baptisant au nom du Père et du Fils et du Saint-Esprit, leur apprenant à garder tout ce que je vous ai prescrit. Et moi, je suis avec vous tous les jours jusqu'à la fin des temps. (Mt 28.19-20 ; cf. Ac 1.4)

Monothéisme coranique, monothéisme biblique

Les auteurs musulmans font remarquer à juste titre que le mot « Trinité » ne se trouve pas dans les Évangiles (ni dans la Bible). C'est un mot technique qui a été élaboré par les théologiens des premiers siècles pour désigner une vérité que Jésus a bel et bien enseignée. Strictement parlant, on devrait dire « Tri-Unité » pour bien marquer qu'il s'agit à la fois de l'unité de Dieu et de la trinité de ses personnes. On observera que le mot arabe *tawhid*, c'est-à-dire monothéisme, ne se trouve pas dans le Coran. Ce sont des théologiens musulmans qui l'ont conçu pour désigner la doctrine centrale du Coran.

Il y a trois textes coraniques qui dénoncent la trinité chrétienne, mais un seul qui explique la trinité dont il est question. En réalité, ce n'est pas la doctrine chrétienne de la Trinité qui est en cause, mais une fausse conception de cette doctrine. Le texte principal, celui de la sourate 5, anticipe le Jour du jugement au cours duquel Jésus sera interrogé par Dieu au sujet de l'enseignement qu'il a donné lors de sa mission sur terre :

> Dieu dit :
>
> – Ô Jésus, fils de Marie ! Est-ce toi qui as enseigné aux hommes leur disant : « Tenez-nous, moi et ma mère, pour deux divinités en dessous de Dieu ? »
>
> Jésus répond :
>
> – Gloire à Toi ! Il ne m'appartient pas de dire ce que je n'ai pas le droit de dire. Tu l'aurais su si je l'avais dit. Tu connais ce qui est en moi alors que je ne connais pas ce qui est en toi. Tu connais, certes, les choses cachées. Je ne leur ai dit que ce que Tu m'as commandé, à savoir : « Adorez Dieu, mon Seigneur et votre Seigneur. » (5.116-117)
>
> Croyez donc en Dieu et à Ses apôtres et ne dites pas « Trois ! » Cessez de le faire, ce sera mieux pour vous. Dieu est Un. Gloire à Lui. Il n'a pas d'enfant. (4.171)
>
> Ce sont à coup sûr des mécréants ceux qui disent : « Dieu est le troisième d'une triade. » (5.73)

Ces textes exemptent Jésus de tout enseignement erroné qu'il aurait donné à ses disciples. Selon les Évangiles, Jésus n'a jamais enseigné à ses disciples que *lui et sa mère* devaient être adorés au même titre que Dieu. Citant la Torah, Jésus a rappelé ce commandement central de l'Écriture : « Le Seigneur ton Dieu tu adoreras et c'est à lui seul que tu rendras un culte » (Mt 4.10). Jésus avait un grand respect pour sa mère, mais il ne l'a jamais élevée au rang d'une divinité (cf. Lc 1.27-28). Il est donc clair que les textes coraniques en question rejettent à bon droit la trinité composée de Dieu-Marie-Jésus dans laquelle Jésus serait « le troisième d'une triade » (5.73). L'Église n'a jamais enseigné ce trithéisme même si l'on ne peut pas totalement exclure que des chrétiens, par certaines de leurs pratiques, aient pu laisser croire que la Vierge Marie avait un statut divin. Il s'agit donc d'une sérieuse méprise sur la doctrine chrétienne. Toutefois, nous ne devons pas, en raison de cette méprise, blâmer trop vite le Coran d'avoir attribué aux chrétiens une doctrine qui n'a jamais fait partie de leur enseignement. Le concile d'Éphèse (431) a reconnu la légitimité d'appeler la Vierge Marie « la Mère de Dieu ». Cette décision fut prise non pour glorifier la mère de Jésus, « la servante du Seigneur », selon ses propres mots (Lc 1.38), mais pour souligner la divinité de Jésus et la non-séparation des deux natures, divine et humaine, en l'unique personne du Christ[1].

De nos jours, la Vierge Marie est acclamée, dans les Églises catholique et orthodoxe notamment, comme « notre Mère » et « la Mère de l'Église ». Chrétiens, nous confessons que Dieu est notre Père et que Jésus-Christ est le Fils de Dieu. Nous ne devons pas être trop surpris lorsque des musulmans perçoivent la Trinité chrétienne comme étant le Père, Marie et Jésus. La dévotion excessive de certains chrétiens à la Vierge Marie ne fait rien pour clarifier les choses. Beaucoup de musulmans demeurent mal informés sur la doctrine chrétienne et ils ne sont pas rares ceux qui continuent à penser que les chrétiens adorent trois divinités, Marie comprise. Aussi il n'est pas inutile, lorsque l'occasion se présente, de lever le malentendu si nécessaire. Les musulmans bien informés sur la foi chrétienne pensent que le reproche fait aux chrétiens dans le Coran n'est pas totalement injustifié, car il vise, si ce n'est une croyance, du moins une réalité que l'on peut constater même de nos jours chez nombre de chrétiens qui semblent vouer un véritable culte à Marie.

Les penseurs musulmans bien renseignés savent que le christianisme enseigne l'unité de Dieu en trois personnes : Père, Fils et Saint-Esprit. Ils rejettent néanmoins la doctrine chrétienne de la Trinité au nom du monothéisme coranique. Cette doctrine est-elle incompatible avec ce monothéisme ? Nous ne le pensons pas. Nous sommes en présence de deux monothéismes, unitaire d'un côté, trinitaire de l'autre. Les théologiens musulmans adoptent une approche rationaliste dans leur rejet de la Trinité : soit Dieu est un, soit il est trois, il ne peut

---

1. Si le titre *theotokos* « mère de Dieu » est théologiquement fondé, il nous paraît d'un point de vue missiologique très mal adapté à un milieu largement polythéiste comme l'était le milieu arabe à la veille de la naissance de l'islam. Du reste, les chrétiens de tradition assyrienne (dits « nestoriens »), présents au nord de l'Arabie, n'ont pas accepté ce titre pour Marie.

en être autrement, c'est-à-dire un et trois à la fois. Or, la théologie sunnite n'est pas caractérisée par le rationalisme, car elle définit la foi avant tout comme un acte non pas d'intelligence, mais de confiance en Dieu, *tasdiq*. Il en va de même de la foi chrétienne. Une approche rationnelle mais non rationaliste de la foi est d'autant plus requise dans le christianisme, dans lequel l'objet de la révélation est Dieu lui-même, et non pas simplement sa volonté pour ses serviteurs.

Dieu est décrit quatre fois dans le Coran comme « Celui qui connaît parfaitement les mystères cachés » (5.109, 116 ; 9.78 ; 34.48). Dieu a choisi de nous révéler ces mystères en Jésus-Christ, notamment le mystère de la Trinité divine. Par définition, ces mystères nous sont inaccessibles du fait qu'ils concernent notre Créateur. Il est un Dieu infini et nous sommes des créatures limitées ; comment pourrions-nous le connaître autrement que par une révélation de sa part ? De plus, nous sommes pécheurs et le péché affecte tout notre être, notre intelligence comprise. Le seul moyen d'avoir une juste connaissance de notre Créateur est de nous fier à ce qu'il nous dit de lui-même. Les musulmans aiment à dire *allahu akbar*, littéralement « Dieu est plus grand ». Il est plus grand que tout, et bien sûr plus grand que notre entendement. Si l'on arrivait à le saisir par notre intellect, on ferait de lui une idole à notre mesure. La parole que l'on prête à Voltaire s'avérerait dans ce cas tout à fait à propos : « Dieu a créé l'homme à son image, et l'homme le lui a bien rendu. »

Les théologiens chrétiens ont souligné que la foi chrétienne, loin d'être irrationnelle, est en quête d'intelligence. Il est logique que nous ne soyons pas en mesure de pénétrer le mystère de notre Créateur. Nous pouvons, nous devons chercher humblement à comprendre ce mystère que le Christ nous a révélé. Certains théologiens, comme saint Augustin, ont compris la Trinité à la lumière de la parole selon laquelle « Dieu est amour » (1 Jn 4.8). L'amour est par essence relationnel. Dès avant la création du monde, le Père aime le Fils, le Fils aime le Père, le Saint-Esprit est la Personne qui manifeste cet amour. Selon une autre analogie utilisée par des théologiens arabes chrétiens ayant vécu dans un contexte islamique, le Père est l'Intellect, le Fils l'Intelligent, le Saint-Esprit l'Intelligible[2].

Bien que la création ne soit qu'un pâle reflet du Créateur, nous pouvons néanmoins constater que l'unité et la diversité coexistent au sein de la même réalité. L'espèce humaine est une, mais les personnes humaines sont sans nombre. L'être humain est un, mais il est corps et âme. Le soleil est un, mais il est en même temps sphère, lumière et chaleur. Ce ne sont bien entendu que

---

2. Voir à ce propos Michael KUHN, *God is One*, Appendice 2, Ibn al-Tayyib « A Treatise on the Divine Attributes », p. 233-261.

des approximations, susceptibles peut-être de nous aider à comprendre le monothéisme trinitaire de la Bible. Dieu est absolument un quant à son essence (ou nature), laquelle est possédée pleinement par les trois personnes : le Père, le Fils et le Saint-Esprit.

Dieu le Père : au-dessus de nous

À la différence de Muhammad, Jésus a vécu dans un milieu juif qui était monothéiste depuis de nombreux siècles. Pour les juifs, il n'y avait qu'un seul Dieu. Aussi Jésus n'avait pas besoin d'insister sur cette vérité. Il est venu pour lever le voile sur le mystère de Dieu en donnant une révélation de son être dans toute sa plénitude. La grande nouvelle vérité que Jésus a apportée dès le début de sa mission, c'est que Dieu est Père, le Père au sens absolu du terme[3].

Dans l'Ancien Testament, Dieu est rarement décrit comme Père, mais il est comparé à un père. Il est le père du peuple d'Israël (Dt 32.6 ; Jr 3.19 ; 31.9). Il a promis d'avoir une relation père-fils avec le Messie, laquelle fut préfigurée très imparfaitement dans la relation qu'il eût avec Salomon, fils du roi David (1 S 7.14 ; Ps 89.26). Il se présente comme « père des orphelins, justicier des veuves » (Ps 68.6). Il a une compassion paternelle pour ses créatures humaines : « Comme un père est tendre pour ses enfants, le SEIGNEUR est tendre pour ceux qui le craignent » (Ps 103.13). Au temps de Jésus, il n'était pas rare que des croyants juifs appellent Dieu *abinu*, « notre Père »[4]. Avant d'expliciter ce titre, il convient de souligner que jamais nous ne trouvons dans le Coran le mot « père » à propos de Dieu et ce nom ne figure pas parmi ses « plus beaux noms » (59.22-24)[5].

Pour élucider le sens du mot « Père », il est utile d'abord d'indiquer ce qu'il ne signifie pas. En effet, ce mot risque d'être mal compris du fait que l'on projette souvent sur Dieu une conception humaine de la paternité. Jésus insiste dans la prière dominicale en disant que notre Père est *dans les cieux*, autrement dit, la paternité humaine et la paternité divine ne sont pas identiques. Si l'on peut dire,

---

3. Cette section reprend des éléments développés dans mon livre *Deux prières pour aujourd'hui. Le Notre Père et la Fatiha*, ch. 3 « Dieu selon le Notre Père », p. 85-108, Montrouge, Bayard, 2015. Ces éléments sont reproduits avec l'aimable autorisation de l'éditeur Bayard.
4. Cette appellation se trouve dans trois des fameuses « Dix-huit Bénédictions » de la prière juive.
5. Selon la Tradition prophétique, Dieu possède quatre-vingt-dix-neuf noms, dont certains se trouvent dans le Coran. Ce chiffre est symbolique dans la mesure où, dans la Tradition prophétique, nous avons deux listes de noms divins qui n'ont en commun que soixante-treize noms, si bien que le total est de cent vingt-cinq noms. Voir *Deux prières pour aujourd'hui*, Appendice 1 « les noms de Dieu les plus beaux selon le Hadith », p. 329-338.

par analogie, que Dieu est Père, il ne faut pas assimiler notre Père céleste à un père humain. À certains égards, Dieu est semblable à des pères humains, mais il est très différent d'eux à d'autres égards. Dieu le Père est différent des pères humains sur bien des points, notamment :

1. La nature divine appartient exclusivement à Dieu. Nous avons la même nature humaine que nos pères terrestres, mais nous n'avons pas la même nature que notre Père céleste. Nous sommes ses fils et ses filles par adoption, et non pas pour ainsi dire ses enfants « naturels ». Le Père céleste ne partage son essence divine avec aucune de ses créatures.
2. La paternité divine est spirituelle tandis que la paternité humaine est à la fois biologique et spirituelle. Dieu n'a pas de compagne et il n'est pas un être sexué. Il n'est ni mâle ni femelle, il est au-delà de la différenciation sexuelle qui caractérise les humains et bien d'autres créatures.
3. Dieu est parfait et se suffit à lui-même tandis que les pères (et les mères) sont des êtres dépendants (comme tous les êtres humains). Ils sont également faillibles et pécheurs. En même temps, l'amour de Dieu pour nous est bien plus grand que l'amour que nous portent nos parents humains : « Si donc vous, *qui êtes mauvais*, savez donner de bonnes choses à vos enfants, *combien plus* votre Père qui est aux cieux donnera-t-il de bonnes choses à ceux qui le lui demandent » (Mt 7.11 ; italiques ajoutés).
4. À la différence des parents humains, Dieu est éternel et immortel.
5. Dieu est esprit (Jn 4.24). Il n'est pas un être matériel. On ne peut pas le localiser dans un endroit précis, car sa présence est partout dans l'univers qu'il a créé.
6. Dieu est digne d'être honoré *et* adoré alors que nous devons seulement honorer nos parents (Ex 20.12).
7. Il y a une multitude de pères humains, mais il n'y a qu'un seul Père céleste : « N'avons-nous pas tous un seul père ? Un seul Dieu ne nous a-t-il pas créés ? » (Ml 2.10). Ce sont évidemment des questions rhétoriques.
8. Les pères humains ont un nombre limité d'enfants tandis que notre Père céleste est le Père de tous les humains. Il est le Père universel.

Que signifie donc pour Dieu d'être « Père » ? Voici quelques textes bibliques qui nous aideront à saisir la signification de la paternité divine.

1. Dieu est notre Créateur.
   Nous devons à Dieu notre existence et notre vie, car nous avons été créés par lui (Es 64.7).
2. Dieu prend soin de nous.
   Dieu pourvoit à tous nos besoins, matériels et spirituels (Mt 7.9-11).
3. Dieu est bon envers nous.
   Notre Créateur nous connaît le mieux. Il sait que nous sommes faibles et il est plein de tendresse envers nous (Ps 103.13-14).
4. Dieu nous éduque.
   Notre Créateur est aussi celui qui nous enseigne. Il nous aide à grandir moralement et spirituellement. Lorsqu'il le juge nécessaire, il nous corrige aussi (Pr 3.11-12 ; Hé 12.5-10).
5. Dieu est notre divin Ami.
   Du fait que Dieu est notre Père, nous pouvons avoir avec lui une relation intime : « Encore maintenant ne m'invoques-tu pas : "Mon Père ! Toi, l'intime de ma jeunesse !" Tient-il donc toujours rigueur ? Garde-t-il rancune à jamais ? » (Jr 3.4-5). Jésus appelle ses disciples ses amis et leur explique pourquoi : « Je ne vous appelle plus serviteurs, car le serviteur reste dans l'ignorance de ce que fait son maître ; je vous appelle amis, parce que tout ce que j'ai entendu auprès de mon Père, je vous l'ai fait connaître » (Jn 15.15).
6. Dieu nous aime.
   Dieu aime toutes ses créatures sans exception aucune (Jn 3.16). Jésus explique à ses disciples jusqu'où l'amour peut aller : « Nul n'a d'amour plus grand que celui qui se dessaisit de sa vie pour ceux qu'il aime » (Jn 15.13). Jésus a offert sa vie sur la croix afin de démontrer à ses disciples l'étendue de l'amour qu'il a pour eux.
7. Dieu est notre Sauveur.
   Nous avons tous désobéi à Dieu et à sa loi, et nous avons ainsi erré loin du droit chemin. Nous ne lui avons pas rendu l'honneur qui lui est dû (Es 63.16 ; Ml 1.6). Nous méritons le châtiment divin. Toutefois, puisque Dieu nous aime, il veut nous pardonner nos péchés et nous sauver de la mort. C'est ce qu'il a accompli au travers de la mission de Jésus.

À la différence de toute autre créature, nous avons tous été faits à l'image de Dieu (Gn 1.27 ; cf. Gn 5.1-3). Cela veut dire que nous sommes tous égaux devant

Dieu, abstraction faite de notre genre et de notre arrière-plan ethnique, social ou religieux. Cela implique aussi que nous sommes très proches les uns des autres en dépit de toutes nos différences. Tous les êtres humains sont des frères et sœurs dans la mesure où ils appartiennent à la même famille humaine.

Ainsi, la paternité divine n'est pas identique à la paternité humaine, mais elle lui est semblable. La paternité humaine reflète la paternité divine jusqu'à une certaine mesure. L'immanence de Dieu, notamment la ressemblance de caractère que les humains ont avec lui, doit être maintenue en même temps que sa transcendance, autrement dit sa différence par rapport à la création.

Dieu le Fils : avec nous

Muhammad est né et a vécu dans une société polythéiste. Les Arabes croyaient en un dieu suprême connu sous le vocable *Allah*. Ce mot désigne tout simplement « Dieu » en langue arabe. Il était en usage parmi les juifs et les chrétiens arabophones qui vivaient en Arabie. Les chrétiens arabophones continuent d'appeler Dieu *Allah*, comme en témoignent les traductions arabes de la Bible. Il est probable que les Arabes polythéistes croyaient qu'Allah était le Dieu suprême sous l'influence des communautés juive et chrétienne. Toutefois, les Arabes attribuaient à *Allah* des partenaires, mâles et femelles, ainsi que des fils et des filles. La mission du Prophète consistait à convaincre son peuple que Dieu n'a pas d'associés, comme le montrent les textes suivants :

> Ils ont attribué à Dieu comme associés les djinns alors que c'est Lui qui les a créés. Ils Lui ont fabriqué des fils et des filles sans savoir [que Dieu n'a ni fils ni filles]. Gloire à Lui ! Il est très au-dessus de ce qu'ils imaginent. (6.100)

> Ils donnent des filles à Dieu. Gloire à Lui ! [Par contre,] ce qu'ils désirent, eux, [c'est d'avoir des garçons.] (16.57 ; cf. 17.40 ; 43.16)

> Dis : Dieu est Un. […] Il n'enfante pas et n'est Lui-même pas enfanté ; nul n'est égal à Lui. (112.1-4)

> Créateur des cieux et de la terre, comment aurait-Il un enfant, Lui qui n'a pas de compagne, qu'Il a créé toutes choses et qu'Il connaît toutes choses ? (6.101 ; cf. 72.3)

Ces textes nous donnent une idée du polythéisme arabe au temps de Muhammad, appelé dans le Coran *shirk*, littéralement « associationnisme ». C'est le seul péché que Dieu ne pardonnera jamais (4.48). Dans un tel contexte, il n'est pas difficile de se méprendre sur la signification du titre « Fils de Dieu » attribué par les chrétiens à Jésus-Christ. La filiation divine du Christ est conçue comme une conception charnelle. Elle est rejetée, mais elle n'a rien à voir avec la conception chrétienne :

> Les juifs disent : « 'Uzayr[6] est le fils de Dieu » ; les chrétiens disent : « Le Christ est le fils de Dieu. » Ce qu'ils disent ressemble à ce que les mécréants disaient avant eux. Que Dieu les combatte tant ils se sont éloignés [de la vérité]. (9.30)
>
> Ils sont des mécréants[7] ceux qui disent : « Dieu est le Christ, le fils de Marie. » Le Christ a [lui-même] dit : « Ô Fils d'Israël ! Adorez Dieu, mon Seigneur et votre Seigneur. » (5.72 ; cf. 5.17)
>
> Ils (les chrétiens) disent : « Dieu S'est donné un fils. » Gloire à Lui. Tout ce qui est dans les cieux et sur la terre Lui appartient. Tous Lui sont dévoués. (2.116)
>
> Notre Seigneur, qu'Il soit toujours exalté, ne S'est donné ni compagne ni enfant. (72.3)

Pris dans leur ensemble, ces versets coraniques montrent clairement que, comme pour la Trinité, c'est une mauvaise conception de la filiation divine de Jésus qui est récusée. En effet, la filiation de Jésus est comprise comme une filiation biologique : Jésus serait le fils de Dieu en vertu d'une relation charnelle entre Dieu et une partenaire, en l'occurrence la Vierge Marie. Or, ce n'est évidemment pas ce que croient les chrétiens. Jésus est le Fils unique et éternel au sens spirituel du terme. Il est devenu un homme sans renoncer à sa nature divine. Le fait qu'il est né de la Vierge Marie est un indice de son statut de Fils éternel et non la preuve de sa divinité.

Les auteurs musulmans reprochent à la Torah de présenter Dieu sous des traits humains. Le Coran aussi emploie un langage anthropomorphique à propos de Dieu. Par exemple, il parle de la face de Dieu (2.115), de ses yeux (11.37), de sa main (3.26) et semble le localiser dans le ciel (67.17) où se trouve un trône sur lequel il est assis (7.54), pour ne rien dire de la colère de Dieu (1.7) ou de sa ruse (8.30). On peut aisément interpréter ces expressions anthropomorphiques dans

---

6. L'identité de 'Uzayr est incertaine. Certains commentateurs musulmans pensent qu'il s'agit d'Esdras à cause du rôle éminent qu'il a joué après le retour des juifs de leur exil à Babylone. Le mot utilisé pour les chrétiens est *nasaara*, littéralement « nazaréens » ; voir à propos de ce mot la note 12 du chapitre 6 (sur la falsification de la Bible).
7. Les mécréants sont ceux qui ont une foi inauthentique ; le mot *kufr* désigne non pas l'absence de foi, mais une foi pervertie.

un sens métaphorique, comme le font bon nombre de théologiens musulmans. Il en va de même de ces mêmes expressions qu'on trouve aussi dans la Bible.

À l'inverse, les théologiens musulmans reprochent aux chrétiens d'assimiler un homme, en l'occurrence Jésus-Christ, à Dieu, à l'instar des polythéistes arabes qui croient que Dieu s'est donné des fils (10.68 ; 18.4 ; 19.88 ; 21.26 ; 23.91). Pour la Bible, « Dieu ne s'est jamais donné un fils », pour reprendre le verset coranique (2.116), Jésus est son Fils depuis toujours. Il n'est pas totalement exclu que le Coran dénonce ce qui n'est en réalité qu'une hérésie chrétienne, à savoir « l'adoptianisme »[8], selon laquelle Jésus a été adopté comme fils de Dieu lors de son baptême.

Les théologiens musulmans qui sont au fait de la véritable doctrine chrétienne concernant la divinité du Christ ont recours à plusieurs arguments pour justifier leur refus de cette doctrine. Un de ces arguments consiste à souligner que les Évangiles présentent Jésus sous les traits d'un homme. Il a eu faim et soif (Mt 4.2 ; Jn 4.7), a été tenté par le diable (Mt 4.1), était fatigué (Jn 4.6), avait besoin de dormir (Mt 8.24), était profondément ému au point de pleurer (Jn 11.35 ; Lc 19.41), fut troublé à l'approche de sa mort (Jn 12.27), a confessé son ignorance de certaines choses (Mc 13.32), et a avoué que « le Père [était] plus grand que [lui] » (Jn 14.28). Ils font aussi remarquer que Jésus s'est associé à ses disciples lorsqu'il a déclaré à l'une d'eux : « Ne me retiens pas ! Car je ne suis pas encore monté vers mon Père. Pour toi, va trouver mes frères et dis-leur que je monte vers mon Père qui est votre Père, *vers mon Dieu qui est votre Dieu* » (Jn 20.17 ; italiques ajoutés).

Ainsi, puisque Jésus était pleinement humain, il ne peut être le Fils de Dieu. Il faut choisir, soit Jésus est un homme, soit il est Dieu. Il ne peut être les deux à la fois. Cet argument binaire (soit soit) méconnaît l'enseignement des Évangiles, à savoir que Jésus était à la fois pleinement humain et pleinement divin du fait qu'il est le Fils de Dieu. Les Évangiles ne craignent pas de nous présenter l'humanité de Jésus sous tous ses traits, ce qui explique les limitations et les faiblesses que Jésus a connues comme tout être humain.

Les penseurs musulmans n'acceptent pas que Jésus soit à la fois humain et divin. Cette assertion leur paraît contradictoire. Comme pour la Trinité, ils tiennent un raisonnement rationaliste, alors que l'islam n'est pas, comme on l'a déjà dit, une religion rationaliste. Quant à la parole du Christ, « mon Dieu qui est votre Dieu » (Jn 20.17), elle fait écho aux paroles que le Christ prononce dans le

---

8. Cette hérésie est attribuée à Théodote de Byzance qui a vécu au deuxième siècle de notre ère.

Coran devant son peuple : « Mon Seigneur et votre Seigneur[9] » (5.72, 117). Les commentateurs musulmans font complètement fausse route en interprétant cette formule dans le sens que le Christ se met au même rang que ses disciples. En fait, c'est exactement le contraire : Jésus ne se range jamais du côté de ses disciples en disant « notre Seigneur », « notre Dieu » ou bien « notre Père ». Il désigne toujours Dieu comme « le Père », « votre Père », ou bien « mon Père ». En évoquant Dieu de cette manière, il souligne précisément que sa relation à Dieu est unique, car il est le Fils éternel. Ses disciples sont invités à entrer dans une relation à Dieu qui soit à l'image de la relation qu'il entretient avec le Père de toute éternité. C'est donc un contresens évident que l'on fait au verset de Jean 20.17 lorsqu'on l'utilise pour démontrer que Jésus n'est pas le Fils de Dieu.

Un autre argument avancé par les penseurs musulmans, Ghazali par exemple, consiste à comprendre « Fils de Dieu » dans un sens métaphorique. Ils font valoir que la Torah désigne le peuple d'Israël dans son ensemble comme le fils de Dieu (Ex 4.22), ainsi que le Messie (Ps 2.7-9 ; 2 S 7.14) et même les anges (Jb 1.6). Dans le Nouveau Testament, Adam est appelé fils de Dieu (Lc 3.38) ainsi que les disciples de Jésus (Mt 6.9). Toutefois, les Évangiles nous présentent Jésus comme le « Fils unique » : « Personne n'a jamais vu Dieu ; Dieu Fils unique, qui est dans le sein du Père, nous l'a dévoilé » (Jn 1.18 ; cf. Jn 1.14). Nous, qui sommes créés à l'image de Dieu (Gn 1.27), sommes appelés à entrer dans une relation filiale avec Dieu à l'exemple du Fils unique et grâce à lui. C'est lui qui nous sauve de la mort et nous ouvre la porte de la vie éternelle : « Dieu, en effet, a tant aimé le monde qu'il a donné son Fils, son unique, pour que tout homme qui croit en lui ne périsse pas mais ait la vie éternelle » (Jn 3.16 ; cf. Jn 3.18). Parce qu'il a parfaitement accompli la mission qui lui a été confiée par le Père de sauver l'humanité, il a aussi été mandaté pour juger cette humanité au Jour dernier :

> Comme le Père, en effet, relève les morts et les fait vivre, le Fils lui aussi fait vivre qui il veut. Le Père ne juge personne, il a remis tout jugement au Fils, afin que tous honorent le Fils comme ils honorent le Père. Celui qui n'honore pas le Fils, n'honore pas non plus le Père qui l'a envoyé. (Jn 5.21-23)

Il ressort des textes qui viennent d'être cités que le Fils est égal au Père et qu'il possède les mêmes prérogatives que lui. Rien ne le différencie du Père à part précisément le fait qu'il est le Fils. En d'autres termes, Jésus est Dieu, car il a la même nature que le Père.

---

9. Dans le Coran, ces paroles sont prononcées par le prophète arabe Houd (11.56) et par Moïse (40.27).

Nombre de musulmans font remarquer que Jésus ne dit jamais dans les Évangiles : « Je suis Dieu » et ils pensent que cela jette le doute sur sa divinité. Il y a, nous semble-t-il, deux raisons à cette absence. D'abord, par son incarnation, c'est-à-dire son abaissement jusqu'à devenir un homme, Jésus a voulu signifier que Dieu est grand, mais pas arrogant. Il est au contraire humble, comme les conditions de la naissance de Jésus le montrent, ainsi que son entrée triomphale à Jérusalem à dos d'âne (Mc 11.1-7). L'abaissement de Jésus a atteint son paroxysme lors de sa passion : son arrestation, son procès injuste, sa flagellation atroce et son affreuse crucifixion. À la veille de sa crucifixion, il a pris la tenue d'un serviteur et s'est mis à laver les pieds de ses disciples afin d'illustrer la signification de sa mort imminente (Jn 13.1-5). Il lavera de leurs péchés ceux qui croiront en lui. Ainsi, l'humilité de Jésus aurait paru bien moins évidente s'il avait dit directement qu'il était Dieu.

La seconde raison pour laquelle Jésus s'est abstenu de dire ouvertement « Je suis Dieu », c'est qu'il a exercé sa mission au milieu du peuple juif qui était farouchement monothéiste. S'il avait déclaré d'une manière directe qu'il était Dieu, il aurait couru le risque d'être mal compris, d'apparaître comme s'il réduisait Dieu à sa personne (alors qu'il n'est que la deuxième personne de la Trinité) ou comme s'il mettait en question l'unité et la transcendance divines enseignées dans la Torah. Cependant, et tout en observant des précautions de langage, Jésus a délibérément posé des gestes et prononcé des paroles qui ne laissaient guère de doute sur le fait qu'il était de rang divin, du moins pour ceux qui avaient « des oreilles pour entendre » (Mc 4.9). Ses auditeurs, ses détracteurs en particulier, ne s'y sont pas trompés. Ils ont bien saisi la portée de ses déclarations et c'est à cause de sa prétention à la divinité qu'il a été condamné à mort (Mc 14.60-64). Quelques musulmans considèrent que les juges qui ont condamné Jésus à mort se sont mépris sur ses paroles. Si tel était vraiment le cas, Jésus aurait sans nul doute pris la peine de s'expliquer à son procès. Or, loin de corriger leur interprétation, il l'a confirmée et a consenti à en payer le prix.

Selon certains théologiens musulmans, la majesté divine est irréconciliable avec l'abaissement de Dieu manifesté dans l'incarnation, et encore plus avec l'humiliation de la croix. Ce serait déshonorant et dégradant pour le Roi des rois de devenir un serviteur semblable aux créatures humaines. Il est inconcevable que l'auteur de la vie, l'immortel, puisse subir la mort. Cet argument est compréhensible. Il nous aide à prendre toute la mesure du caractère extraordinaire du message de l'Évangile (cf. 1 Co 2.9). Il nous aide à mieux apprécier la profondeur du mystère de Dieu et l'étendue de son amour. Cela dit, les humains ont-ils le droit d'interdire au Dieu souverain et tout-puissant de nous manifester son amour à sa façon, notamment en devenant comme l'un de nous et jusqu'à mourir pour nous ?

Pour les chrétiens et les musulmans, la mort ne signifie pas la fin de notre existence, mais le passage de la vie ici-bas à la vie dans l'au-delà. Jésus a promis au brigand repenti qu'il serait avec lui dans le paradis le jour même où ils ont été crucifiés (Lc 23.42-43). Le véritable amour se met au service des autres. L'amour parfait se donne tout entier à l'être aimé. C'est ce dont nous, êtres humains, faisons l'expérience dans nos relations familiales, sociales, voire nationales. Face à l'amour inépuisable de Dieu, la seule attitude qui soit juste pour nous, c'est de répondre à l'amour par l'amour et d'adorer Celui qui ne cesse de nous apprendre, en paroles et en actes, ce qu'aimer veut réellement dire.

L'approche rationaliste des théologiens musulmans, lorsqu'ils considèrent la question de la divinité du Christ, s'explique par le fait qu'ils veulent à tout prix préserver l'unité divine, doctrine centrale de l'islam. Tout en partageant leur souci de protéger le monothéisme de toute altération, il semble bien que leur démarche soit fondée sur une lecture du Coran qui ne prend pas suffisamment en compte le contexte religieux de l'Arabie du début du septième siècle. Ils font comme si le Coran rejetait l'enseignement biblique sur la Trinité et la divinité du Christ. Or, comme nous venons de le voir, c'est une mauvaise représentation de cet enseignement qui est réfutée dans le Coran. Les chrétiens aussi condamnent cette fausse représentation. Nous concluons cette discussion par un texte coranique dans lequel Dieu enjoint au Prophète d'accepter la révélation divine quand bien même elle lui paraîtrait irrationnelle : « Dis [ô Muhammad !] : "Si le Bienveillant avait un fils, je serais le premier à adorer [ce fils]" » (43.81).

Dieu le Saint-Esprit : au-dedans de nous

L'expression « Saint-Esprit » se trouve trois fois dans l'Ancien Testament (Ps 51.13 ; Es 63.10-11) et plus de quatre-vingt-dix fois dans le Nouveau. L'Esprit de Dieu est l'agent de Dieu à l'œuvre dans le cosmos. Le mot *rouah* en hébreu peut signifier esprit, vent ou souffle. Associé à Dieu, le Saint par excellence, il désigne l'Esprit par lequel Dieu agit dans la création (Gn 1.2 ; 2.7) et au milieu de son peuple. L'Esprit inspire les prophètes (Za 7.12), guide les leaders du peuple tels que Moïse (Nb 11.17), donne la sagesse aux juges d'Israël (Nb 11.25-29) et revêt de puissance certains hommes (Jg 14.6).

Les prophètes annoncent le temps où l'Esprit ne reposera plus seulement sur l'élite, mais sur le peuple tout entier (Jl 3.1-2). Ce temps sera marqué par la révélation de Dieu à son peuple grâce à son Esprit (Ez 39.29), rendant chacun capable de suivre la loi de Dieu (Ez 36.27). Une nouvelle alliance sera alors conclue entre Dieu et son peuple. Cette alliance sera caractérisée par la connaissance universelle du Seigneur, qui pardonnera à son peuple ses péchés et inscrira ses lois au fond de leur cœur (Jr 31.31-34). Le Messie jouera un rôle clé dans ces événements, car, mû par l'Esprit de Dieu qui reposera sur lui, il annoncera de bonnes nouvelles aux humiliés, aux captifs et à ceux qui ont le cœur brisé (Es 61.1-2).

Le Nouveau Testament décrit l'Esprit Saint dans des termes qui indiquent qu'il est une personne et non un simple attribut divin. Jésus est conçu par l'Esprit dans le sein de la Vierge Marie (Lc 1.35). L'Esprit descend sur lui le jour de son baptême sous la forme d'une colombe (Mt 3.16). Il est donné sans mesure à Jésus pour l'accomplissement de sa mission (Jn 3.34). Dans la synagogue de Nazareth, Jésus se dit le Messager annoncé qui, sous l'onction du Saint-Esprit, vient proclamer la Bonne Nouvelle aux pauvres (Lc 4.16-21). Jésus opère des miracles par la puissance de l'Esprit (Mt 12.18, 28). Ses adversaires rejettent son message et l'accusent d'être un agent du diable (Mt 12.24). Jésus prévient ses disciples qu'ils seront eux aussi persécutés, mais ils ne doivent pas s'inquiéter, car l'Esprit de Dieu viendra à leur secours (Mt 10.20). Le seul péché qui ne sera jamais pardonné est le péché contre le Saint-Esprit, lequel consiste à refuser délibérément la vérité au sujet du Christ alors que l'on a été le témoin d'une manifestation puissante de cette vérité (Mt 12.24-32).

Avant de les quitter, Jésus promet à ses disciples de ne pas les abandonner. Il leur enverra « l'Esprit Saint » qu'il désigne aussi comme « l'Esprit de vérité », qui vient du Père. Il sera toujours avec eux et en eux (Jn 14.16-17). C'est lui qui manifestera la présence du Père et du Fils dans la vie des disciples (Jn 14.23). Il aura pour mission de leur rappeler l'enseignement du Christ (Jn 14.26), de témoigner de lui (Jn 15.26), et de les faire « accéder à la vérité tout entière » (Jn 16.13).

L'action de l'Esprit s'étendra à tous les hommes puisqu'il « confondra le monde en matière de péché, de justice et de jugement » (Jn 16.8). Juste avant de monter au ciel, quarante jours après sa résurrection, Jésus rappelle à ses disciples la promesse qu'il leur avait faite concernant le Saint-Esprit : celui-ci les revêtira de puissance et les équipera pour porter son message à tous les peuples (Ac 1.8). Dix jours plus tard, la promesse s'accomplit. Dans le discours que l'apôtre Pierre prononce le jour de la Pentecôte, il déclare que les prophéties anciennes sont réalisées par l'effusion de l'Esprit sur Israël (Ac 2.16-21), et, quelque temps plus tard, sur les nations représentées par Corneille, l'officier romain (Ac 10.44-45).

L'expression *ruh al-qudus*, « Esprit Saint », intervient quatre fois dans le Coran : une fois en rapport avec la révélation du Coran (16.102) et trois fois avec la mission de Jésus : « Nous avons donné le Livre à Moïse ; après lui, Nous avons envoyé des messagers, puis Nous avons donné à Jésus, fils de Marie, des preuves claires et Nous l'avons soutenu par l'Esprit Saint » (2.87 ; cf. 2.253 ; 5.110). Nous rencontrons le mot « esprit » vingt-quatre fois dans le Coran avec des significations très variées, y compris « souffle ». Dieu créa l'homme et « insuffla en lui de son esprit » (32.9 ; cf. 15.29 ; 38.72). Il envoya son esprit à Marie, qui lui apparut sous la forme d'un homme accompli (19.17). Marie « préserva ses parties intimes et Nous avons insufflé en elle de Notre esprit » (21.91 ; 66.12). Jésus est un esprit de Dieu (4.171). L'agent de la révélation coranique fut « l'esprit fidèle » (26.193). Dieu envoie son esprit à qui il veut (40.15). Il soutient les croyants par son esprit (58.22). Il ne faut pas désespérer de l'esprit de Dieu (12.87). Ces textes nous donnent une idée de l'action que Dieu accomplit par son esprit, dans la création aussi bien que dans la révélation.

L'identité de l'esprit est moins claire dans le texte coranique que dans le Nouveau Testament. Lorsque les premiers musulmans ont interrogé le Prophète au sujet de l'esprit, le sens de la réponse qu'il leur a donnée n'était pas évident : « Ils t'interrogent au sujet de l'esprit. Dis : "L'esprit est l'affaire de mon Seigneur." Il ne vous a été donné que peu de connaissance » (17.85). Il ressort de ce verset que le statut de l'esprit de Dieu demeure obscur. Les exégètes musulmans ont proposé plusieurs explications. La plus courante consiste à voir dans l'esprit un ange, en l'occurrence Gabriel. Cette interprétation vise à écarter la possibilité d'envisager une entité divine qui serait distincte de Dieu lui-même. Cette interprétation minimaliste ressemble étrangement aux interprétations minimalistes données au titre « Parole de Dieu » attribué à Jésus dans le Coran. Le souci des commentateurs est toujours de protéger l'enseignement coranique de tout ce qui affaiblirait l'unité divine. Toutefois, le Coran ne confond pas l'esprit avec les anges, *mala'ika*. Plusieurs versets font une nette distinction entre l'esprit et les anges (16.2 ; 70.4 ; 78.38 ; 97.4).

La venue de Jésus-Christ représente pour les chrétiens l'ultime révélation faite par Dieu aux hommes. Grâce à son enseignement, nous savons que Dieu est non seulement un, il est unique dans le sens qu'il existe en trois personnes dont chacune manifeste l'amour divin d'une façon distincte et personnelle. Dieu le Père est au-dessus de nous. Avec amour, il exerce sur nous son *autorité* en nous exhortant à suivre la voie droite révélée dans sa parole écrite, la Bible. Dieu le Fils est avec nous, son nom est « Emmanuel [...] Dieu avec nous » (Mt 1.23). Par son incarnation et sa mission rédemptrice, il a démontré une extrême *solidarité* avec nous qui va jusqu'à faire de nous des fils et des filles de Dieu, par adoption. Dieu le Saint-Esprit est au-dedans de nous. Il habite en nous au plus profond de notre être. L'*intimité* ressentie de sa présence n'est autre que celle du Père et du Fils. La vie qu'il nous communique c'est la vie même de Dieu dont nous avons un avant-goût dès à présent, en attendant que se réalise pleinement l'espérance chrétienne lorsque Dieu sera tout en tous.

Dieu est-il le même dans la Bible et le Coran ?

Ce chapitre nous a permis d'identifier la principale différence entre le monothéisme chrétien et le monothéisme islamique. La question qu'il nous faut maintenant considérer est celle-ci : Dieu est-il le même dans les deux traditions religieuses[10] ?

La question n'est pas simple, car chaque religion possède plusieurs « visages » qui sont sensiblement différents les uns des autres. Pour le christianisme, il y a bien entendu les différentes Églises (catholique, orthodoxe, anglicane, protestante, évangélique, etc.). Il y a aussi différents courants qui traversent toutes les Églises : mystique, social, conservateur, libéral... Il en va de même pour l'islam avec ses divers groupes (sunnite, chiite, 'ibadite, kharijite, etc.) et ses courants variés (mystique, social, conservateur, réformateur, politique, radical et violent). Les individus aussi vivent leur foi d'une manière singulière et on ne peut réduire les croyants à leur communauté. Par conséquent, notre réponse s'efforcera de prendre en compte l'enseignement islamique d'un côté, et la doctrine chrétienne de l'autre d'une façon qui soit assez représentative, espérons-le, des deux traditions.

Un point est acquis : le Dieu du Coran n'est pas le Dieu trinitaire du Nouveau Testament. Parmi tous ses plus beaux noms, répertoriés dans la Tradition prophétique, on ne trouve pas les trois noms qui sont au cœur de la foi chrétienne : « Père », « Sauveur », « amour ». Dans l'islam l'homme n'est pas vraiment perdu et donc, comme le souligne Ismail al-Faruqi, n'a pas à proprement parler besoin de salut. Il est simplement égaré et il peut retrouver son chemin grâce à la direction de la charia et au soutien divin. De même, Dieu est bon, *rahim*, mais il n'est pas aimant, *muhibb*, car il est trop au-dessus de l'homme pour qu'une relation d'amour intime et personnelle puisse lier le Créateur à ses humbles créatures. De plus, l'amour est, dans la perspective des théologiens musulmans, attaché à un état de faiblesse et de dépendance dans la mesure où l'amant a besoin de l'aimé alors que Dieu est puissant, se suffit à lui-même et n'a besoin de rien. Le simple fait de nommer Dieu « Père » suscite chez les penseurs musulmans (sauf chez les mystiques) toute une série de malentendus et de soupçons. Si l'on s'en tient à ces données, la réponse à la question posée ci-dessus sera négative.

---

10. Cette question est traitée plus en détail dans mon livre *Deux prières pour aujourd'hui*, ch. 8 « Dieu est-il le même dans l'islam et le christianisme ? », p. 211-235.

Une réponse juste et informée à cette question doit prendre en compte le « portrait » coranique de Dieu ainsi que ses plus beaux noms. Aucun de ces noms, lorsqu'ils sont examinés de près, n'est étranger à la révélation biblique. Même le nom « vengeur », *muntaqim*, peut être compris dans le sens de quelqu'un qui punit, demande des comptes et applique la justice (cf. Rm 13.4 ; 1 Th 4.6 ; Ap 6.10). Dans l'islam, Dieu est un être personnel, créateur de toutes choses, parfait, juste, souverain, digne de confiance, généreux, clément, proche de ses serviteurs, etc. La théologie islamique parle de cinq attributs qui sont exclusifs à Dieu : unité, éternité, altérité, auto-existence, et autosuffisance. Ses principaux attributs, qu'il partage avec les créatures humaines jusqu'à un certain point, sont au nombre de sept : puissance, connaissance, volonté, vie, parole, ouïe et vision. Cette convergence entre les « portraits » biblique et islamique de Dieu doit aussi être sérieusement prise en compte. Elle suggère que les chrétiens et les musulmans adorent le même Dieu même s'ils ne le connaissent pas tout à fait de la même manière. Cela n'atténue en rien les différences théologiques entre les deux traditions religieuses.

La question sur Dieu se pose presque dans les mêmes termes à propos de Jésus. Jésus est-il le même pour les chrétiens et les musulmans ? Dans le Coran, Jésus est un prophète monothéiste, né de la Vierge Marie, envoyé au peuple d'Israël, porteur d'une Écriture sainte (l'Évangile). Malgré ses nombreux miracles (p. ex. guérison des malades, résurrection des morts), il a rencontré une farouche opposition de la part des autorités religieuses de son peuple, qui ont voulu le mettre à mort. Est-ce qu'il y a, mis à part le Jésus des Évangiles, un personnage historique auquel ce descriptif s'applique ? Évidemment non. Mais qu'en est-il de sa mort, de sa résurrection et de sa divinité, qui sont étrangères à l'enseignement coranique ? Les chrétiens et les musulmans croient-ils au même Jésus ? On ne peut répondre par un simple « oui » ou « non ». On devrait plutôt répondre, pour tenir compte de toutes les données recueillies, par un « oui » et par un « non ».

Au temps de Jésus vivait en Palestine une communauté d'origine ethnique mélangée : les Samaritains[11]. Ils vivaient en Samarie, une province située entre la Galilée au nord et la Judée au sud. Les Samaritains formaient une communauté monothéiste qui croyait seulement à Moïse comme prophète. Leur Écriture sainte était donc limitée au Pentateuque (les cinq premiers livres de la Bible). Ils adoraient Dieu sur le mont Garizim et attendaient la venue du Messie. Des tensions très fortes caractérisaient les relations entre les Juifs et les Samaritains

---

11. Les Samaritains sont les descendants des Assyriens qui se sont mariés à des juifs du royaume du nord (cf. 2 R 17. 24-33). Aujourd'hui encore, une petite communauté samaritaine vit à Naplouse, une ville de Cisjordanie.

en raison de leurs désaccords religieux et des guerres qui avaient opposé les deux communautés (cf. Si 50.25-26 ; Jn 4.9 ; 8.48)[12].

À l'opposé de ses compatriotes, Jésus témoigne d'une attitude très bienveillante envers les Samaritains. À un docteur de la loi qui voulait savoir comment on peut aimer son prochain, il donne le fameux exemple du « Bon Samaritain » (Lc 10.25-37). Il fait l'éloge du Samaritain qui est revenu vers lui pour le remercier de l'avoir guéri, et contraste l'attitude reconnaissante de cet étranger avec celle des neuf juifs qui avaient aussi été guéris, mais dont aucun n'est revenu pour lui exprimer sa gratitude (Lc 17.11-18). Lorsque ses disciples se montrent hargneux à l'égard d'un village samaritain qui avait refusé de les accueillir et veulent demander à Dieu de détruire tous les habitants du village, Jésus les réprimande sévèrement (Lc 9.51-56). Jésus surprend une femme samaritaine (de mauvaise réputation) lorsqu'il prend humblement l'initiative d'établir un contact avec elle (Jn 4.1-42). Au bout de cet entretien, il se dévoile à elle comme le Messie attendu. La femme est toute ravie et deviendra plus tard une évangéliste à succès parmi son propre peuple.

Au milieu de ce long dialogue interreligieux, à haute teneur théologique, Jésus dit à la femme : « Vous adorez ce que vous ne connaissez pas ; nous (les Juifs) adorons ce que nous connaissons, car le salut vient des Juifs » (Jn 4.22). Jésus ne dit pas que les Samaritains adoraient une idole. Ils adoraient bien Dieu, mais ils avaient une connaissance inadéquate de lui puisqu'ils ne croyaient pas à tous les prophètes juifs venus après Moïse. Cela ne faisait pas d'eux un peuple païen sans aucune connaissance de Dieu. Cependant, Jésus n'hésite pas à déclarer à la femme, au risque de l'offusquer, que « le salut vient des Juifs ».

On peut tirer plusieurs enseignements de l'attitude de Jésus envers les Samaritains. D'abord, Dieu est à l'œuvre partout, notamment dans les communautés religieuses, et il nous faut humblement et joyeusement reconnaître son action. Cette action peut parfois faire apparaître les croyants d'autres confessions et les non-croyants sous un jour très favorable, ce qui pourrait nous faire honte à nous chrétiens. Ensuite, les chrétiens ne sont ni pires ni meilleurs que les non-chrétiens. Lorsque nous prenons conscience de nos manquements, nous devons les reconnaître et demander pardon (à Dieu et aux autres). Enfin, la bienveillance envers les autres et l'humilité, qui doivent caractériser notre comportement, ne sont pas incompatibles avec l'audace de la foi. Si nous croyons

---

12. Voici ce qu'a pu écrire Jésus, fils de Sirach, un auteur juif très fervent, à propos des Samaritains : « Il y a deux nations que mon âme déteste et la troisième n'est pas une nation : ceux qui sont établis dans la montagne de Séïr (les Édomites), les Philistins et le peuple fou qui habite à Sichem (les Samaritains) » (Si 50.25-26). Le livre du Siracide, aussi appelé Ecclésiastique, est un livre deutérocanonique écrit au deuxième siècle avant notre ère.

vraiment que Dieu est devenu notre Sauveur en Jésus-Christ, et que l'on ne peut pas avoir de notre Créateur une connaissance adéquate si on ne le connaît pas comme tel, il nous faut savoir partager avec assurance nos convictions, bien entendu d'une façon adaptée à chaque contexte. Peut-on considérer que la communauté musulmane se trouve dans une position quelque peu similaire à celle des Samaritains ? Ainsi, il semble bien que les chrétiens et les musulmans, dans la mesure où ils sont représentatifs de leurs communautés respectives, croient au même Dieu. À la différence des musulmans, les chrétiens, en vertu de leur foi en Jésus-Christ, connaissent Dieu comme leur Père céleste révélé dans toute l'étendue de son amour rédempteur.

9

Le pardon dans l'islam et le christianisme

Beaucoup se souviennent encore de la journée du 11 septembre 2001 qui a changé le monde concernant la façon négative dont l'islam et les musulmans ont commencé à être perçus par les non-musulmans à l'échelle de la planète[1]. Depuis cette date, les actes de violence commis au nom de l'islam n'ont pas cessé en France, dans les pays islamiques, mais aussi dans de nombreux pays dans le monde. Ces attentats ont un impact très durable sur l'image des musulmans dans l'opinion publique. L'islam est assimilé, de près ou de loin, à tort ou à raison, à une religion agressive, violente et revancharde. À tel point que lorsqu'il m'arrive d'indiquer que ma recherche de doctorat en islamologie portait sur le pardon dans l'islam, beaucoup s'étonnent et me demandent si le pardon existe vraiment dans cette religion[2].

Ce chapitre fera une présentation schématique de la pensée islamique sur le pardon, d'abord dans sa dimension verticale (pardon reçu de Dieu), puis horizontale (pardon donné aux autres). Dans la dernière partie, une perspective chrétienne sur le pardon sera proposée.

Dans l'islam, Dieu est unique, personnel, créateur. Parmi ses plus beaux noms (ou attributs) on en trouve plusieurs qui le définissent comme celui qui remet

---

1. Les plus jeunes de mes lecteurs ne savent peut-être pas que c'est le jour où plusieurs attaques terroristes coordonnées ont été menées contre les États-Unis, y compris à New York où près de trois mille personnes ont trouvé la mort lorsque se sont effondrées les tours jumelles du World Trade Center.
2. Cette thèse a été soutenue en 1994 à l'EPHE (École Pratique des Hautes Etudes), section Sciences religieuses, qui fait partie de la Sorbonne. Un livre rédigé à partir de cette thèse a été publié en 2020 sous le titre *À tout péché miséricorde. Pardon et châtiment dans l'islam et le christianisme*. Ce chapitre est un condensé de cet ouvrage dans lequel on trouvera toutes les références aux traités de théologie et de mystique musulmanes utilisés dans les pages qui suivent.

les péchés. La sourate 40 a pour titre « Celui qui absout ». Le pardon divin est déterminé principalement par trois attributs qui sont soulignés l'un tout autant que l'autre dans le texte coranique. Dieu est *souverain* (il a la liberté de décider ce qu'il veut et la puissance de mettre à exécution ses décisions), *juste* (il rétribue les créatures humaines chacune selon ses œuvres) et *bon* (il accorde ses bienfaits à tous en vertu de sa très grande générosité). L'articulation de ces trois attributs peut se faire de plusieurs manières, d'où les différentes écoles de pensée sur ce sujet. On peut en distinguer trois en particulier en fonction de la primauté accordée à l'un ou à l'autre de ces attributs.

1. Dieu pardonnera à tous les musulmans selon sa volonté souveraine et bienveillante

Pour l'école sunnite, la plus influente au sein de la théologie musulmane, la *souveraineté* de Dieu devance sa bonté et sa justice. Nombreux sont les textes coraniques qui parlent du droit absolu de Dieu de pardonner ou de châtier quiconque parmi ses créatures humaines : « Il pardonne à qui Il veut et Il châtie qui Il veut » (2.284 ; cf. 3.129 ; 5.18, 40 ; 48.14). Dieu a librement décidé de ne pas pardonner aux polythéistes (qui croient à plus d'un dieu) ni, par conséquent, aux athées. Par définition, les musulmans sont monothéistes puisque le credo islamique est centré sur l'unité divine et l'apostolat de Muhammad.

Comme tout un chacun, les musulmans sont des pécheurs parce qu'ils commettent des actes interdits par la charia, ou qu'ils ne s'acquittent pas de toutes leurs obligations. S'ils se repentent sincèrement de leurs transgressions, ils seront pardonnés. Mais qu'adviendra-t-il s'ils persistent dans leurs péchés et ne s'en repentent pas ? C'est là qu'interviennent la souveraineté et la miséricorde divines, car il appartiendra à Dieu au Jour du jugement de décider librement à qui pardonner et quels péchés pardonner : « Dieu ne pardonne pas qu'on Lui associe quoi que ce soit, mais Il pardonne tout autre [péché] à qui Il veut » (4.48 ; cf. 4.116). Tous les musulmans ne seront pas pardonnés, ceux qui le seront (en vertu de la miséricorde divine) iront au paradis, les autres seront condamnés (en raison de la justice divine) et iront en enfer.

Les musulmans à qui Dieu n'aura pas pardonné ne resteront pas éternellement en enfer, et ce pour deux raisons. D'abord, parce qu'ils n'ont pas commis le seul péché irrémissible, à savoir le polythéisme. Ensuite, parce que, au Jour du jugement, le Prophète intercédera en faveur de sa communauté. Son intercession favorisera les musulmans qui ont le plus besoin de la miséricorde divine, à savoir ceux qui ont commis des péchés particulièrement graves et ne s'en sont pas repentis. En effet, le privilège d'intercéder pour les musulmans pécheurs est attribué à Muhammad dans plusieurs hadiths dont celui-ci : « Au Jour de la résurrection, mon intercession sera en faveur des membres de ma communauté qui ont commis de grands péchés[3]. » Dieu ayant promis d'exaucer la prière de son Prophète, des groupes de musulmans sortiront de l'enfer l'un après l'autre (après que Dieu leur aura pardonné) et entreront au paradis. En somme, selon les théologiens sunnites, tous les musulmans se retrouveront au paradis, tôt ou tard, parce qu'ils n'ont pas commis le seul péché que Dieu a souverainement décidé de ne pas absoudre.

2. Dieu pardonnera seulement aux musulmans qui n'ont pas commis de grand péché

L'école mu'tazilite aussi occupe une place importante dans la théologie musulmane, mais elle est moins représentative de la communauté musulmane. Les théologiens de cette école placent la *justice* divine avant tout autre attribut. Selon eux, il serait injuste que Dieu accorde son pardon à ceux qui méritent d'être châtiés en raison de leurs péchés. Cette école divise les péchés en deux catégories : grands et petits. Cette répartition est fondée sur plusieurs versets coraniques, dont celui-ci : « Si vous évitez les grands [péchés] parmi les choses qui vous ont été interdites, Nous (Dieu) tiendrons pour expiées vos [petites] mauvaises actions et Nous vous ferons entrer [au paradis] avec honneur » (4.31 ; cf. 42.37 ; 53.32).

Qu'est-ce qu'un grand péché ? C'est tout acte qui conduira son auteur en enfer, à moins qu'il ne s'en repente. Selon cette école, il ne nous est pas possible de connaître la totalité des grands péchés. Nous en connaissons certes un certain nombre, notamment les péchés pour lesquels le Code pénal prévoit une sanction[4]. C'est à dessein et pour notre bien que Dieu a décidé de ne pas nous révéler tous les grands péchés. Notre ignorance est censée nous inciter à obéir à sa loi et nous mettre en garde contre tout péché qui pourrait s'avérer un grand péché.

Une autre caractéristique de cette école : à la différence de la doctrine sunnite, elle n'enseigne pas le châtiment temporaire en enfer. Par conséquent, tous ceux qui seront enfermés en enfer y demeureront éternellement, qu'ils soient musulmans ou non. Pour les mu'tazilites, Dieu exercera sa miséricorde

---

3. Ibn Majah, *zuhd* (ascétisme) 37.
4. Par exemple, l'apostasie, le meurtre, l'adultère, le vol, la consommation d'alcool, l'accusation d'immoralité portée faussement contre une femme musulmane mariée. Parmi les autres grands péchés figurent le polythéisme, la sorcellerie, le faux témoignage, la rébellion contre les parents, le manquement à la prière quotidienne, la fuite au combat, la confiance excessive dans la miséricorde de Dieu ou bien, au contraire, la crainte excessive de son jugement.

en pardonnant les petits péchés ; il ne peut pardonner les grands péchés, car cela porterait gravement atteinte à sa justice. En conséquence, seuls les musulmans qui n'auront commis que des petits péchés iront au paradis. La justice divine est si parfaite qu'ils y jouiront d'un bonheur proportionnel à leurs mérites. De même, les damnés recevront en enfer un châtiment à la mesure de leur culpabilité. Le Prophète n'intercédera au Jour du jugement qu'en faveur des musulmans justes, qui sont déjà au paradis, afin que Dieu leur manifeste sa générosité en augmentant leur récompense et donc leur félicité.

Sunnites et mu'tazilites ont en commun qu'en plus de la foi monothéiste, les bonnes œuvres ont un rôle important dans le salut. Les bonnes œuvres ont un rôle compensatoire, comme l'atteste le texte suivant : « Les bonnes actions éliminent les mauvaises actions » (11.114). Toutefois, pour les mu'tazilites, ce rôle ne vaut que pour les petits péchés, les grands péchés ne pouvant être remis que par un repentir sincère. Pour les sunnites, la distinction entre les deux catégories de péché est toute relative : la bonté souveraine de Dieu est telle qu'il a la liberté de pardonner n'importe quel péché même sans le repentir du pécheur. Il n'en demeure pas moins que pour tous les théologiens le repentir est requis du pécheur chaque fois qu'il commet une transgression de la loi divine.

Qu'en est-il des juifs et des chrétiens : le pardon divin leur sera-t-il accessible ? Le Coran reconnaît le judaïsme et le christianisme comme deux religions révélées fondées sur des Livres saints (bien que leur fiabilité ne soit plus certaine). Aussi les juifs et les chrétiens sont-ils favorablement désignés comme « le Peuple du Livre ». Deux versets coraniques affirment que les juifs et les chrétiens n'ont rien à craindre au Jour du jugement en raison de leur foi monothéiste (2.62 ; 5.69). Toutefois, le Coran adresse à ces deux communautés de sérieuses critiques. Il reproche aux chrétiens en particulier d'avoir gravement compromis l'unicité de Dieu par leurs doctrines sur la Trinité divine et la divinité du Christ. Aussi sont-ils assimilés à des mécréants, voire des polythéistes (2.105 ; 3.70 ; 5.72-73 ; 9.30-31 ; 98.1, 6). Par ailleurs, le simple fait que les juifs et les chrétiens n'acceptent pas Muhammad comme prophète suffit à les classer parmi les non-croyants. En conséquence, la théologie islamique traditionnelle ne laisse guère d'espoir aux juifs et aux chrétiens quant à leur destinée éternelle.

3. Dieu pardonnera à toute l'humanité en vertu de son infinie miséricorde

La mystique représente un autre courant important au sein de la communauté musulmane. Les mystiques se retrouvent souvent dans des confréries dites soufies. L'influence de cette spiritualité déborde toutefois les confréries pour atteindre tous les musulmans en quête d'une relation personnelle et intime avec Dieu, fondée sur l'amour et non seulement la loi.

Ibn 'Arabi est l'un des plus grands mystiques de l'islam et il continue d'attirer nombre de nos contemporains[5]. Sans doute sa pensée est-elle la plus élaborée, la plus riche et la plus complexe en matière de spiritualité. C'est elle qui nous servira de guide pour brosser à grands traits la perspective mystique sur le pardon.

Pour Ibn 'Arabi, la *bonté* définit l'essence même de Dieu et elle prime sur tous les autres attributs divins. Cette bonté est sans limites selon le Coran (7.156) dont chaque sourate (à l'exception de la neuvième) s'ouvre avec la même invocation : « Au nom de Dieu le Bienveillant, le Bienfaisant. » Dieu manifeste sa bonté envers toutes ses créatures dans cette vie et dans l'au-delà, car sa bonté surpasse infiniment sa colère[6]. La bonté divine trouve son expression parfaite dans le pardon, qui lui aussi est illimité : « Dis [Ô Muhammad !] : "Ô Mes serviteurs qui avez commis des excès à vos dépens ! Ne désespérez pas de la bonté de Dieu, car Dieu pardonne les péchés, *en totalité*. Il est, en effet, le Miséricordieux et le Bon" » (39.53 ; italiques ajoutés)[7].

Ibn 'Arabi observe que cette déclaration s'adresse à *tous* les serviteurs de Dieu, c'est-à-dire à tous les hommes. Ce texte précise que Dieu pardonne *tous* les péchés sans exception, il n'y a donc aucun péché que Dieu ne puisse pas pardonner, pas même le polythéisme. Il fait aussi remarquer que le pardon est totalement gratuit et ne dépend d'aucune condition, notamment le repentir éventuel de l'homme.

En bon musulman sunnite, Ibn 'Arabi admet que les non-musulmans iront en enfer (en accord avec la justice divine) tout comme un certain nombre de musulmans. Mais pour ces derniers l'intensité du châtiment sera moindre et sa durée plus limitée, si bien qu'ils finiront tous par sortir de l'enfer et accéder au paradis. Ces musulmans seront suivis par les juifs, les chrétiens et tous les autres monothéistes. Ne demeureront en enfer que les non-monothéistes, mais leur châtiment à eux aussi prendra fin une fois qu'ils auront payé pour leurs

---

5. Ce mystique-philosophe est né à Murcie (Andalousie) en 560/1165 et est mort à Damas (Syrie) en 638/1240. Il est l'auteur de nombreux ouvrages dont certains sont disponibles en français, notamment son œuvre magistrale *al-Futuhat al-makkiyya* (« Les révélations mekkoises »), publiée sous la direction de M. Chodkiewicz, *Les Illuminations de La Mecque*. Ce volume réunit seulement de très courts extraits de l'œuvre monumentale du Grand Cheikh.
6. Selon une parole divine rapportée dans la Tradition prophétique, l'inscription suivante a été placée auprès du trône divin lors de la création de l'univers : « Ma bonté l'emportera toujours sur Ma colère » ; Bukhari, *tawhid* (monothéisme) 15.
7. Sur le rapport entre la bonté et la miséricorde divines, voir aussi Coran 2.286 ; 3.157 ; 7.23, 155 ; 23.109, 118.

fautes. Toutefois, ils resteront en enfer qui sera alors transformé en un lieu de félicité, différente, et de moindre degré que celle du paradis. Autrement dit, pour Ibn 'Arabi, l'amnistie divine sera universelle : tous les hommes sans exception seront graciés et seront ainsi au bénéfice de la miséricorde divine. En effet, un châtiment éternel serait incompatible avec cette miséricorde.

Les mystiques ont une conception du péché et du repentir bien plus profonde que les théologiens. Le péché n'est pas simplement un acte de désobéissance aux commandements divins, il est un éloignement de Dieu et une affirmation indue de soi. Aussi comprennent-ils le repentir, *tawba*, à la lumière du sens premier du mot, à savoir « le retour » à Dieu. Le repentir est donc l'étape première et indispensable du véritable pèlerinage qui conduit ultimement non pas à La Mecque, mais à Dieu. Il s'agit donc d'une conversion intérieure, requise de tout homme (y compris des musulmans pratiquants), qui transforme radicalement l'existence du repenti.

Poussant cette logique jusqu'au bout, Ibn 'Arabi considère que le péché est en réalité un « faux pas » dont le véritable auteur n'est autre que Dieu lui-même. Ce faux pas, *zalla*, rend possible le repentir, le « retour » à la source divine. Ce retour, de Dieu par Dieu à Dieu, sera consommé lorsque l'univers entier ne fera qu'un avec son Origine divine. Le penseur andalou n'hésite pas à célébrer la faute, car elle permet à l'homme, lorsqu'il aura achevé son pèlerinage, de faire l'insigne expérience de l'union fusionnelle avec le seul Être qui existe vraiment et qu'Ibn 'Arabi définit comme « Celui qui existe par Lui-même ».

Pour Ibn 'Arabi, au Jour du jugement, le Prophète intercédera pour tous les hommes et non seulement pour les musulmans. En effet, Muhammad est le Prophète universel envoyé à l'humanité tout entière à travers tous les prophètes qui sont ses vicaires (ou députés). Il préexistait à Adam et a reçu l'appel prophétique lorsqu'Adam a été créé, bien qu'il ne se soit manifesté aux Arabes comme prophète qu'au sixième siècle. C'est grâce à son intercession que l'ensemble de l'humanité sera pardonnée et sauvée.

Les trois conceptions du pardon divin que nous venons de passer en revue reflètent la diversité théologique de la pensée islamique. Cette diversité explique le fait que les musulmans peuvent avoir des idées très différentes sur ce sujet, idées qui se réclament toutes du texte coranique. C'est bien la façon d'interpréter ce texte en favorisant certains passages qui distingue les différentes écoles de pensée.

« Pardonner est plus Proche de la piété [que réclamer son droit][8] » (Coran 2.237)

L'enseignement islamique exhorte les musulmans à pardonner à leurs coreligionnaires ainsi qu'aux non-musulmans en suivant l'exemple de Dieu et du Prophète[9]. En effet, comme nous venons de le voir, Dieu est miséricordieux, il est « le meilleur de ceux qui pardonnent » (7.155). À la différence des humains, il pardonne par pure générosité alors que nous pardonnons soit pour nous faire valoir soit pour nous libérer d'une rancune qui nous fait souffrir.

Le Prophète avait pour mission de révéler à tous les peuples la bonté divine (21.107). Aussi est-il désigné comme « le Prophète de la bonté »[10]. Il est aussi appelé « le Prophète du repentir »[11] dans la mesure où son message appelle les hommes à se repentir et à revenir à Dieu. Lui-même avait l'habitude de se repentir quotidiennement[12]. À La Mecque, il a rencontré beaucoup d'opposition, mais Dieu lui a ordonné de ne pas tenir compte de l'hostilité de ses ennemis : « Pratique le pardon ! Ordonne le bien ! Écarte-toi des ignorants ! » (7.199 ; cf. 45.14-15 ; 73.10.) La jeune communauté musulmane devait aussi se montrer bienveillante face à l'opposition de certains juifs : « Soyez cléments et pardonnez *jusqu'à ce que* Dieu envoie Son ordre. Dieu est Puissant sur toutes choses » (2.109 ; italiques ajoutés ; cf. 5.13 ; 15.85 ; 43.88-89). Ce dernier texte laisse entrevoir que l'indulgence divine prendra prochainement fin.

Muhammad était bon envers les membres de sa communauté (9.128). Il devait leur pardonner et demander le pardon de Dieu en leur faveur (3.159). Les musulmans sont aussi appelés à se montrer cléments les uns vis-à-vis des autres, en particulier envers leurs proches (64.14). Les croyants sont décrits comme des gens qui « pardonnent après s'être mis en colère » (42.37 ; cf. 42.43 ; 16.126). Ils doivent s'acquitter de leurs obligations religieuses et mener une vie empreinte de miséricorde : « Une bonne action n'est pas pareille à une mauvaise action. Repousse celle-ci par ce qu'il y a de meilleur. Tu verras alors ton ennemi devenir comme un ami intime » (41.34 ; cf. 2.263 ; 4.149). Un musulman demanda un jour

---

8. Les auteurs musulmans citent souvent ce verset (hors contexte) pour souligner l'importance de pardonner aux autres. Le texte traite du divorce quand il intervient avant la consommation du mariage. Le pardon dont il est question dans ce contexte désigne le renoncement par l'époux ou l'épouse à la moitié du douaire qui lui revient.
9. Les musulmans sont encouragés à pardonner dans une quinzaine de versets coraniques ainsi que dans de nombreuses paroles prêtées au Prophète.
10. Muslim, *fada'il* (vertus) 34.
11. Tirmidhi, *birr* (piété) 30.
12. Le Prophète déclare dans un récit : « Par Dieu, j'implore le pardon de Dieu et reviens à Lui plus de soixante-dix fois chaque jour » ; Bukhari, *da'awat* (prières non rituelles) 3.

au Prophète combien de fois il devait pardonner à son serviteur qui n'arrêtait pas de lui faire du tort. Il lui répondit : « Chaque jour tu lui pardonneras soixante-dix fois[13]. » Pardonner aux autres est donc une bonne œuvre, et comme toute bonne œuvre mérite une récompense, les musulmans qui « répriment leur colère et pardonnent aux autres » seront pardonnés au Jour du jugement (3.134 ; cf. 24.22).

En 622 (l'an un du calendrier islamique), le Prophète quitta sa ville natale, La Mecque, pour aller à Médine. Muhammad était accompagné de quelques dizaines de musulmans. À Médine, la communauté musulmane grandit rapidement malgré l'opposition de la communauté juive, nombreuse dans cette ville. Celle-ci fut accusée de comploter avec les polythéistes mecquois contre le Prophète et sa communauté. Deux ans plus tard, le conflit entre les deux communautés atteignit son paroxysme. C'est alors que deux révélations sont intervenues. D'abord, les musulmans ne devaient plus prier en direction de Jérusalem comme ils l'avaient fait jusqu'alors (2.127). Ensuite, ils étaient autorisés, voire commandés, à entrer en guerre contre leurs ennemis alors qu'ils devaient auparavant les ignorer et même leur pardonner. Les commentateurs musulmans appellent cette nouvelle révélation « le Verset au sujet de l'Épée », *ayat al-sayf*, sans préciser quel est au juste ce verset. Il semble bien qu'ils aient en vue l'un des textes coraniques concernant le djihad militaire, en particulier les versets cinq et vingt-neuf de la neuvième sourate (la seule qui ne commence pas par l'invocation de la bonté divine).

La question est de savoir si « le Verset au sujet de l'Épée » abroge les textes coraniques antérieurs qui incitent les musulmans à pardonner aux autres, y compris les non-musulmans. Cette question divise les musulmans en deux groupes. Pour les uns la réponse ne fait aucun doute, les musulmans ne sont plus tenus de pardonner aux mécréants. Les autres affirment que les musulmans doivent se défendre s'ils sont attaqués ou empêchés de pratiquer leur religion, car il en va de la vérité de Dieu dont la communauté musulmane est la dépositaire. Cependant, sur le plan individuel, les musulmans doivent continuer à se montrer cléments à l'égard des musulmans et des non-musulmans, car le pardon humain reflète le pardon divin, vertu que rien ne saurait abolir.

Si le pardon est une qualité qui caractérise d'une manière générale les croyants, le texte coranique ne va pas jusqu'à faire du pardon d'autrui une obligation. Les auteurs musulmans, M. Allam par exemple, avancent plusieurs explications à cela. D'abord, pardonner à quelqu'un c'est lui faire une faveur ; or une faveur est par définition non obligatoire. Ensuite, la justice est également une vertu, donc on ne peut rien reprocher à la personne qui réclame que justice

---

13. Tirmidhi, *birr* (piété) 31.

lui soit rendue. Troisièmement, si le pardon remplaçait la justice dans la société, le mal prendrait très vite le dessus en raison de l'impunité dont jouiraient les criminels. Enfin, les penseurs musulmans soulignent un principe maintes fois répété dans le Coran, à savoir que « Dieu n'impose pas aux humains une charge qu'ils ne sont pas capables de porter » (2.233 ; cf. 6.152 ; 7.42 ; 23.62). Cet enseignement coranique tient compte du fait que « l'homme fut créé faible » (4.28 ; cf. 8.66 ; 30.54). Il serait donc injuste d'exiger de l'offensé qu'il pardonne, quand bien même l'offense serait très profonde. Pour toutes ces raisons, le pardon représente un idéal vers lequel doivent tendre les musulmans. Ils sont exhortés à le pratiquer pour autant qu'ils en soient capables.

« Un seul Dieu et un seul médiateur » (1 Timothée 2.5)

On peut chercher à comprendre le pardon dans le christianisme en suivant la même approche que nous trouvons dans l'islam. La Bible aussi exalte la souveraineté de Dieu, sa justice et sa bonté. Autant le Coran met en avant la bonté divine, autant le Nouveau Testament souligne *l'amour* de Dieu. En réalité, l'amour n'est pas simplement un attribut divin, c'est l'essence même de Dieu : « Dieu est amour » (1 Jn 4.8, 16).

L'amour est le motif qui a porté Dieu à venir au secours de l'humanité tombée dans le péché : « Voici ce qu'est l'amour : ce n'est pas nous qui avons aimé Dieu, c'est lui qui nous a aimés et qui a envoyé son Fils en victime d'expiation pour nos péchés » (1 Jn 4.10 ; cf. Jn 3.16). Ce texte nous présente la mort de Jésus sur la croix comme l'expression ultime de l'amour divin. Jésus a offert sa vie en sacrifice pour nous, il a volontairement choisi de porter le jugement que nous méritons à cause de nos péchés. Il a de la sorte satisfait la *justice* divine qui ne peut se compromettre avec le mal : « [Dieu] ne tient pas le coupable pour innocent » (Ex 34.7, BFC ; cf. Ex 23.7 ; Nb 14.18 ; Na 1.3). Puisque tous les hommes sont pécheurs (Ps 14.3 ; Rm 3.10-12), il était impossible que l'homme soit sauvé par l'homme. Mais « ce qui est impossible aux hommes est possible à Dieu » (Lc 18.27). En vertu de sa *souveraineté*, Dieu a pris l'initiative inimaginable de devenir un homme pour nous sauver à travers l'incarnation de son Fils, sa mort et sa résurrection. Il a ainsi mis sa souveraineté au service de son amour de telle façon que son pardon nous soit accordé sans bafouer sa justice.

Le monothéisme chrétien est trinitaire (un seul Dieu en trois personnes) et il est indissociable de la mission historique de Jésus-Christ, qui a culminé dans sa mort et sa résurrection. À la différence de tous les prophètes, le Christ est aussi et surtout le Sauveur dont la mission terrestre était d'arracher l'humanité au péché et à la mort. Il partage avec Dieu le titre de « Sauveur », car c'est par lui que Dieu a accompli le salut du monde[14]. Le monothéisme chrétien est donc sotériologique dans le sens qu'il est centré sur la rédemption de l'homme :

> Car il y a un seul Dieu, un seul [médiateur] entre Dieu et l'humanité, un être humain, Jésus Christ, qui s'est donné lui-même comme rançon pour la libération de tous. » (1 Tm 2.5-6 ; NBFC[15])

L'Évangile rehausse les trois attributs divins qui déterminent le pardon de Dieu dans l'islam. C'est l'amour qui vient en premier, et non seulement la bonté comme dans la mystique islamique. La justice divine est beaucoup plus rigoureuse que dans la théologie mu'tazilite, puisque pour Jésus, abstraction faite du péché irrémissible contre le Saint-Esprit (Mt 12.31-32), il n'y a pas de différence fondamentale entre petits et grands péchés (Mt 5.21-22, 27-28)[16]. En effet, la racine de tout péché est le mal tapi au plus profond de chacun de nous. C'est pourquoi il ne suffit pas de confesser tel ou tel péché. Il nous faut (comme l'ont bien compris les mystiques) revenir de tout notre être à Dieu en répondant à l'appel que le Christ fait retentir au début de sa mission : « Convertissez-vous : le Règne des cieux s'est approché » (Mt 4.17 ; cf. Mt 3.2). Quant à la souveraineté divine, elle se manifeste dans l'Évangile non pas dans le fait que Dieu est libre de condamner certains pécheurs et d'en pardonner d'autres (comme dans la théologie sunnite), mais dans sa volonté et son pouvoir de sauver l'humanité par son Fils.

Le médiateur universel de la miséricorde divine selon l'Évangile, c'est le Christ, le Fils de Dieu, unique et éternel (Jn 1.14, 18 ; 3.16, 18), non Muhammad comme l'enseigne Ibn 'Arabi. Celui qui croit en Jésus reçoit dès à présent la vie éternelle : « En vérité, en vérité, je vous le dis, celui qui écoute ma parole et croit en celui qui m'a envoyé, a la vie éternelle ; il ne vient pas en jugement, mais il est passé de la mort à la vie » (Jn 5.24 ; cf. Jn 3.36 ; 6.40 ; 11.25 ; 17.3). Pourvu que notre foi soit une foi vivante, attestée par une vie transformée au service de Dieu et du prochain (Mt 5.14-16 ; Jc 2.17), nous n'avons pas à redouter la mort ni le Jugement dernier. Celui qui par sa mission est devenu le « Sauveur du monde »

---

14. Dans le Nouveau Testament, Dieu est décrit comme « Sauveur » huit fois (Lc 1.47 ; 1 Tm 1.1 ; 2.3 ; 4.10 ; Tt 1.3 ; 2.10 ; 3.4 ; Jude 25), et Jésus seize fois (Lc 2.11 ; Jn 4.42 ; Ac 5.31 ; 13.23 ; Ep 5.23 ; Ph 3.20 ; 2 Tm 1.10 ; Tt 1.4 ; 2.13 ; 3.6 ; 2 P 1.1, 11 ; 2.20 ; 3.2, 18 ; 1 Jn 4.14).
15. Traduction de la Nouvelle Bible en Français Courant (NBFC), avec remplacement du mot « intermédiaire » par « médiateur ».
16. La théologie catholique fait une distinction, en plus des sept péchés capitaux, entre péchés mortels et péchés véniels. Elle enseigne également l'existence du purgatoire, lieu de purification par lequel nombre de croyants devront passer avant d'accéder au ciel. On pourrait rapprocher cette doctrine de l'enseignement sur le châtiment temporaire dans la théologie sunnite.

(Jn 4.42) est le même qui jugera le monde au nom de son Père (Mt 5.21-23 ; Mt 25.31-46 ; Jn 5.22 ; Ac 17.31).

Après sa résurrection d'entre les morts, Jésus est apparu à ses disciples pendant quarante jours (Ac 1.3). Avant de monter au ciel il a confié à ses apôtres la mission d'annoncer son message qu'il a récapitulé dans deux expressions : « On prêchera en son nom *la conversion et le pardon des péchés* à toutes les nations » (Lc 24.47 ; italiques ajoutés). L'Évangile promet un pardon inconditionnel à toute personne qui se convertit (ou se repent), c'est-à-dire qui revient à Dieu et croit au salut accompli par le Christ. À la différence du musulman, le chrétien n'a pas à attendre le Jour du jugement pour que le Christ intercède en sa faveur. Depuis que Jésus est entré dans la gloire du Père, il intercède en faveur de tous ses disciples (Rm 8.34). Son intercession a pour objet de les faire bénéficier de la miséricorde divine et de les fortifier dans leur vie de chaque jour. L'intercession du Prophète au Jour du jugement en faveur de sa communauté est considérée par les musulmans comme un privilège fondé, d'une part, sur le fait qu'il était le dernier prophète (33.40) et, d'autre part, que Dieu lui a déjà pardonné « ses péchés passés et futurs » (48.2). L'intercession du Christ est basée sur un triple privilège : (1) étant le Fils de Dieu, il jouit d'une relation unique avec Dieu ; (2) il est le seul homme sans péché (Jn 8.46 ; Hé 4.15) ; et (3) il a donné sa vie « pour le pardon des péchés », selon ses propres paroles prononcées la veille de sa crucifixion (Mt 26.28 ; cf. Mc 10.45). Il est, par conséquent, le seul intercesseur vraiment qualifié pour prier pour nous :

> Je vous écris cela pour que vous ne péchiez pas. Mais si quelqu'un vient à pécher, nous avons un défenseur devant le Père, Jésus-Christ, qui est juste ; car il est, lui, victime d'expiation pour nos péchés ; et pas seulement pour les nôtres, mais encore pour ceux du monde entier. (1 Jn 2.1-2 ; cf. Hé 2.17 ; 7.26)

Ce texte précise que le Christ a donné sa vie non seulement pour la communauté chrétienne, mais pour « le monde entier ». Que veut dire cette expression ? Il est très peu plausible que ces paroles impliquent un salut universel, puisque Jésus lui-même a averti à maintes reprises qu'un châtiment éternel attend ceux qui n'auront pas accepté l'amour de Dieu dans leur vie (Mt 8.12 ; 23.33 ; 25.46). Il n'est pas impossible de comprendre ces paroles dans le sens que le salut est certes offert à tous, mais n'en bénéficieront que ceux qui auront accepté la mort du Christ pour eux. Une troisième interprétation consiste à rappeler que Dieu aime le monde entier (Jn 3.16), et qu'il accorde sa grâce à tous les hommes sans discrimination aucune (Mt 5.45). Il a appelé Abraham pour faire de lui le père du peuple élu, Israël. Toutefois, il n'a pas cessé de s'occuper des autres peuples, comme en témoigne le cas de Melkisédeq, le roi-prêtre cananéen de Jérusalem. En fait, Abraham et Melkisédeq vivaient à la même époque et ils ont ensemble adoré « le Dieu Très-Haut, Créateur du ciel et de la terre » (Gn 14.18-20). Ainsi, l'Église de Jésus-Christ, « l'Israël de Dieu » (Ga 6.16), rassemble tous ceux qui croient au Christ.

Selon Jésus, l'Esprit de Dieu « souffle où il veut » (Jn 3.8). Il est à l'œuvre à l'intérieur comme à l'extérieur de l'Église pour révéler Dieu aux hommes de toutes origines. Ceux qui, sous l'action du Saint-Esprit, reconnaissent leur profonde misère spirituelle et s'en remettent à la seule miséricorde divine pour leur salut font eux aussi partie du peuple de Dieu même si, pour une raison ou une autre, ils ne connaissent pas le Christ et ne le confessent pas. Le Christ n'est pas moins leur Sauveur et ils sont également au bénéfice de sa mort rédemptrice. Cette action divine est l'expression de l'amour universel et souverain du « Père des miséricordes » (2 Co 1.3). Elle demeure mystérieuse pour nous et va de pair avec la mission confiée par le Christ à ses apôtres de faire des disciples de toutes les nations (Mt 28.19).

« Pardonne-nous nos offenses comme nous pardonnons aussi à ceux qui nous ont offensés » (Matthieu 6.12)

Jésus a enseigné à ses disciples une prière communément appelée « le Notre Père », « la prière dominicale », ou encore « la prière du Seigneur » (Mt 6.9-13). Dans la deuxième partie de cette prière, il est question d'abord de nos besoins physiques, puis de nos besoins spirituels : « Pardonne-nous nos offenses comme nous pardonnons aussi à ceux qui nous ont offensés » (Mt 6.12). Jésus établit dans cette demande un lien très étroit entre le pardon reçu de Dieu et le pardon donné aux autres. Dans le seul commentaire qu'il fait à propos de cette prière (Mt 6.14-15), il déclare que le pardon divin et le pardon humain sont indissolublement liés, mais quelle est exactement la nature de ce lien ?

La réponse nous est donnée par Jésus lui-même dans la parabole du « débiteur impitoyable » (Mt 18.23-35 ; cf. Lc 7.41-43). Cette parabole montre clairement que c'est Dieu qui prend l'initiative de nous pardonner inconditionnellement nos péchés. Il s'attend aussi à ce que nous lui témoignions notre reconnaissance en pardonnant à ceux qui nous font du mal. On ne peut pas demander sincèrement à Dieu de nous remettre nos péchés si nous ne sommes pas prêts à pardonner à autrui. Si nous refusons de pardonner aux autres, c'est que nous n'avons pas apprécié à sa juste mesure la grâce que Dieu nous a faite en nous pardonnant.

Nous devons être toujours disposés à pardonner aux autres leurs fautes, à l'image de Dieu qui ne cesse de nous pardonner nos péchés. Un jour, Pierre a posé à Jésus la question suivante : « Seigneur, quand mon frère commettra une faute à mon égard, combien de fois lui pardonnerai-je ? Jusqu'à sept fois ? » La réponse de Jésus rappelle la réponse donnée par le Prophète à la même question : « Je ne te dis pas jusqu'à sept fois, mais jusqu'à soixante-dix fois sept fois » (Mt 18.21-22). L'apôtre Paul résume l'attitude que les chrétiens doivent adopter les uns vis-à-vis des autres en ces termes : « Supportez-vous les uns les autres, et si l'un a un grief contre l'autre, pardonnez-vous mutuellement ; comme le Seigneur vous a pardonné, faites de même, vous aussi » (Col 3.13 ; cf. Ep 4.32).

La perspective chrétienne sur le pardon d'autrui diffère de la perspective islamique en ce que le pardon donné n'est pas une simple exhortation, c'est une injonction. Pour Jésus, l'amour du prochain et même de l'ennemi est un commandement (Mt 5.43-45). Pardonner aux autres est l'expression suprême de notre amour pour eux. En effet, on ne peut aimer véritablement quelqu'un et refuser de lui pardonner. Dans les relations humaines, le pardon est l'une des plus éloquentes démonstrations de l'amour. Il est vrai qu'il est des circonstances dans la vie où ce pardon est extrêmement difficile, mais vivre d'une manière digne de l'Évangile (Ph 1.27 ; Col 1.10), n'est-ce pas souvent hors de notre portée sans le soutien permanent et décisif du Saint-Esprit ?

Une autre différence par rapport à l'enseignement coranique, c'est que pardonner n'est pas un acte méritoire, pas plus que nos autres bonnes œuvres. Nos bonnes œuvres ne compenseront jamais nos mauvaises œuvres, seul le pardon de Dieu peut nous libérer de la culpabilité liée à nos mauvaises actions. L'Évangile du pardon et de la non-violence (Mt 5.39 ; Mt 26.53) peut exposer notre vie à de sérieux dangers. Dans les cas extrêmes, la fidélité du chrétien à l'enseignement du Christ peut le conduire jusqu'au sacrifice suprême, à savoir le martyre[17]. L'exemple du Christ nous montre que Dieu est glorifié non pas lorsque nous nous vengeons ou que nous prétendons défendre sa cause, mais lorsque par fidélité nous sommes prêts à donner notre vie pour lui (Lc 23.34 ; Ac 7.60). Se servir du nom de Dieu pour justifier la violence qui habite notre cœur est peut-être le pire contre-témoignage que nous puissions rendre à notre Créateur.

---

17. Dans le Nouveau Testament le mot grec pour « martyr » signifie témoin.

10

Croyances et valeurs partagées

Les chapitres sur Jésus-Christ et sur Dieu ainsi que ceux sur la Bible et sur le pardon ont fait apparaître certaines convergences théologiques entre le christianisme et l'islam. Ils ont aussi mis en évidence des divergences voire des contradictions irréductibles entre les deux traditions religieuses. Le lecteur serait tenté d'en conclure que les différences entre les chrétiens et les musulmans sont telles qu'il leur est pratiquement impossible de s'engager ensemble au service de la société à laquelle ils appartiennent, sauf s'ils font abstraction de leurs convictions religieuses.

L'objet de ce chapitre est de montrer qu'une telle conclusion ne s'impose pas. Il est tout à fait possible que les chrétiens et les musulmans collaborent pour le bien de leur société malgré les différences doctrinales bien réelles qui les séparent. Ils ont en commun nombre de convictions religieuses qui les rapprochent. De ces convictions découlent des principes éthiques qu'ils partagent aussi. Il importe donc, avant de clore cet ouvrage, de mettre en valeur tout ce qui rend possible, voire nécessaire, la coopération entre les chrétiens et les musulmans.

Les défis auxquels notre société est confrontée sont nombreux : santé, éducation, pauvreté, chômage, violence sous toutes ses formes, xénophobie, drogue, pédophilie, réchauffement climatique, terrorisme, etc. On ne peut relever ces défis que si tous les hommes de bonne volonté se donnent la main, les croyants de tous bords aussi bien que les non-croyants. Heureusement cette collaboration existe déjà. Il faut qu'elle prenne plus d'ampleur, d'autant plus que les musulmans font désormais partie intégrante de la communauté nationale, en France comme dans beaucoup de pays occidentaux. Notre avenir dépend en partie de notre capacité à lutter ensemble contre les maux qui mettent en péril notre pays. Il ne faut pas permettre aux actes terroristes commis au nom de l'islam d'empêcher tous les citoyens, et les chrétiens en particulier, de s'engager avec les musulmans pour relever ces défis.

Les croyances et les valeurs dont il sera question dans ce chapitre ne sont pas abstraites. J'ai eu personnellement la joie de les mettre en pratique sur le terrain pendant dix années que je considère parmi les plus heureuses de ma vie (2006-2016). J'étais alors responsable des relations interreligieuses au sein d'une grande ONG chrétienne, World Vision International. Cette organisation de développement, de secours d'urgence et de plaidoyer est présente dans de nombreuses nations, y compris dans une vingtaine de pays à majorité musulmane. Dans tous ces pays, le personnel compte des chrétiens et des musulmans[1]. Voici donc des convictions théologiques et des valeurs éthiques qui militent en faveur d'une coopération entre chrétiens et musulmans.

1. Un seul Dieu créateur de l'univers

Les juifs, les musulmans et les chrétiens forment trois communautés monothéistes qui croient que Dieu a créé tout le cosmos. Nous avons vu que le Coran considère les juifs et les chrétiens comme « le Peuple du Livre ». Des conflits d'ordre politique, qui ont opposé les musulmans et les juifs à Médine, expliquent la dureté dont témoignent certains textes coraniques envers les juifs. Malgré les critiques d'ordre théologique formulées à l'encontre des chrétiens, le Coran leur porte un regard plutôt favorable :

> Tu trouveras que les hommes les plus hostiles aux croyants sont les Juifs et les polythéistes. Tu trouveras que les amis les plus proches des croyants (les musulmans) sont ceux qui disent : « Nous sommes chrétiens. » Il y a parmi eux des prêtres et des moines, et ils ne sont pas orgueilleux. (5.82)

La Bible n'évoque pas l'islam, né six siècles après le christianisme. Quel regard peut-on porter sur les musulmans ? Ils sont bien entendu nos prochains, mais qu'en est-il de la dimension religieuse de leur identité ? En général, les musulmans sont plus pratiquants que les personnes se réclamant du christianisme ; même les non-pratiquants parmi eux ont une mentalité fortement marquée par la religion. On pourrait donc les considérer comme des « craignant-Dieu », car la crainte de Dieu, au sens d'un respect très profond pour le Créateur, est ancrée dans leur cœur[2].

---

1. Dans plusieurs pays, le nombre des collaborateurs musulmans dépasse largement celui des chrétiens (Afghanistan, Mauritanie, Somalie). Toutefois, afin de préserver l'identité chrétienne de l'organisation, la direction est toujours à majorité chrétienne.
2. Le Coran fait l'éloge de la crainte de Dieu (35.28), de même que la Bible qui considère cette crainte comme le principe même de la sagesse (Pr 1.7 ; 9.10 ; Ps 111.10).

Les trois communautés monothéistes se réclamant de la paternité d'Abraham (physique ou spirituelle) ont reçu de Dieu un triple appel : servir le Créateur et obéir à sa loi ; adorer le Seigneur et reconnaître sa majesté ; témoigner de Dieu, en particulier à ceux qui ne le connaissent pas. Ils répondent à cet appel tant bien que mal dans un monde qui fait face à de très sérieux problèmes : économiques, politiques, écologiques, sociaux et surtout spirituels. Le nombre des fidèles de ces trois religions dépasse à peine la moitié de la population mondiale. D'autres religions exercent des influences plus ou moins importantes. Le nombre de ceux qui ne se réclament d'aucune tradition religieuse ne cesse d'augmenter, surtout dans les pays occidentaux. Ajoutons à cela que la religion est instrumentalisée dans bien des endroits. Loin d'être un facteur de paix, elle ne fait qu'empirer les choses. Ceux qui sont convaincus que la religion peut être une force pour le bien doivent agir ensemble pour convaincre ceux qui pensent autrement.

2. L'homme est le lieutenant de Dieu chargé de prendre soin de sa création

Chrétiens et musulmans croient que Dieu a donné un mandat à l'ensemble de l'humanité lorsqu'il venait de la créer : s'occuper de la création en son nom. En d'autres termes, les humains ont été désignés par le Créateur comme ses représentants sur terre mandatés pour prendre soin de son œuvre. Le Coran appelle ce rôle de représentation *khilafa*[3]. Les hommes sont donc des califes, des lieutenants de Dieu sur terre chargés de gérer la création.

> Lorsque ton Seigneur dit aux anges :
> – Je vais établir un calife sur la terre.
>
> Ils dirent :
> – Vas-Tu y mettre quelqu'un qui va la corrompre et répandre le sang alors que nous, nous célébrons Tes louanges et proclamons Ta sainteté ?
>
> Il répondit :
> – Je sais ce que vous ne savez pas. (2.30)

Dieu dit : « Faisons l'homme à notre image, selon notre ressemblance, et qu'il soumette les poissons de la mer, les oiseaux du ciel, les bestiaux, toute la terre et toutes les petites bêtes qui remuent

---

3. Ce terme peut avoir aussi le sens de succession, surtout quand il s'agit d'un être mortel. Les hommes qui, après la mort du Prophète, lui ont succédé à la tête de la communauté musulmane sont aussi appelés des califes.

sur la terre ! » […] Dieu les bénit et Dieu leur dit : « Soyez féconds et prolifiques, remplissez la terre et dominez-la. Soumettez les poissons de la mer, les oiseaux du ciel et toute bête qui remue sur la terre ! » (Gn 1.26, 28)

Ainsi, le mandat donné à l'homme après sa création est formulé dans des termes équivalents dans la deuxième sourate et dans la Genèse. La différence notable est que le récit coranique ne fait pas découler ce mandat du fait que l'homme a été créé à l'image de Dieu comme le fait le récit biblique.

3. Les êtres humains sont des créatures spirituelles

Dieu a créé l'homme tout entier, corps et âme. Les deux composantes de la nature humaine, fruit de l'unique acte créateur, définissent l'identité de chaque être humain, créé bon comme l'ensemble de l'œuvre divine. L'homme est la seule créature faite grâce à une intervention personnelle de Dieu qui a soufflé en lui un souffle de vie.

> Lorsque ton Seigneur dit aux anges :
>
> – Je vais créer d'argile un être mortel. Lorsque Je l'aurai formé et que J'aurai insufflé en lui de Mon esprit, prosternez-vous devant lui. (38.71-72 ; cf. 32.7-9)

> Le SEIGNEUR Dieu modela l'homme avec de la poussière prise du sol. Il insuffla dans ses narines l'haleine de vie, et l'homme devint un être vivant. (Gn 2.7)

Dieu tient à notre bien-être physique et spirituel. C'est pourquoi il a envoyé à l'humanité des prophètes pour lui indiquer le chemin à suivre. Notre vie sur cette terre a un prix inestimable aux yeux de Dieu, dans ses dimensions matérielle et spirituelle. Il est donc important de se nourrir sainement, d'entretenir notre corps et de faire attention à notre santé. Il est également nécessaire de prendre soin de tous les aspects de notre vie spirituelle (culturel, social, intellectuel, religieux, etc.).

Notre rapport à Dieu (ou son absence) joue un rôle déterminant dans les choix que nous faisons et les décisions que nous prenons. Reprenant une parole de la Torah, Jésus souligne que « ce n'est pas seulement de pain que l'homme vivra, mais de toute parole sortant de la bouche de Dieu » (Mt 4.4 ; cf. Dt 8.3). C'est pourquoi les chrétiens et les musulmans attachent une grande importance à tout ce qui nourrit notre relation avec le Créateur. Cultiver de bonnes relations entre croyants de confessions différentes peut contribuer à approfondir la foi et à la préserver de certaines déviances (p. ex. sectarisme, orgueil spirituel, intolérance).

4. Une seule humanité

La Bible et le Coran nous disent que Dieu a créé une seule humanité. Autrement dit, malgré toutes les différences qui les distinguent, les hommes appartiennent à une seule espèce (ou race). Nous avons les mêmes parents, Adam et Ève, et nous sommes donc membres de la même famille humaine. Nous sommes ainsi frères et sœurs, quelle que soit la couleur de notre peau, notre origine sociale ou notre identité religieuse.

Notre humanité est marquée par la différence sexuelle entre mâles et femelles. Cette différence est la seule qui appartient à la création. Notre genre fait donc intégralement partie de notre identité. Le premier récit de la création souligne que l'homme et la femme ont tous deux été créés à l'image de Dieu : « Dieu créa l'homme à son image, à l'image de Dieu il le créa ; mâle et femelle il les créa » (Gn 1.27). Le deuxième récit de la création met en exergue que l'homme et la femme sont des êtres égaux et complémentaires (Gn 2.18-23). Il précise dans des termes symboliques qu'Ève a été créée à partir de l'une des côtes d'Adam. Cela signifie que les deux sont de même nature et par conséquent égaux. La femme est le vis-à-vis de l'homme et vice versa, nul ne doit dominer l'autre ou lui être asservi. Le texte coranique va dans le même sens : « Ô vous les hommes ! Craignez votre Seigneur qui vous a créés d'une personne unique, et à partir d'elle a créé son épouse. Puis, de ce couple, a fait surgir de nombreux hommes et femmes » (4.1)[4].

La diversité des êtres humains va de pair avec l'unité de la race à laquelle tous appartiennent. Le Coran précise que la diversité inscrite dans l'humanité correspond à une intention divine bien précise :

> Ô Hommes ! Nous vous avons créés d'un mâle et d'une femelle. Nous vous avons répartis en peuples et en tribus afin que vous vous connaissiez entre vous. Le plus noble d'entre vous, aux yeux de Dieu, est celui qui le craint le plus. Dieu est Celui qui sait tout et connaît tout. (49.13)

Ainsi, les différences entre les humains, loin de constituer des barrières, sont censées stimuler la communication entre eux et enrichir leur dialogue.

---

4. Selon une parole du Prophète, la femme fut créée à partir de la côte de l'homme ; Bukhari, *nikah* (mariage) 81.

5. Une même dignité pour tous

La dignité des hommes est fondée sur le fait qu'ils sont tous créés à l'image de Dieu, selon la Bible (Gn 1.26)[5]. Pour le Coran, Dieu créa l'homme dans « la forme la meilleure » (95.4 ; cf. 64.3). Pour les deux livres saints, nous sommes tous membres de la même famille humaine. L'homme est une créature si noble que le Créateur a sommé les anges de se prosterner devant Adam, sitôt créé, pour reconnaître la grandeur de l'œuvre divine.

> Lorsque nous avons dit aux anges :
>
> – Prosternez-vous devant Adam !
>
> Ils se prosternèrent sauf le diable qui se rebella et s'enorgueillit ; il devint ainsi un mécréant. » (2.34 ; cf. 38.74)

Par conséquent, tous les humains possèdent la même dignité, abstraction faite de leur arrière-plan ethnique ou religieux, de leur rang social, de leur niveau d'éducation, de leur casier judiciaire et de leur conduite sexuelle. Ils ont la même valeur aux yeux de Dieu et nous devons les traiter sans aucune discrimination. Ils ont exactement les mêmes droits et les mêmes obligations.

6. Une humanité solidaire

Puisque nous faisons partie de la même famille humaine, nous devons nous montrer solidaires envers nos frères et sœurs dans la foi (cf. Ga 6.10) ainsi qu'envers nos frères et sœurs en humanité. Nous avons à porter une attention particulière aux plus démunis :

> L'homme juste est celui qui croit en Dieu, au Jour Dernier, aux anges, au Livre (le Coran) et aux prophètes, qui donne de son argent – pour l'amour qu'il a pour Lui – à ses proches, aux orphelins, aux gens dans le besoin, au voyageur, aux mendiants et pour l'affranchissement des esclaves. (2.177 ; cf. 9.60)

> La religion pure et sans tache devant Dieu le Père, la voici : visiter les orphelins et les veuves dans leur détresse ; se garder du monde pour ne pas se souiller. (Jc 1.27)

Autrefois, les veuves et les orphelins comptaient parmi les membres les plus faibles de la société. Quelles sont les personnes les plus nécessiteuses de nos

---

5. Selon un propos du Prophète, « Dieu créa Adam à son image » ; Muslim, *birr* (piété) 115. Ce propos est diversement interprété par les savants musulmans, voir mon livre *La foi à l'épreuve*, ch. 6 « La grandeur de Dieu », p. 87-90.

jours ? Parmi les plus vulnérables de notre société, il y a sans doute les enfants, les personnes âgées, sans emploi, en situation de handicap, les malades, les prisonniers, les foyers monoparentaux, et les étrangers. Ce n'est pas simplement la compassion, mais aussi la justice qui doit motiver notre engagement. Ces personnes ont une dignité égale aux personnes bien portantes, privilégiées et bien en vue dans notre société. Il importe donc de montrer concrètement notre attachement à leur dignité.

7. L'amour en action

Nous avons vu dans le dernier chapitre que la bonté est l'un des attributs majeurs de Dieu dans l'islam comme dans le christianisme. Une parole attribuée au Prophète incite les musulmans à adopter la même attitude morale que Dieu : « Ayez les mêmes qualités morales que Dieu[6]. » Jésus aussi a enseigné à ses disciples de prendre pour modèle Dieu lui-même : « Vous donc, vous serez parfaits comme votre Père céleste est parfait » (Mt 5.48). Dieu est bon envers toutes ses créatures, sans distinction aucune. Il nous prodigue des bienfaits au travers de la nature qu'il a créée, mais aussi par le moyen de nos proches et des personnes que nous ne connaissons même pas nécessairement :

> Ils (les croyants) nourrissent le pauvre, l'orphelin et le captif pour l'amour qu'ils ont pour Lui. [Ils disent] : Nous vous nourrissons seulement pour plaire à Dieu. Nous n'attendons de vous ni récompense ni gratitude. (76.8-9)

> Si quelqu'un possède les biens de ce monde et voit son frère dans le besoin, et qu'il se ferme à toute compassion, comment l'amour de Dieu demeurerait-il en lui ? [...] n'aimons pas en paroles et de langue, mais en acte et dans la vérité. (1 Jn 3.17-18)

Compassion et mansuétude sont la marque des disciples de Jésus-Christ selon le Coran, nonobstant les critiques qu'on peut leur adresser (57.27). Il devrait en être de même pour les musulmans comme l'indique une des paroles du Prophète : « Dieu ne sera pas bienveillant envers ceux qui ne sont pas bienveillants envers les autres ; Celui qui est au ciel traitera avec bienveillance ceux qui sur la terre traitent les autres avec bienveillance[7]. »

---

6. Cette parole prophétique non canonique bien connue est souvent citée par les auteurs musulmans (exégètes, théologiens et mystiques).
7. Bukhari, *adab* (éducation) 18.

8. La foi en action

La Bible et le Coran soulignent l'importance de mettre la foi en pratique. Sinon la foi serait une simple adhésion intellectuelle. La vraie foi transforme la vie du croyant dans ses rapports avec Dieu, avec autrui et avec lui-même. Il y a soixante-deux versets coraniques qui promettent le paradis à « ceux qui croient et font de bonnes œuvres » :

> Proclame la bonne nouvelle à ceux qui croient et accomplissent des bonnes œuvres : ils posséderont des jardins où coulent les ruisseaux. (2.25 ; cf. 2.82, 277)

> À quoi bon, mes frères, dire qu'on a de la foi, si l'on n'a pas d'œuvres ? La foi peut-elle sauver, dans ce cas ? Si un frère ou une sœur n'ont rien à se mettre et pas de quoi manger tous les jours, et que l'un de vous leur dise : « Allez en paix, mettez-vous au chaud et bon appétit », sans que vous leur donniez de quoi subsister, à quoi bon ? De même, la foi qui n'aurait pas d'œuvres est morte dans son isolement. [...] En effet, de même que, sans souffle, le corps est mort, de même aussi, sans œuvres, la foi est morte. (Jc 2.14-17, 26)

Les bonnes œuvres sont la marque d'une foi vivante. Elles peuvent être très variées et consistent à venir en aide à ceux qui sont vulnérables, quelle que soit leur vulnérabilité. La Torah avait prescrit aux Israélites la dîme qui devait aller à des groupes de personnes vivant dans des conditions précaires. La dîme triennale devait être consacrée « au lévite, à l'émigré, à l'orphelin et à la veuve » (Dt 26.12 ; cf. Dt 24.19-21 ; Lv 19.10). Le Nouveau Testament ne fixe pas de pourcentage, mais encourage à donner généreusement (2 Co 9.6-8). Jésus insiste sur la nécessité de faire l'aumône en toute discrétion (Mt 6.1-4). Il fait l'éloge d'une femme veuve parce qu'elle a donné généreusement, non de son superflu, mais de son essentiel (Lc 21.4). L'islam prescrit la *zakat*, l'aumône légale, qui représente l'un des cinq piliers de la religion. Les musulmans sont aussi exhortés à faire des offrandes volontaires.

On peut donner directement à ceux qui sont autour de nous comme on peut le faire au travers d'associations caritatives qui s'occupent des gens dans le besoin dans notre pays et au-delà. Le don matériel est une œuvre bonne parmi bien d'autres. Le don de son temps est une autre façon importante de manifester sa générosité à ceux qui sont dans le besoin. Dans les sociétés relativement riches, comme la nôtre, beaucoup de gens souffrent de solitude, faute de rencontrer des personnes prêtes à les écouter, à passer du temps avec elles et à les aider dans leurs difficultés.

9. La famille d'abord

Les monothéismes chrétien et islamique ont d'importantes répercussions sur le plan éthique. Dieu a donné à l'humanité des enseignements précieux sur la conduite à tenir individuellement, en famille et en société. Les chrétiens et les musulmans partagent de nombreuses valeurs qui découlent de leurs croyances religieuses. Beaucoup de ces valeurs tournent autour de la famille :

- Le respect de la vie depuis sa conception jusqu'à sa fin. Ceci explique que les chrétiens et les musulmans se retrouvent souvent du même côté lorsqu'il s'agit de questions telles que l'avortement, ou l'euthanasie[8].
- Le mariage comme engagement perpétuel entre un homme et une femme. Le divorce est certes autorisé par la charia, mais il est considéré, selon une parole du Prophète, comme « la chose la plus détestable parmi les choses légales[9] ». Autorisé dans la loi mosaïque, le divorce a été prohibé par Jésus, sans qu'il soit totalement exclu dans certains cas (Dt 24.1-4 ; Mt 5.31-32 ; 19.3-9).
- La fidélité conjugale pour les couples mariés et la chasteté pour les personnes célibataires. Certes, le Coran autorise la polygamie (limitée à quatre épouses), alors qu'elle a été tolérée sans restriction dans l'Ancien Testament. Il faut comprendre l'autorisation coranique à la lumière du contexte historique. Il y avait à l'époque beaucoup de veuves pour une part en raison des guerres tribales. Par ailleurs, le Coran pose comme condition à la polygamie l'équité de traitement de l'époux dans ses relations avec ses épouses (4.3). Cette condition est déclarée pratiquement impossible à remplir : « Vous ne serez jamais capables d'être équitables à l'égard de chacune de vos femmes quand bien même vous en aurez le désir » (4.129). Jésus est venu rétablir le mariage tel qu'il a été conçu par le Créateur pour le premier couple humain : « Aussi l'homme laisse-t-il son père et sa mère pour s'attacher à sa femme, et ils deviennent une seule chair » (Gn 2.24). L'union entre *un* homme et *une* femme rend caduque la polygamie (Mt 19.4-5).
- La place d'honneur accordée aux personnes âgées, surtout à ses propres parents.

---

8. Il existe parmi les chrétiens des points de vue différents sur les questions liées à l'avortement et au mariage. La perspective des Églises catholique et évangéliques présentée ici est aussi la nôtre.
9. Ibn Majah, *talaq* (divorce) 1.

10. L'enfant est un merveilleux don de Dieu

Le Coran et les Évangiles réservent une place privilégiée à l'enfant. Cela n'est peut-être pas sans rapport avec le fait que Jésus et Muhammad ont tous les deux connu une enfance quelque peu difficile. Le Coran nous dit (en reprenant à son compte des récits d'Évangiles apocryphes) que la Vierge Marie a été accusée d'avoir commis l'adultère, s'étant trouvée enceinte sans être mariée (4.156). Plusieurs mois après la naissance de Jésus, ses parents ont dû l'emmener en Égypte pour le mettre à l'abri du roi Hérode qui voulait le tuer (Mt 2.13-18). Quelques années plus tard, Jésus a été emmené à Nazareth où il a grandi.

Le père de Muhammad, Abdullah, est mort avant que l'enfant ne voie le jour. Sa mère, Amina, est décédée quand l'enfant avait six ans. Muhammad a alors été confié à son grand-père. À la mort de ce dernier, c'est son oncle Abu Talib qui l'a pris en charge. Le Coran est relativement silencieux sur Muhammad. Toutefois, il évoque son enfance difficile dans la sourate 93 :

> Ne t'a-t-Il pas trouvé orphelin ? Il (Dieu) t'a donné un refuge.
> Il t'a trouvé égaré et t'a guidé.
> Il t'a trouvé dans le besoin et t'a enrichi.
> N'opprime donc pas l'orphelin,
> Et ne repousse pas le mendiant.
> Quant à la faveur de ton Seigneur, proclame[-la].
> (93.6-11)

Dieu est l'auteur de toute vie. Il accorde des enfants selon son bon vouloir. Les enfants représentent une bénédiction de Dieu selon la Bible et le Coran :

> À Dieu appartient la royauté du ciel et de la terre. Il crée ce qu'Il veut.
> Il donne des fils à qui Il veut et des filles à qui Il veut ;
> ou bien Il donne à la fois des fils et des filles à qui Il veut.
> Il rend stérile qui Il veut. Il est Celui qui sait tout et qui peut tout.
> (42.49-50)

> Mais oui ! des fils sont la part que donne le SEIGNEUR,
> et la progéniture un salaire.
> Telles des flèches aux mains d'un guerrier,
> tels sont les fils de votre jeunesse.
> Heureux l'homme qui en a rempli son carquois !
> (Ps 127.3-5)

Les nouveau-nés sont tous égaux, qu'ils soient filles ou garçons. Avant l'islam, les Arabes avaient l'habitude d'enterrer vivantes les filles non désirées, dès leur naissance. Le Coran a mis fin à cette pratique (cf. 16.58-59). Les mères sont encouragées à allaiter leurs bébés pendant deux ans (2.233). Nous devons prendre soin des enfants, en particulier des orphelins :

> Ils t'interrogent [Prophète] au sujet de ce qu'ils doivent dépenser.
>
> Réponds : « Ce que vous dépenserez, ce sera pour vos parents, vos proches, pour les orphelins, les pauvres et les voyageurs. Dieu sait parfaitement tout ce que vous faites de bien. » (2.215)

> Apprenez à faire le bien, recherchez la justice, mettez au pas l'exacteur, faites droit à l'orphelin, prenez la défense de la veuve. (Es 1.17)

Les enfants doivent respecter et honorer leurs parents, reconnaître leur autorité, prendre soin d'eux dans leurs vieux jours et prier pour eux :

> Nous avons conclu une alliance avec les enfants d'Israël en ces termes : « Vous n'adorerez que Dieu, vous aurez une bonne conduite envers vos parents, vos proches, les orphelins et les pauvres. Usez envers les hommes de bonnes paroles ; acquittez-vous de la prière et faites l'aumône. » (2.83)

> Ton Seigneur a décrété : « Vous n'adorerez que Lui. Il a prescrit la bonté envers vos parents. » Lorsqu'ils deviendront vieux chez toi, ne les rudoie pas et ne les repousse pas, adresse-leur de bonnes paroles. Incline vers eux avec bonté une aile d'humilité, et dis : « Ô mon Seigneur ! Sois bon envers eux, comme ils l'ont été envers moi dans mon enfance. » (17.23-24)

> Honore ton père et ta mère, afin que tes jours se prolongent sur la terre que te donne le SEIGNEUR, ton Dieu. (Ex 20.12)

> Enfants, obéissez en tout à vos parents, voilà ce que le Seigneur attend de vous. (Col 3.20)

Les parents ne doivent pas abuser de leur autorité auprès de leurs enfants. Ils doivent les aimer et respecter leurs droits : « Parents, n'exaspérez pas vos enfants, de peur qu'ils ne se découragent » (Col 3.21). Le Coran insiste en disant qu'on ne doit pas toucher aux biens qui appartiennent aux orphelins, ce serait commettre un grand péché (4.6).

L'islam n'autorise pas l'adoption légale d'un enfant (33.4-5), car l'adoption est perçue comme une source potentielle de confusion dans les relations familiales, et une éventuelle cause de conflit entre les enfants adoptifs et les enfants biologiques. Cela dit, rien n'empêche le parrainage ou l'adoption informelle, une pratique très courante dans les sociétés musulmanes. On ne trouve pas dans le Nouveau Testament d'enseignement explicite sur l'adoption. Le fait que les disciples du Christ sont considérés comme les enfants adoptifs de Dieu signifie qu'il y a un a priori plutôt favorable à l'adoption dans le christianisme.

La circoncision des garçons, à la différence de l'excision des filles, fait partie des obligations religieuses, bien qu'elle ne soit pas mentionnée dans le Coran. La Torah impose aux Israélites de circoncire leurs premiers-nés mâles en signe de l'alliance que Dieu a conclue avec eux (Gn 17.10-11 ; Lv 12.2-3). Cette pratique n'est plus de rigueur sous le régime de la nouvelle alliance (1 Co 7.19 ; Ga 6.15).

L'attachement excessif aux enfants et aux parents peut aller à l'encontre de l'amour que l'on doit d'abord avoir pour Dieu. Jésus met en garde ses disciples contre ce danger. Le même avertissement se trouve dans le Coran où les musulmans sont mis en garde contre la séduction de la richesse et l'affection exagérée portée aux enfants. Notre loyauté doit aller à Dieu avant tout :

> Ô vous qui croyez ! Que vos richesses et vos enfants ne vous détournent pas de faire mémoire de Dieu. Ceux qui s'en détournent le font à leurs dépens. (63.9 ; cf. 8.28 ; 64.15)

> [Jésus déclare :] Qui aime son père ou sa mère plus que moi n'est pas digne de moi ; qui aime son fils ou sa fille plus que moi n'est pas digne de moi. (Mt 10.37)

Pour Jésus, les enfants peuvent nous apprendre beaucoup de choses sur le plan spirituel. Il est allé jusqu'à enseigner à ses disciples qu'ils doivent modeler leur attitude sur celle de l'enfant : « En vérité, je vous le déclare, si vous ne changez et ne devenez comme les enfants, non, vous n'entrerez pas dans le Royaume des cieux. Celui-là donc qui se fera petit comme cet enfant, voilà le plus grand dans le Royaume des cieux » (Mt 18.3-4). Notre foi gagnerait beaucoup à posséder les qualités que l'on peut trouver chez les enfants, ceux en tout cas qui sont élevés dans des foyers où ils se sentent appréciés et aimés. Parmi les qualités de l'enfant qui peuvent nous inspirer, il y a notamment la confiance, l'humilité, la dépendance, la simplicité, la candeur, l'obéissance, le sens de l'émerveillement. Jésus a encouragé ses disciples à prendre soin des enfants au point de s'identifier à l'un d'eux : « Qui accueille en mon nom un enfant comme celui-là, m'accueille moi-même » (Mt 18.5). Un enfant, c'est un cadeau du ciel qu'il nous faut savoir accueillir avec enthousiasme et sans condition.

11. Le Jugement dernier

Parmi toute la création, l'humanité est unique à bien des égards. Elle a été créée d'une manière parfaite et gratifiée de nombreuses qualités : raison, liberté, langage, spiritualité, etc. Elle a été désignée par le Créateur comme son représentant sur la terre. Le Seigneur n'a pas abandonné ses créatures à leur sort. Au contraire, il leur a envoyé des prophètes et leur a révélé sa loi afin qu'ils puissent remplir leur mandat avec succès. Ce privilège ne va pas sans responsabilité. Les Écritures auxquelles adhèrent les croyants monothéistes leur enseignent qu'un jour ils paraîtront devant Dieu pour rendre compte de la manière dont ils auront accompli leur mission. Ils seront jugés par le juge suprême selon une justice sans faille :

> Ce jour-là, les hommes sortiront en groupes pour que leurs œuvres leur soient montrées.
>
> Celui qui aura accompli le bien du poids d'un atome, le verra.
>
> Celui qui aura accompli le mal du poids d'un atome, le verra aussi. (99.6-8)

> L'heure vient où tous ceux qui gisent dans les tombeaux entendront sa voix, et ceux qui auront fait le bien en sortiront pour la résurrection qui mène à la vie ; ceux qui auront pratiqué le mal, pour la résurrection qui mène au jugement. (Jn 5.28-29)

Dans les Évangiles, Jésus se présente comme le roi qui jugera les hommes au Jour dernier. Selon lui, ce qui distingue les vrais croyants ce n'est pas leur prétention à être ses disciples, mais leur comportement vis-à-vis des personnes les plus fragiles. Il va jusqu'à s'identifier à ces personnes qu'il considère comme étant « les plus petits de ses frères » :

> Alors le roi dira à ceux qui seront à sa droite :
>
> – Venez, les bénis de mon Père, recevez en partage le Royaume qui a été préparé pour vous depuis la fondation du monde. Car j'ai eu faim et vous m'avez donné à manger ; j'ai eu soif et vous m'avez donné à boire ; j'étais un étranger et vous m'avez recueilli ; nu, et vous m'avez vêtu ; malade, et vous m'avez visité ; en prison, et vous êtes venus à moi.
>
> Alors les justes lui répondront :
>
> – Seigneur, quand nous est-il arrivé de te voir affamé et de te nourrir, assoiffé et de te donner à boire ? Quand nous est-il arrivé de te voir

étranger et de te recueillir, nu et de te vêtir ? Quand nous est-il arrivé de te voir malade ou en prison, et de venir à toi ?

Et le roi leur répondra :

– En vérité, je vous le déclare, chaque fois que vous l'avez fait à l'un de ces plus petits, qui sont mes frères, c'est à moi que vous l'avez fait !

(Mt 25.34-40 ; cf. Mt 7.21-23 ; Jn 5.24-27)

Pour les chrétiens et les musulmans, aider les personnes en difficulté n'est pas une option, c'est une obligation qui permet d'authentifier la foi. Cette exigence est motivée par le fait que Dieu prend soin de toutes ses créatures humaines, particulièrement des plus faibles. En Jésus-Christ, Dieu s'est montré solidaire de nous jusqu'au bout. Qu'en est-il de l'islam, qui écarte résolument la possibilité que Dieu puisse s'incarner dans un homme ? Selon un propos divin rapporté par le Prophète de l'islam, le juge suprême n'est pas si éloigné de ses créatures humaines. Il se trouve partout où une personne démunie appelle au secours. De toute évidence, le récit suivant fait écho à celui de Jésus cité plus haut :

Au Jour de la résurrection, Dieu dira :

– Ô fils d'Adam, j'étais malade et tu ne m'as pas rendu visite.

Il (le fils d'Adam) répondra :

– Ô mon Seigneur, comment aurais-je pu te rendre visite, toi « le Seigneur des mondes »[10] ?

– Ne savais-tu pas que mon serviteur Untel était malade et tu ne lui as pas rendu visite ? Lui aurais-tu rendu visite, tu m'aurais trouvé à son chevet.

– Ô fils d'Adam, je t'ai demandé à manger et tu ne m'as pas nourri.

– Ô mon Seigneur, comment aurais-je pu te nourrir, toi le Seigneur des mondes ?

– Ne savais-tu pas que mon serviteur Untel avait besoin de nourriture et tu ne l'as pas nourri ? L'aurais-tu nourri, tu l'aurais trouvé à mes côtés.

---

10. Dans le Coran Dieu est décrit quarante-deux fois comme « le Seigneur des mondes », à commencer par la première sourate (1.2). Dans leur langage courant les musulmans arabophones utilisent souvent cette expression quand ils parlent de Dieu.

– Ô fils d'Adam, je t'ai demandé de l'eau et tu ne m'as pas offert à boire.

– Mon Seigneur, comment aurais-je pu te donner à boire, toi le Seigneur des mondes ?

– Ne savais-tu pas que mon serviteur Untel demandait de l'eau et tu ne lui en as pas offert ? Lui aurais-tu donné à boire, tu l'aurais trouvé près de moi[11].

Dieu ne nous a pas envoyés en mission sans nous équiper. Jésus a assuré ses disciples qu'ils pourraient remplir la mission qu'il leur a confiée grâce à « une puissance, celle du Saint-Esprit » (Ac 1.8). Les chrétiens peuvent donc compter sur l'Esprit de Dieu ainsi que sur sa Parole pour les guider et les soutenir dans la tâche qui est la leur dans ce monde. Le Coran aussi promet aux musulmans que Dieu les fortifiera dans leur vie « par un esprit émanant de lui » (58.22). Les enseignements de la charia éclaireront leur chemin dans cette vie afin de suivre la volonté divine. Nous avons ainsi les ressources nécessaires pour nous acquitter de la charge que nous avons reçue de notre Créateur.

12. Montrer notre gratitude envers notre Créateur

Le mot arabe pour mécréance, *kufr*, vient du verbe *kafara*, qui signifie littéralement « couvrir », « cacher », « dissimuler ». Les théologiens musulmans expliquent que les mécréants sont ceux qui dissimulent en quelque sorte toutes les bonnes choses dont ils jouissent dans cette vie par le fait qu'ils ne reconnaissent pas derrière ces bienfaits le bienfaiteur suprême, à savoir le Créateur. En effet, c'est de notre Créateur que nous recevons avant tout notre vie, ainsi que toutes les autres bénédictions qui lui sont attachées. En d'autres termes, l'ingratitude est la cause première de l'incroyance, et les non-croyants sont avant tout des ingrats ! Ce même verbe, *kafara*, est également utilisé pour Dieu qui « couvre » nos méfaits par sa miséricorde quand il pardonne nos péchés au lieu de nous punir (2.271 ; 3.193 ; 4.31 ; 5.12).

Les deux premiers mots du Coran sont *alhamdu li-llah*, « louange à Dieu ». Cette expression apparaît plus de trente fois dans le Coran. C'est aussi la réponse la plus courante que l'on entend lorsqu'on demande aux musulmans : comment allez-vous ? Un autre mot arabe qui exprime la gratitude est *shukr*, un peu moins courant dans le Coran que *hamd*, louange.

---

11. Muslim, *birr* (piété) 13.

Les croyants sont censés être des gens reconnaissants pour tous les bienfaits qu'ils reçoivent de Dieu. Mais la majorité des gens ne sont pas reconnaissants, selon le Coran (2.243 ; 7.17 ; 12.28 ; 27.73). Ils ne prêtent guère attention à toutes les faveurs que Dieu leur accorde (10.60 ; 40:61). Dieu interpelle les musulmans au sujet de leur manque de reconnaissance (21.80) et les appelle à proclamer, comme l'a fait le Prophète, leur profonde gratitude (93.11). Dieu promet de récompenser ses serviteurs reconnaissants en multipliant ses bénédictions (14.7). Les bienfaits de Dieu sont trop nombreux pour être comptés (14.34 ; 16.18). Parmi ses bénédictions, il y a celles qui sont magistralement déployées dans la création et d'autres qui nous sont admirablement manifestées dans la révélation. Les musulmans sont supposés être des personnes qui se repentent, adorent et louent le Dieu tout-puissant (9.112).

Dans la Bible aussi on attend des croyants qu'ils expriment leur gratitude à Dieu pour ses nombreuses bénédictions. Celles-ci sont déployées majestueusement dans la création et encore plus merveilleusement dans la rédemption, c'est-à-dire dans le salut des hommes accompli par le Christ. Les nombreux bienfaits de Dieu reflètent son amour infini pour ses créatures humaines. Notre meilleure réponse à l'amour divin, c'est d'aimer notre Père céleste en retour et d'aimer notre prochain. L'amour chrétien est unique, en ce sens qu'il va au-delà de ce que prescrit la Torah, à savoir aimer notre prochain comme nous-mêmes (Lv 19.18). Le Christ demande à ses disciples d'aimer comme *il* les a lui-même aimés, d'une manière sacrificielle et inconditionnelle (Jn 13.34-35). Nos bonnes actions n'ont de valeur que si elles sont motivées par l'amour. L'apôtre Paul va jusqu'à dire : « Quand je distribuerais tous mes biens aux affamés, quand je livrerais mon corps aux flammes, s'il me manque l'amour, je n'y gagne rien » (1 Co 13.3).

Conclusion

L'amour inconditionnel comme réponse à la violence islamiste et à une société sécularisée

En tant que membres de la deuxième plus grande communauté religieuse, les musulmans répondent diversement au triple défi civilisationnel (mondialisation, islamisme, christianisme) auquel se trouve confrontée leur religion. En effet, pour des raisons variées, les êtres humains perçoivent différemment le monde dans lequel ils vivent. On pourrait grouper les interactions des musulmans en deux grandes catégories qui ne sont contradictoires qu'en apparence, dans la mesure où l'une renforce l'autre. La communauté musulmane est ainsi tiraillée par des courants opposés qui la traversent, si bien que certains parlent d'une guerre à l'intérieur même de l'islam. Ce qui est commun à tous ces courants, dont la force respective n'est pas facile à déterminer, c'est qu'ils mettent tous à profit les nouvelles opportunités qui leur sont offertes par les nouvelles technologies de communication planétaire, y compris les réseaux sociaux.

   1. *Réponses ouvertes.* De plus en plus de musulmans sont attirés par les valeurs universelles (p. ex. liberté, démocratie, laïcité, droits de l'homme) qu'ils ne trouvent pas dans leur pays. Ils cherchent à promouvoir ces valeurs dans leur propre société. Certains remettent en question les enseignements traditionnels de l'islam qui ont conduit à la violence depuis les origines jusqu'à notre époque. L'influence du djihadisme est indéniable dans de nombreux pays musulmans et non musulmans. Toutefois, de plus en plus de musulmans ne se réclament plus de l'islam de leur enfance ; d'autres optent pour une autre religion, notamment le christianisme. Sans aller jusque-là, un nombre croissant de musulmans portent un regard critique sur la tradition et l'histoire islamiques, voire sur les textes fondamentaux de la foi (Coran, Hadith, charia). Les musulmans réformateurs, et à plus forte raison les libéraux, rencontrent de très sérieuses difficultés s'ils vivent en terre d'islam ; certains paient de leur vie leur liberté de pensée tandis que d'autres finissent par trouver refuge dans des pays occidentaux.

2. *Réponses défensives*. Alarmés par les effets dévastateurs de la mondialisation et de la sécularisation rampante au sein de la communauté musulmane, beaucoup de musulmans se sentent déstabilisés dans leur identité. Ils se sentent menacés par une civilisation étrangère à l'islam, qui corrompt moralement et exploite économiquement les peuples musulmans. Leur réaction est de chercher à se protéger et à résister à cette menace. Certains se mettent à l'abri par un retour personnel à la foi de type mystique (ils parlent de leur expérience en termes de conversion). D'autres décident de combattre la mécréance des idéologies sécularistes et des philosophies humanistes. Ces groupes revivalistes (p. ex. les Frères musulmans) sont actifs dans les pays non musulmans aussi bien que dans les pays musulmans qui sont gouvernés à leurs yeux par des dirigeants qui n'ont de musulman que le nom. Ceux qui croient à la politique vont plus loin et s'engagent dans le combat politique, ce qui conduit quelques-uns à l'islamisme, voire au djihadisme. Les militants djihadistes s'attaquent à tout ce qu'ils jugent contraire aux intérêts de la communauté musulmane, notamment les pays occidentaux hégémoniques et ceux qu'ils considèrent comme leurs alliés objectifs : les musulmans hypocrites et les communautés chrétiennes. Cela explique l'hostilité des djihadistes à l'encontre des régimes politiques, des minorités musulmanes perçues comme hérétiques (Pakistan, Afghanistan) et des communautés chrétiennes en terre d'islam.

Portes Ouvertes[1] publie chaque année un Index Mondial de Persécution des Chrétiens qui donne une liste des cinquante pays où les chrétiens sont le plus persécutés. Celui de 2021 appelle quelques commentaires en rapport avec l'islam radical, l'islamisme et le djihadisme.

1. Le pays qui vient en tête de la liste (depuis 2002) est la Corée du Nord[2]. Ce pays, dont la majorité de la population appartient à des religions traditionnelles, est gouverné par une dictature communiste, comme la Chine, le Laos, et le Vietnam. En Chine, ce ne sont pas simplement les chrétiens qui sont persécutés, mais d'autres minorités, en particulier les Ouïghours musulmans. Comme chrétiens, nous devons nous montrer solidaires de tous ceux qui sont persécutés, notamment les

---

1. Portes Ouvertes est une ONG chrétienne évangélique dont l'objectif est de soutenir spirituellement et matériellement les chrétiens persécutés, et d'informer l'opinion publique sur la discrimination et la persécution subies par les chrétiens. Le nombre des chrétiens persécutés dans le monde est estimé à 340 millions. https://www.portesouvertes.fr/.
2. Dans l'Index 2022, c'est l'Afghanistan qui vient en première position, suivi par la Corée du Nord.

musulmans. Les droits humains sont à défendre sans favoritisme religieux ou ethnique, au près comme au loin.

2. En dixième position dans cette liste vient l'Inde, un pays souvent présenté comme « la plus grande démocratie du monde ». Ce pays doit son inclusion dans la liste au fait qu'il est actuellement gouverné par un parti nationaliste hindou, le BJP (Bharatiya Janata Party), qui promeut une idéologie nationaliste à caractère religieux. Ce nationalisme est au pouvoir dans plusieurs autres pays de la liste : le Bhoutan et la Birmanie (majorité bouddhiste) ainsi que le Népal (majorité hindoue). En Inde, ce sont principalement les minorités chrétienne et musulmane qui sont persécutées par des extrémistes hindous. En Birmanie (ou Myanmar), les Rohingyas, à majorité musulmane, sont persécutés par un régime nationaliste et militaire.

3. Les chrétiens sont aussi persécutés dans des pays gouvernés par des régimes totalitaires (Erythrée, Kazakhstan, Ouzbékistan, Tadjikistan, Turkménistan). La persécution des chrétiens dans ces pays est le fait d'un système politique autoritaire. Tous les opposants au régime en place sont persécutés, abstraction faite de leur appartenance religieuse ou ethnique.

4. La liste comprend deux pays de tradition chrétienne : la Colombie et le Mexique. Ces pays sont rongés par une corruption systémique impliquant les cartels de la drogue. Tous ceux qui leur résistent (notamment des prêtres, des pasteurs, et des chrétiens ordinaires) deviennent leurs victimes. C'est une maigre consolation d'observer que le motif religieux n'est pas derrière la violence dans ces pays.

5. Le Pakistan vient en cinquième position dans la liste (derrière l'Afghanistan, la Somalie et la Libye). La République Islamique du Pakistan a été fondée en 1947, à la suite de la partition de l'Inde. Cette partition avait pour objectif de donner aux musulmans un pays où ils seraient majoritaires. Les Indiens hindous se sont donc retrouvés eux aussi dans un pays où ils étaient majoritaires. Le fondement religieux du Pakistan explique en partie l'extrémisme de certains groupes qui persécutent les chrétiens ainsi que d'autres minorités religieuses, en particulier les chiites, les musulmans ahmadis et les hindous. La loi anti-blasphème, instituée en 1986, est à l'origine de nombreuses fausses accusations portées contre les chrétiens. Le cas très médiatisé d'Asia

Bibi[3] ne doit pas faire oublier tous les autres. Parmi les musulmans qui luttent courageusement contre l'obscurantisme au Pakistan, on connaît la jeune Malala Yousafzai, qui a reçu en 2014 le Prix Nobel de la paix pour son rôle dans la défense du droit à l'éducation des jeunes filles de son pays. Elle a failli laisser sa vie dans un attentat perpétré par des extrémistes pakistanais.

6. Le Nigéria, en neuvième position dans la liste (derrière l'Iran et avant l'Inde), détient le triste record du nombre de chrétiens tués par pays (4 761 à l'échelle mondiale). Ce pays fédéral le plus peuplé d'Afrique (plus de 200 millions d'habitants) est divisé entre le nord, où la charia est la loi dans douze États, et le sud à majorité chrétienne. C'est dans le nord-est du pays en particulier que Boko Haram mène ses opérations en prenant souvent des otages en grand nombre, y compris parmi les écoliers. Dans la « Ceinture Centrale » du pays, parmi les Peuls, éleveurs nomades, des extrémistes musulmans s'attaquent régulièrement à des cultivateurs chrétiens appartenant à d'autres groupes ethniques. Le motif religieux est certes présent dans ces conflits, mais ce n'est que la pointe visible de l'iceberg.

7. Cette liste de cinquante pays comprend quarante pays où les chrétiens sont persécutés en raison de « l'extrémisme islamique ». Cet extrémisme est au sommet du pouvoir dans certains pays (Iran, Arabie Saoudite), mais il est le plus souvent incarné dans des individus ou des groupes djihadistes très actifs qui sont aussi présents dans certaines régions de pays à majorité chrétienne (p. ex. Centrafrique, Kenya, Mozambique, RDC). Cette constatation incite à penser que ce n'est peut-être pas tout à fait un hasard si la violence à caractère religieux se manifeste surtout dans des pays à majorité musulmane. Il est vrai que beaucoup de ces pays sont aussi des pays en voie de développement faisant face à de nombreux défis. Le défi démographique accentue tous les autres. Il serait peut-être instructif de dresser et d'analyser la liste des pays où des musulmans seraient persécutés par des chrétiens.

---

3. En 2009, Asia Bibi, femme catholique de condition modeste, a été injustement accusée d'avoir blasphémé contre le Prophète. Elle a été arrêtée, condamnée à mort, emprisonnée pendant huit ans, puis acquittée (en 2018) avant d'être enfin relâchée. Elle a ensuite trouvé refuge au Canada en raison de menaces persistantes. Certains de ceux qui ont parlé en sa faveur l'ont payé de leur vie, dont Salman Taseer, gouverneur (musulman) du Pendjab, et Shahbaz Bhatti, ministre (catholique) des minorités religieuses. Tous les deux ont été assassinés par des extrémistes en 2011, ce qui n'a pas empêché de courageux avocats (musulmans) de plaider sa cause jusqu'à son acquittement.

8. Le Soudan occupe la treizième position dans la liste. Toutefois, il faut signaler (et saluer) la décision courageuse prise le 11 juillet 2020 par le gouvernement transitoire. Depuis cette date, le pays n'est plus gouverné par la charia (promulguée en 1983). Par conséquent, la loi sanctionnant l'apostasie par la peine de mort a été abolie, ouvrant ainsi la voie à la liberté religieuse. Comme la persécution est le plus souvent le fait de la famille et du milieu social, elle durera hélas aussi longtemps que la mentalité et la culture soudanaises n'auront pas évolué.

Il apparaît ainsi que la violence antichrétienne de notre époque est loin d'être le fait d'une seule religion, l'islam, en l'occurrence, puisqu'elle est aussi présente dans des pays à majorité bouddhiste ou hindoue. La religion n'est pas seule en cause, car on trouve cette violence également dans des pays communistes ou totalitaires. Toutefois, la religion est souvent instrumentalisée par des régimes autoritaires ou des partis politiques qui cherchent ainsi à justifier leur idéologie meurtrière.

Les principales constations de l'Index de Portes Ouvertes rejoignent en bonne partie celles du rapport de l'AED publié en 2021 sur la liberté religieuse dans le monde[4]. Ce rapport biannuel, très bien documenté, distingue trois grandes raisons derrière la violation de la liberté religieuse : gouvernement autoritaire (43 pays ; 2,9 milliards d'habitants), extrémisme islamiste (26 pays ; 1,2 milliards) et nationalisme ethno-religieux (4 pays ; 1,6 milliards)[5]. Les deux premières se trouvent combinées dans huit pays. Selon ce rapport[6], la liberté religieuse est violée dans 62 pays, près d'un tiers des pays de la planète (31,6 %) où vivent les deux tiers de la population mondiale (67 % ; 5,2 milliards). Les minorités religieuses souffrent de discrimination dans 36 pays et de persécution dans 26 autres. Les chrétiens forment la première communauté la plus persécutée dans le monde.

Les chrétiens ne sont évidemment pas les seules victimes de la violence religieuse. Les musulmans réformateurs et les minorités religieuses ou ethniques

---

4. L'Aide à l'Église en Détresse définit ainsi sa mission : « En tant qu'organisation de bienfaisance catholique, nous soutenons les fidèles persécutés, opprimés ou dans le besoin, partout où ils se trouvent, par la prière, l'information et l'action », https://aed-france.org.
5. Une différence significative entre les deux documents mérite d'être relevée. L'Index pointe l'extrémisme islamique dans de nombreux pays (p. ex. Arabie saoudite, Iran, Pakistan, Qatar, Soudan) là où, selon le rapport de l'AED, c'est l'autoritarisme étatique qui est la cause principale de la persécution ou de la discrimination.
6. Un « Résumé analytique » en français (58 pages) de ce volumineux rapport (la version anglaise fait 818 pages) est disponible sur le site de l'AED international (ACN), https://rfr.acninternational.org/fr/home/.

la subissent aussi, à des degrés divers. Les chrétiens d'arrière-plan musulman semblent être la cible privilégiée des islamistes (Égypte) et des régimes nationalistes (Algérie). Les islamistes invoquent des textes tirés directement du Coran et du Hadith, tandis que les gouvernements nationalistes font appel à la nécessité de préserver « l'ordre public » et de maintenir « la paix sociale ».

Comme l'a montré le chapitre sur l'islam radical, l'extrémisme s'abreuve à des sources diverses, religieuses et non religieuses. Il nous appartient de le combattre à tous les niveaux (religieux, économique, éducatif, social, politique). Ce combat doit impliquer toutes les parties concernées, l'État comme les citoyens ordinaires.

Tous les citoyens sont appelés à mener le combat contre l'extrémisme, en particulier ceux qui sont de confession musulmane et chrétienne (juive aussi). En effet, ces personnes appartiennent à une double culture, nationale et religieuse. Ils aiment leur pays et apprécient sa culture en dépit des critiques, légitimes ou pas, qu'ils peuvent formuler à son égard. En tant que croyants, ils ont des valeurs qui les distinguent de la majorité de leurs concitoyens agnostiques ou athées. Ils peuvent, par conséquent, jouer le rôle de médiateurs en « expliquant la France » (ou un autre pays d'Europe) aux musulmans qui ne se sentent pas tout à fait chez eux dans la société française (ou européenne). Par exemple, ils peuvent mettre en avant tous les avantages d'une laïcité bien comprise en vue d'encourager ces musulmans à prendre pleinement leur part à la vie de ce pays, sans pour autant renoncer à leur spécificité religieuse et culturelle. Ils peuvent aussi « expliquer la religion » (musulmane s'ils sont musulmans, chrétienne s'ils sont chrétiens) à leurs concitoyens qui ne se réclament d'aucune religion afin de les aider à comprendre l'islam et les musulmans, ou le christianisme et les chrétiens.

On peut, on doit s'efforcer de comprendre une religion, même dans ses aspects les plus discutables, sans chercher à excuser l'inexcusable. En servant ainsi de pont entre les communautés de foi et la communauté nationale, les citoyens qui se réclament du christianisme ou de l'islam seront des artisans de réconciliation et de paix. C'est la contribution spécifique qu'ils peuvent apporter à leur société pour prévenir la radicalisation de ses membres, quels qu'ils soient : les musulmans, les chrétiens, ceux qui ont le laïcisme pour religion, ceux qui adhèrent à une autre foi et ceux qui n'en ont aucune. L'avenir de leur pays dépend de sa capacité à rassembler tous ses citoyens afin d'éviter la polarisation de la société. Sinon, ce sera, à plus ou moins brève échéance, la guerre civile que nous prédisent depuis un certain temps les théoriciens du « grand remplacement », qui prévoient que la population européenne en Europe de l'Ouest sera prochainement remplacée par les immigrés de toutes origines, en particulier les musulmans.

Chemin faisant, les chrétiens et les musulmans auront de nombreuses opportunités où ils pourront porter témoignage de leur foi dans une société sécularisée qui a perdu ses repères religieux et moraux.

Beaucoup s'interrogent aujourd'hui sur les victimes collatérales de la révolution culturelle qui a été accélérée par les événements de Mai 68, avec ses slogans libertaires comme « il est interdit d'interdire ». Ces dernières années ont été marquées par une prise de conscience croissante de certains maux sociaux que l'on n'avait pas vus venir, ou pire qu'on avait tolérés, voire justifiés, au nom d'un certain libéralisme moral. Parmi ces maux, on peut citer la violence faite aux femmes et aux enfants, le harcèlement sexuel, l'inceste, la pédophilie ou plus exactement la pédocriminalité[7].

Les chrétiens n'ont aucune leçon de moralité à donner en la matière, ne serait-ce qu'à cause du scandale des abus sexuels à l'intérieur de l'Église. La dimension enfin révélée des crimes de pédophilie, grâce à la libération de la parole des victimes, a conduit les évêques de France à vouloir prendre toute la mesure du mal et à demander à une commission, la Ciase[8], d'enquêter sur ces abus et de lui remettre un rapport, ce qui fut fait le 5 octobre 2021. Ce rapport de 485 pages est un remarquable document qui détonne par ses révélations bouleversantes, son envergure et les quarante-cinq recommandations faites aux évêques catholiques de France.

Toutes les semaines, les médias nous rapportent des faits très troublants de criminalité et d'abus sexuels, qui en disent long sur la décadence de notre société. Aussi est-il urgent de s'interroger sur la racine du mal qui la ronge.

Pour les chrétiens, ce mal est plus profond qu'il n'y paraît, car il est avant tout d'ordre spirituel. Rompre avec le Créateur en lui tournant le dos (action désignée par un vieux mot qu'on ose à peine prononcer, le fameux « péché ») est la racine de tous les maux. Cette rupture est à l'origine de toutes les autres ruptures : avec la nature, avec les autres, et avec soi-même. Aussi, c'est à nous

---

7. Pour ne citer que deux exemples de cette prise de conscience, mentionnons deux livres-témoignages parus récemment : en 2020 *Le Consentement*, de Vanessa Springora, et en 2021 *La familia grande*, de Camille Kouchner.
8. Il s'agit de la Commission indépendante sur les abus sexuels dans l'Église (Ciase), présidée par M. Jean-Marc Sauvé (ancien vice-président du Conseil d'État), et composée d'experts indépendants dans diverses disciplines. Le rapport de la commission (ainsi qu'un résumé) est disponible sur son site (www.ciase.fr). Dans plusieurs autres pays, les épiscopats catholique et anglican ont pris des initiatives similaires. En mai 2021, Nazir Afzal, un juge britannique de très haut rang (et de confession musulmane), a été nommé par l'épiscopat catholique d'Angleterre et du pays de Galles à la tête de la Commission chargée d'enquêter sur les abus sexuels au sein de l'Église catholique. On aurait vraiment aimé voir d'autres institutions prendre des initiatives aussi courageuses, tant les abus sexuels semblent avoir envahi toutes les sphères de la société (art, sport, armée, éducation, administration, etc.).

chrétiens, de concert avec les musulmans, les juifs et tous les hommes de bonne volonté, qu'il revient de contribuer à la guérison de ce mal, non seulement à la surface, mais à la racine, chacun selon son appel, avec ses talents propres et à la place qui est la sienne.

Ainsi, la violence islamiste contre les chrétiens est présente dans de nombreux pays, y compris la France. Face à cette violence, les chrétiens n'ont pas d'autre choix que de marcher dans les pas de leur maître : « Aimez vos ennemis et priez pour ceux qui vous persécutent » (Mt 5.44). En France et dans d'autres pays occidentaux, les chrétiens font face à un autre défi d'une tout autre nature. Ils ont à témoigner de leur foi dans une société de plus en plus sécularisée. Ce témoignage est rendu d'autant plus nécessaire que les valeurs de la société, fondées sur un humanisme athée, sont souvent invoquées pour justifier des dérives libertaires alarmantes[9].

Que Dieu nous vienne en aide afin d'annoncer le Christ à nos contemporains, avec amour, assurance et humilité. Le prophète Ésaïe avait annoncé dans le quatrième chant du « Serviteur du Seigneur », celui du « Serviteur Souffrant », que « dans ses plaies se trouvait notre guérison » (Es 53.5 ; cf. Mt 8.17). Les bras du Christ, crucifié et ressuscité, sont grands ouverts. Ils nous invitent à recevoir de ses mains, portant les stigmates de la croix, la guérison de nos maladies et la libération de nos maux.

---

9. La loi sur la bioéthique (votée le 29 juin 2021) en est un exemple. L'article concernant la PMA (Procréation Médicalement Assistée) prive de son droit à avoir un père l'enfant né de couples de femmes homosexuelles ou de femmes célibataires. Rappelons que les enfants en question n'ont pas le droit de connaître leur père biologique et que celui-ci n'a pas le droit de se faire connaître à eux.

Bibliographie sommaire

'Abduh, Muhammad, *Tafsir al-Manar*, 12 vol., 4ᵉ éd., Le Caire, Dar al-manar, 1954.

Allam, Mahdi, « The Concept of Forgiveness in the Qur'an », dans *Islamic Culture* vol. 41, n° 3, juillet 1967, p. 139-153.

Amir-Moezzi, Mohammad Ali, sous dir., *Dictionnaire du Coran*, Paris, Robert Laffont, 2007.

Amir-Moezzi, Mohammad Ali, Dye, Guillaume, sous dir., *Le Coran des historiens*, 3 vol., Paris, Le Cerf, 2019.

Baubérot, Jean, *Histoire de la laïcité en France*, 7ᵉ éd., Paris, PUF, coll. « Que sais-je ? », 2017.

Bencheikh, Ghaleb, *Petit manuel pour un islam à la mesure des hommes*, Paris, JC Lattès, 2018.

Bencheikh, Ghaleb, *Le Coran expliqué : Histoire, interprétations, actualité*, Paris, Eyrolles, 2018.

Bucaille, Maurice, *La Bible, le Coran et la Science. Les Écritures saintes examinées à la lumière des connaissances modernes*, Paris, Seghers, 1979.

Chapman, Colin, *La Terre promise déchirée. La crise israélo-palestinienne*, Charols, Excelsis, 2012.

Bukhari, *Sahih*, Texte édité et traduit par Octave Houdas et William Marçais, *El-Bokhari. Les Traditions Islamiques*, 4 vol., Paris, Maisonneuve, 1903-1914, réimp. 1984.

El Karoui, Hakim, *L'islam, une religion française*, Paris, Gallimard, 2018.

El Karoui, Hakim, Hodayé, Benjamin, *Les militants du djihad. Portrait d'une génération*, Paris, Fayard, 2021.

Encyclopédie Du Hadith, *Jam'u jawami'i l-ahadithi wa-l-asanid*, Vaduz (Liechtenstein), Thesaurus Islamicus Foundation, 2000. Encyclopédie publiée dans l'original arabe et disponible en ligne, http://w.w.w.ihsanetwork.org.

Fattal, Antoine, *Le statut des non-musulmans en pays d'Islam*, 2ᵉ éd., Beyrouth, Dar el-mashreq, 1995.

Ghazali, Abu Hamid, *Al-Radd al-jamil li-ilahiyyat 'Isa bisarihi l-Injil*, texte édité, traduit, présenté et commenté par Robert Chidiac, *Réfutation excellente de la divinité de Jésus-Christ d'après les Évangiles*, Paris, PUF, 1939.

Hamidullah, Muhammad, tr., *Le Saint Coran*, Brentwood, MD, Amana Corporation, éd. bilingue, 1989.

Ibn 'Arabi, Muhyi l-Din, *Les Illuminations de La Mecque*, sous dir. Michel Chodkiewicz, Paris, Sindbad, 1988.

Kuhn, Michael F., *God is One. A Christian Defence of Divine Unity in the Muslim Golden Age*, Carlisle, Langham Global Library, 2019.

Lory, Pierre, « Les signes de la fin des temps dans les traditions musulmanes sunnites », dans *Penser la fin du monde*, sous dir. Emma Aubin-Boltanski et Claudine Gauthier, Paris, CNRS Éditions, 2014, p. 269-280.

Mamoun, Abdelali, *L'Islam contre le radicalisme. Manuel de contre-offensive*, Paris, Cerf, 1917.

McAuliffe, Jane Dammen, sous dir., *Encylopaedia of the Qur'an*, 6 vol., Leiden, Brill, 2001-2006.

Moucarry, Chawkat, *La foi à l'épreuve. L'islam et le christianisme vus par un Arabe chrétien*, 2ᵉ éd., Charols, Excelsis, 2014.

Moucarry, Chawkat, *Deux prières pour aujourd'hui. Le Notre Père et la Fatiha*, Montrouge, Bayard, 2015.

Moucarry, Chawkat, *À tout péché miséricorde. Pardon et châtiment dans l'islam et le christianisme*, St-Légier, Suisse, HET-PRO, 2019.

Muslim, *Sahih*, éd. bilingue arabe-français, trad. Mokhtar Chakroun, 6 vol., Bruxelles, éd. al-Hadith, 2012.

Ouardi, Hela, *Les Califes maudits*, vol. 1, *La Déchirure*, vol. 2, *À l'ombre des sabres*, vol. 3, *Meurtre à la mosquée*, Paris, Albin Michel, 2019-2021.

Oubrou, Tareq, *Appel à la réconciliation. Foi musulmane et valeurs de la République française*, Paris, Plon, 2019.

Shahrour, Muhammad, *Pour un Islam humaniste. Une lecture contemporaine du Coran*, texte traduit, présenté et annoté par Makram Abbès, Paris, Cerf, 2019.

Sizer, Stephen, *Christian Zionism: Road-map for Armageddon ?*, Nottingham, IVP, 2006.

Traduction Œcuménique de la Bible (TOB) et d'autres traductions françaises de la Bible, disponibles en ligne, https://lexilogos.com/bible.htm ; https://lire.la-bible.net/

Zwilling, Anne-Laure, *Les minorités religieuses en France. Panorama de la diversité contemporaine*, Montrouge, Bayard, 2019.

Table des matières

Préface xi
Avant-propos xvii
Introduction. Parcours personnel 1

Première partie. L'islam : une religion à visage multiple

1 L'islam comme religion. 17
2 L'islam comme communauté 37
3 L'islam comme loi. 61
4 L'islam radical 83
5 Islam : questions d'actualité. 105

Deuxième partie. Islam et christianisme

6 La falsification de la Bible : mythe ou réalité ?. 129
7 Jésus-Christ. 149
8 Un seul Dieu en trois personnes 165
9 Le pardon dans l'islam et le christianisme 185
10 Croyances et valeurs partagées. 199
    Conclusion. L'amour inconditionnel comme réponse à la violence islamiste et à une société sécularisée 215
    Bibliographie sommaire. 223

Langham Literature, et sa branche éditoriale, est un ministère de Langham Partnership.

Langham Partnership est un organisme chrétien international et interdénominationnel qui poursuit la vision reçue de Dieu par son fondateur, John Stott :

> *promouvoir la croissance de l'église vers la maturité en Christ en relevant la qualité de la prédication et de l'enseignement de la Parole de Dieu.*

Notre vision est de voir des églises équipées pour la mission, croissant en maturité en Christ, par le ministère de pasteurs et de responsables qui croient, qui enseignent et qui vivent la Parole de Dieu.

Notre mission est de renforcer le ministère de la Parole de Dieu de trois manières:
- par la mise en place de mouvements nationaux de formation à la prédication biblique
- par la rédaction et la distribution de livres évangéliques
- par la formation d'enseignants théologiques évangéliques qualifiés qui formeront ensuite des pasteurs et responsables d'églises dans leurs pays respectifs

Notre ministère

Langham Preaching collabore avec des responsables nationaux en vue de la création de mouvements de prédication biblique dirigés par les nationaux eux-mêmes. Ces mouvements, qui naissent progressivement un peu partout dans le monde, rassemblent non seulement des pasteurs mais aussi des laïcs. Nos équipes de formateurs venus de beaucoup de pays différents proposent une formation pratique qui comporte plusieurs niveaux, suivie d'une formation de facilitateurs locaux. La continuité est assurée par des groupes de prédicateurs locaux et par des réseaux régionaux et nationaux. Ainsi nous espérons bâtir des mouvements solides et dynamiques, constitués de prédicateurs entièrement consacrés à la prédication biblique.

Langham Literature fournit des livres évangéliques et des ressources électroniques par la publication et la distribution, par des subventions et des réductions à des leaders et futurs leaders, à des étudiants et bibliothèques de séminaires dans le monde majoritaire. Nous encourageons aussi la rédaction de livres évangéliques originaux dans de nombreuses langues nationales par le biais de bourses pour des écrivains, en soutenant des maisons d'éditions évangéliques locales, et en investissant dans quelques projets majeurs comme *le Commentaire Biblique Contemporain* qui est un commentaire de la Bible en un seul volume rédigé par des auteurs africains pour l'Afrique.

Langham Scholars soutient financièrement des doctorants évangéliques du monde majoritaire dans le but de les voir retourner dans leurs pays d'origine pour former des pasteurs et d'autres chrétiens nationaux en leur proposant un enseignement biblique et théologique solide. Cette branche de Langham cherche donc à équiper ceux qui en équiperont d'autres. Langham Scholars travaille aussi en partenariat avec des séminaires dans le monde majoritaire afin de renforcer l'éducation théologique évangélique sur place. De ce fait, un nombre croissant de « Langham Scholars » (le nom « Scholars » signifie « boursiers ») peut aujourd'hui suivre des programmes doctoraux de haut niveau au cœur même du monde majoritaire. Une fois leurs études terminées, ces « Langham Scholars » vont non seulement former à leur tour une nouvelle génération de pasteurs mais exercer une grande influence par leurs écrits et par leur leadership.

Pour plus d'informations, consultez notre site: langham.org

www.ingramcontent.com/pod-product-compliance
Lightning Source LLC
Chambersburg PA
CBHW071738150426
43191CB00010B/1623